销售与口才技巧全书

郑豪民 ◎ 编著

XIAOSHOU YU KOUCAI
JIQIAO QUANSHU

中国纺织出版社

内 容 提 要

销售口才与策略是销售人员最基本、最重要的武器。好口才是打开顾客心扉，快速实现成交的通道，而销售策略则是实现销售目标的保证和推动力。

本书分为两部分，上篇从销售口才入手，在不同的销售情景下，结合诸多典型的案例，让销售人员掌握说话的精髓，提升表达技巧，巧妙地与客户沟通，打动顾客的心，促成成交。下篇从销售口才的实际应用出发，分析在销售中的重要环节，如何利用口才施展销售策略，一步步赢得主动，实现成交。本书是一部销售技巧全方位提升宝典，帮助销售人员突破销售盲点，提升销售业绩，打造职业优势，成就销售精英。

图书在版编目(CIP)数据

销售与口才技巧全书/ 郑豪民编著.—北京：中国纺织出版社，2012.3（2024.4重印）

ISBN 978-7-5064-8080-2

Ⅰ.①销… Ⅱ.①郑… Ⅲ.①销售—口才学 Ⅳ.①F713.3②H019

中国版本图书馆 CIP 数据核字(2011)第 243675 号

策划编辑：曲小月　　责任编辑：闫　星　　责任印制：陈　涛

中国纺织出版社出版发行
地址：北京东直门南大街6号　邮政编码：100027
邮购电话：010—64168110　传真：010—64168231
http://www.c-textilep.com
E-mail:faxing@c-textilep.com
北京兰星球彩色印刷有限公司印刷　各地新华书店经销
2012年3月第1版 2024年4月第3次印刷
开本：710×1000　1/16　印张：17.5
字数：240千字　定价：78.00元

凡购本书，如有缺页、倒页、脱页，由本社图书营销中心调换

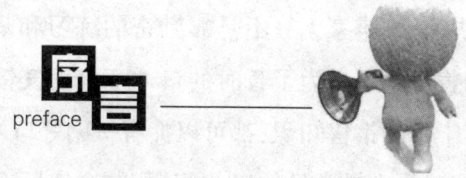

序言 preface

任何一个销售员,要想在销售行业做出一番成就都非易事,这需要他有稳妥顺畅的销售渠道、扎实的专业知识、丰富的人脉资源、广阔的职业舞台、娴熟的销售技巧等,但更重要的是口才,因为销售人员的销售能力主要是体现在语言的说服力上,一个销售人员具有的语言魅力对于客户的吸引力是不可估量的。一名出色的销售人员,一定是一个懂得把语言艺术融入产品销售中的人。可以这样说,当销售员有了语言魅力,就有了成功的可能。因此,要想成为一名出色的销售人员,注意从细节上培养自己的语言魅力是非常重要的。

提到销售口才,人们常常会产生一些误解,认为销售口才就是耍嘴皮子,但实际上,销售语言是非常有讲究的。口才是一门说话的艺术,而销售口才则是要把这种艺术融合产品内涵讲解出来,所以说,无论是电话营销还是讨价还价,或者是处理异议,甚至是说服购买的过程中,销售员都要仔细观察、巧妙分析,适时地说出鼓动人心的话,从而达成交易。相反,作为销售员,如果你惜字如金、默默无语或者虚话连篇、絮絮叨叨,都将与成功完成销售无缘。

那么,销售员如何才能拥有良好的销售口才呢?

其实很简单,销售口才是建立在掌握一定的销售基础知识上的,而这些销售知识也是多层次的。真正的销售口才涉及的不单单是语言的范畴,因为销售中口才的运用不单单是一句话、一个例子,其中涉及如何自信开口、

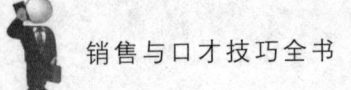

提问、寒暄、约访客户、电话营销等很多方面。

　　当然,好口才并不是一种天赋的才能,它是靠刻苦训练得来的。古今中外能言善辩的演讲家、雄辩家无一不是靠勤奋的练习和坚持而获得成功的。因此,任何一个销售员都不必为了暂时的口才不好而气馁,只要能够努力学习说话技巧,掌握丰富的销售知识,都可以拥有一副好口才。

　　本书针对销售工作中最常见的口才问题,结合实际案例,为刚刚进入销售行业和正在从事销售工作的朋友提供了切实可行的具体方法,实用性强,随学随用。通过阅读本书,你可以更好地进行销售工作,继而在现有岗位或未来的岗位上轰轰烈烈地做出一番成就。

编著者
2011 年 8 月

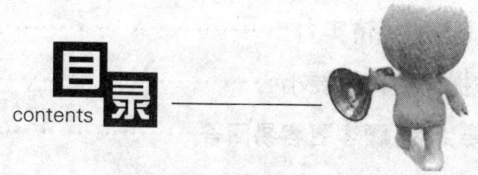

目录 contents

第1章 ◆ 自信开口,做销售的人就是要敢说 … 1
敢说才敢卖,开不了口就别做销售 … 3
自身对产品充满信心,表达才更令人深信 … 5
销售语言要妥当,绝不用模棱两可的词 … 7
敢于自夸,"王婆卖瓜"的精神不能少 … 9

第2章 ◆ 亲切赞美,真诚悦耳沁入顾客心扉 … 13
赞美顾客用点心,别搞空穴来风 … 15
利用赞美为销售铺路,不要白白浪费美言 … 17
遇到含蓄的客户,赞美可以温婉动听些 … 19
赞美客户也得有点新意,起到最佳效果 … 21

第3章 ◆ 倾听先行,会听的销售员最精明 … 25
会听最精明,听出客户真性情 … 27
适时地回应,在倾听中挖掘到真正需求 … 29
从倾听中了解到客户内心的厌恶与喜好 … 31
听者有心,接过有利于销售的话茬儿 … 33

第4章 ◆ 灵巧提问，步步深入探出顾客真心 …… 37
提问需讨巧，从客户感兴趣的问题入手 …… 39
委婉探问出顾客的经济实力 …… 41
分寸拿捏好，提问的口气要小心 …… 43
问题难度不要太大，顾客更容易回答 …… 46
积极的问题更易带动销售的氛围 …… 48

第5章 ◆ 寒暄有道，客套话是销售时的调和剂 …… 51
利用寒暄迅速与陌生顾客拉近心理距离 …… 53
寒暄的话要恰到好处，自然才能亲切 …… 55
遇到冷场时，客套话帮忙来调和 …… 57
与老客户寒暄时，要使感情更进一层 …… 59
寒暄的客套话也有所禁忌 …… 61

第6章 ◆ 慧心魅语，巧嘴一张就能"迷倒"顾客 …… 65
巧用声线，让自己的声音更有感染力 …… 67
见缝插针，说得多不如说得巧 …… 69
善用比喻等修辞，让顾客听得明白听得尽兴 …… 71
语气神态配合好，顾客对你更信任 …… 73
沉默也是一种语言，销售中"留白"的魅力 …… 76

第7章 ◆ 小心慎言，销售绝不能触犯的禁忌话 …… 79
言谈中若是急于成交会导致功败垂成 …… 81
控制好情绪不要说那些随心情的话 …… 83
面对顾客的问题，不是都要有问必答 …… 85
说话不可啰嗦冗长，简练语言更易得人心 …… 87
不要轻易给顾客许下各种诺言 …… 89

第8章 ◆ 言语操控，一定让顾客"心随你动" ……… 93
语言激将法，让客户"俯首称臣" ……………………… 95
给爱听软话的顾客灌下"蜜语甜汤" …………………… 97
话到嘴边留半句，让顾客想追问下去 ………………… 99
巧说真实案例，让客户更为动心 ……………………… 101

第9章 ◆ 挖掘客源，有心"套话"全靠一张嘴 …… 103
话要巧说，亲朋好友都会欣然成为你的客户 ………… 105
用有诱惑力的话术，让客户主动为你挖掘新客户 …… 107
一话套一话，总有需求点令其成为潜在客户 ………… 110
借助老客户制造好口碑，"哄"其为你介绍新客户 …… 112
巧让客户为你做宣传，胜过你自己叫卖 ……………… 114

第10章 ◆ 巧妙约访，顾客的推辞全都化为云烟 … 117
客户说没时间，约访如何继续 ………………………… 119
巧订约访日期为自己留出余地 ………………………… 121
客户借口路途太远，该如何扭转 ……………………… 123
不给客户留太多的可能性 ……………………………… 125
用好语言"太极术"应对客户的各种推辞 …………… 127

第11章 ◆ 拜访有方，面对客户轻松自如谈到点儿上 … 131
话说得自然，让拜访顺理成章不显突兀 ……………… 133
拜访客户时，哪些话必不可少 ………………………… 135
留出拜访的话茬儿，为下次拜访做好铺垫 …………… 137
拜访中的销售语言不要太露骨 ………………………… 140
发现客户家的特点，用点心机说销售语 ……………… 142

第12章 ◆ 创意开场，第一时间令顾客心潮澎湃 …… 145
- 别出心裁的开场白，客户听到即动心 …… 147
- 面对中老年人，不妨用家长里短来开场 …… 149
- 掌握常用开场话术，应对不同销售情景 …… 152
- 开诚布公的开场，用真诚打动客户 …… 154
- 开场要火热，话怎么说才显热情 …… 156

第13章 ◆ 推介卖点，激发客户购买欲 …… 159
- 挖掘产品卖点，不为介绍而介绍 …… 161
- 语言专业，客户才会深信于你 …… 163
- 怎样说才能突出产品最特别的卖点 …… 165
- 用数据说话，客户体会更深刻 …… 167
- 利用比较，巧说产品的与众不同 …… 169

第14章 ◆ 消除疑虑，客户的心结全靠你来解开 …… 173
- 先给客户一颗定心丸，防止客户疑虑过多 …… 175
- 探明客户表面疑虑后的真实意图 …… 177
- 不要直接否定客户的异议，委婉侧击更好 …… 179
- 利用其他客户巧堵客户异议 …… 181

第15章 ◆ 电话销售，传来的声音一样能促成销售 …… 185
- 电话销售的语言流程怎样才合理 …… 187
- 让客户拿起电话的一瞬间就被你吸引 …… 189
- 接线人为难你时，该怎么说才能让准客户接电话 …… 191
- 电话销售言语精练，时间把握好 …… 193
- 电话即将结束时要为销售做好精心铺垫 …… 196

第16章 ◆ 打消拒绝，化解顾客的借口有所准备 …… 199
客户说想去别家再看看，说什么挽留客户脚步 …… 201
客户说要再考虑一下，如何说让客户有紧迫感 …… 203
面对客户直接否定产品的功效，说什么来应对 …… 205
客户要询问家人能不能决定购买时，你该如何开口 …… 207
客户认牌子不认可你的产品，说什么打消其这种想法 …… 209

第17章 ◆ 讲价有法，绝不让价格成为销售的阻碍 …… 213
报价不要太直接，换个方式客户更易接受 …… 215
探明客户的价格底线，不能轻易松口还价 …… 217
如何巧言打消客户认为价格太贵的念头 …… 219
客户开口出价，你要如何应答 …… 221
如何回答"别家有同样商品比你家便宜很多" …… 223

第18章 ◆ 看人劝购，不同顾客需要不同的销售语言 …… 227
针对各种年龄段的顾客，劝购各有门道 …… 229
说什么能应对得了特别能"挑刺儿"的客户 …… 231
不言不语的客户，如何打开他的口 …… 234
对产品颇有研究的专业型客户，如何接招 …… 236
疑心重喜欢追问到底的客户，说什么制服他 …… 238
对待销售型的客户，说话不要销售痕迹太重 …… 240

第19章 ◆ 融化抱怨，客户的问题就是你的问题 …… 243
言语间春风化作雨，让客户的怨气撒出来 …… 245
客户抱怨的各种类型，应对有说道 …… 247
客户当众抱怨，如何说才能融化不良影响 …… 249

　　处理客户抱怨时不应犯的言语禁忌 …………………………………… 252

第20章◆言语诡计,销售说出的话要暗藏点玄机 ………… 255
　　埋下"语雷",让拖欠货款的人主动支付 ……………………………… 257
　　不要和盘托出,销售语中留点语言余地 ………………………………… 259
　　时刻拿住顾客爱便宜的小心理 …………………………………………… 261
　　巧用环境与时机,促成销售大单 ………………………………………… 263
　　以退为进的语言计谋,令客户自然买账 ………………………………… 265

参考文献 ………………………………………………………………………… 268

第1章

自信开口，做销售的人就是要敢说

销售员都知道，销售是靠嘴吃饭的，开口说话是说服客户，取得销售业绩的前提条件。但现实销售中，有一些销售新手和缺乏信心的销售员在销售中总是消极被动，不敢开口，而最终结果要么是业绩不佳，要么是放弃销售工作。所以，在销售界，人们常说，敢说才敢卖，如果开不了口，销售将无从谈起。所以，作为销售员，无论推销的是什么，都要相信你的产品，相信你的公司，相信自己，大胆地开口，才能在推销的时候把这种积极的情绪传达给客户，并感染客户。

敢说才敢卖,开不了口就别做销售

作为销售员都知道,销售是靠嘴吃饭的,开口说话是说服客户、取得销售业绩的前提条件。但现实销售中,有一些销售新手和缺乏信心的销售员在销售中总是消极被动,不敢开口,而最终结果要么是业绩不佳,要么是放弃销售工作。所以,在销售界,人们常说,敢说才敢卖,如果开不了口,销售将无从谈起。

销售情景:

老李自二十岁起就开始从事礼品销售的工作,到现在已经有20年了。20年的时间让他从一个对销售一无所知,遇到客户都怯生生的新手成长为一名顶尖的销售员,他清楚地记得自己第一个月的销售业绩是零,但是现在他每个月的销售业绩可以达到几十万元,他现在已经是公司的业务经理了。每次老李在培训公司的销售员时,总会说这样一番话:"大家都知道,我曾经对销售一无所知,第一个月的业绩为零,我害怕和客户说话,害怕客户会不购买我的产品,越是害怕,我越是不敢说话,一开口就会语无伦次。但后来,我告诉自己,一定要成为最顶尖的销售员,我会成功的,以后不管遇到什么样的客户,我都要尝试着与其沟通。

那是第一次,我将产品推销出去。那天,我主动与一位女顾客说话,为了引起她的注意力,我顺手举起剃须刀说:'你要剃须刀吗?'她用奇异的眼光看了一下说:'啊!剃须刀!?你有没有搞错啊!我又没有长胡子,要剃须刀干吗啊!'我微笑着看了她一眼,然后右手拿起手上的剃须刀,轻轻地放在桌面上,然后又轻轻地动一下桌面上的剃须刀,接着深情地对她说:'哪!剃须刀是男人三大宝之首,每个成年男士都要剃胡子的,六月十九日是父亲节,就快到了,你想象一下,六月十九日那天,当你爸爸收到这份礼物时那开心的样子,你喜不喜欢?''是啊,我怎么没想到呢?'结果,这位女士很爽快地买下了我的剃须刀。自从这件事之后,我自信多了,我感受到了主动开口为自己带来的益处。在这里,我也想告诉大家,做销售一定要敢说,如果你不愿意开口,就不要做销售。"

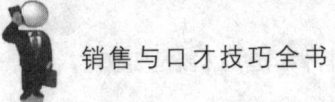

分析：

老李说得很对，要想成为顶尖的销售员，大方、勇敢、主动地说是第一步。越是恐惧，越是害怕，越是会出现以下几种状况。当你面对客户准备介绍产品时，勇气就不翼而飞，大脑一片空白，畏畏缩缩无法开口，即使开了口，还是手心冒汗、声音发颤、语无伦次。或者当你拿起电话打给陌生客户时，不知道该说什么，即便说了也语无伦次、磕磕绊绊。陌生拜访时不敢敲客户的门，敲开了也神色紧张，不知所云……这些都是心理上的恐惧导致的。

要知道，客户总是喜欢和大方、健谈的销售员谈话并做生意，而对那些说话、行为扭捏的销售员不可能有好印象。那么，作为销售员，该如何克服自身恐惧，敢于主动开口呢？

1. 做足准备，减轻心理负担

做足准备是减轻恐惧感的最好方法。可以从以下四个方面做起。设想见面第一句话跟客户说什么，客户会有什么疑问，你该如何回答这些疑问，如果客户拒绝你该怎么办等。

2. 多做心理暗示，鼓励自己

事实上，心理状态的良好与否主要还在于销售员自己。在销售过程中，不要让自己的心情被客户的表现所左右，无论客户的情绪怎样，要始终保持良好的销售礼仪和销售态度，在内心多做自我鼓励，相信自己一定能做到，那么，你表现出来的精神状态就是自信的，也会在无形中为产品加分。

3. 锻炼在众人面前说话的能力

通常情况下，人们一般只会在面对很多人的时候才表现得更为紧张和不安，因此，销售员不妨练习如何在众人面前自如的说话，交谈的内容多以轻松的话题为主，这样可以大大提高销售员与客户交流的勇气。

4. 给自己难度，挑战自己

推销看似不可能销售出去的产品也是能让销售员克服恐惧的一种方法。比如，销售员可以选择一个时间，规定自己要向男士推销女士内衣，这看似不可能成功，但一旦成功了，销售员内心就会受到极大鼓舞，销售员会想：推销看似不可能销售出去的产品我都有勇气进行下去，那么在面对准客户时，还有什么不行的呢？

因此，销售员如果想完成推销工作，提高销售业绩，就必须摆正心态，克服恐惧心理，争取做到心无杂念，让自己彻底放松，时常鼓励自己，然后信心百倍地与客户沟通。

自身对产品充满信心,表达才更令人深信

销售员都知道,工作的最终目的就是要把产品推销出去。但销售行业是与人打交道的行业,人与人交往,就要将心比心。作为销售员,无论推销的是什么,都要信任自己推销的产品,这样才能在推销的时候把这种积极的情绪传达给客户,并感染客户。试想,如果销售员对自己的产品和对客户提供的服务都没有信心,又怎能让客户产生购买信心呢?

而现实销售中,一些销售人员在听到客户质疑产品质量,或者对产品有某些不满时,就开始把推销失败的原因归结于产品质量的低下,这样做是不对的。要知道,在竞争激烈的现代商业社会,产品也越来越同质化,同类产品在功能、质量、性能上有什么大的区别?没有!产品既然已经获得各方面的认证,就是合格产品,也是公司最好的产品,一定可以找到消费者。因此,在整个推销过程中,销售员都不能对产品产生怀疑,而是要相信自己推销的产品是优秀产品之一,这样销售员的表达才会让客户深信不疑。

销售情景:

小李是一名化妆品推销员,她所销售的品牌并不是什么名牌,但销量却一直很好,这是因为她有一个销售秘诀:她自己就是这种化妆品的忠实客户,每次有新产品上市,她总是第一个购买,在试用完产品后,她会记下自己使用的感受,然后与客户们分享。所以,大家都愿意相信她,从她那里购买。

有一次,公司来了一位女士想要购买一套护肤品,小李劝了半天,对方还是担心产品的质量:"现在的化妆品质量太没有保障了,化学成分太多。"此时,小李明白,要想说服这位客户,就要拿出最有力的证据。于是,她从包中拿出自己已经使用了一半的产品,对客户说:"您没接触过我们的产品,担心产品的质量,这一点,是可以理解的。我们公司正是考虑到这一点,所以,公司的每一位销售员都是产品最忠实的客户,您看,这就是我每天使用的眼霜……我们公司的女销售员们每天都这样忙碌的工作,可是皮肤还是不错。所以,请相信我们产品的质量。"

"嗯,你说得没错,我看你的皮肤也很好,我相信你,一个喜爱并相信自

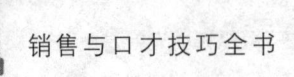

己产品的销售员,我又有什么理由不相信呢?"

分析:

案例中,销售员小李之所以能打消客户顾虑,将产品推销出去,在于她能"以身试用",用自己的切身感受来打动客户。

现实销售中,一些业绩不好的销售员常归咎于产品自身的原因,比如产品质量、性能等,而实际上他们自己也知道,同样的产品,有的销售员不能销售出去,但其他销售员却可以,这一点告诉人们,业绩的好坏主要取决于主观条件,而不是客观条件,销售员要始终对自己推销的产品充满信心。倘若销售员自己都没信心的话,客户是无法产生信任的。而那些对产品满怀信心,对公司、对自己充满信心的销售员从心态上就能感染客户,让客户看到销售员和产品的实力,从而产生购买欲望。那么,销售人员如何才能树立对产品的信心呢?

1. 筛选好产品,保证推销的产品的质量

产品最终是要推销给客户的,产品的质量好,才是树立好口碑的前提。如果将假冒伪劣产品或者有问题的产品卖给客户,那么,最终会自断财路,甚至惹上麻烦。

所以,销售员在推销产品前,一定要对同类产品进行筛选,要选择优质的产品。因为产品质量始终是销售成功的前提,只有质量信得过的产品才是销售人员增加收入和高效销售的保证。如果产品无法为客户提供利益与价值,那么即使是世界上最优秀的推销员也不能保持持续的销售额。

2. 热爱产品,"以身试用"

要知道,客户几乎无法拒绝真正热爱自己产品的人,因为这些人真诚,会把自己的试用经验与客户分享,他们用行动给客户最好的证明。

所以,如果销售人员能和案例中的这位化妆品销售员一样,能购买和使用自己推销的产品,这在无形之中会增加客户对产品的信心。

3. 多使用正面、积极的语言

销售员在与客户交谈的过程中,言辞间尽量不要传递消极、负面的信息,而应该尽量使用积极正面的语言,并不断鼓励客户尝试。

比如,当顾客表示某种儿童食品价格过高时,可以这样正面解释产品贵的原因:"孩子的健康是最重要的,这是我们公司的原则,所以我们的食品都是经过各种食品机构检验了的,质量非常有保障。"

总之,销售员在推销前,一定要先对自己推销的产品充满信心,才能让

客户对产品建立信心。只有当销售员对产品坚信不移时,才能一举攻破客户的"心防"。

销售语言要妥当,绝不用模棱两可的词

作为销售员,信任的达成是销售成功最为关键的一步。通常情况下,客户对那些说话言辞中肯、措辞严谨有致的销售员更容易产生信任感。因为语言是思想的外衣,一个人是否沉稳,是否值得相信,是可以通过语言来观察的。所以,在销售的过程中,一定要使用妥当的销售语言,绝不用那些模棱两可的词,这样才能有效降低客户对产品的疑虑。

销售情景:

某纸制品厂的销售员去一家连锁餐厅的总部推销,因为使用一次性纸餐具是大势所趋,因此客户表现出极大的兴趣,双方沟通很愉快,但正当客户准备签约购买时,客户突然想起了一些问题,就随口问销售员:"你们的这些纸盒和纸杯分别能承受的食品的温度是多少?"

"听我们同事说,这种纸盒盛食物的时间应该不能超过12个小时,时间太久可能会出现漏汤和漏油的现象。纸杯应该也只能盛不超过80度的饮料,不然可能会变软和破损。"

客户一听,马上改变了意见,对销售员说:"不好意思,我觉得这次购买计划还是要和餐厅的负责人商议一下,有了答案我会通知你的。"

结果可想而知,这笔生意就这么泡汤了,那家餐厅并没有打电话给这位销售员。

分析:

这位销售员的推销经历再次向我们证明一点:销售人员在实际工作中若不多加注意自己的语言,往往会导致"祸从口出"。销售员在与客户沟通的过程中,只有向客户传达正面、积极、肯定的信息,才能让客户相信你,而如案例中的这位销售员在回答客户问题时,却接连使用"听同事说"、"可能"、"应该"等模棱两可的词语,继而让原本对产品很感兴趣甚至决定购买的客户对产品产生了质量上的疑虑,最终放弃购买。

那么,作为销售员,该如何在销售中修饰自己的语言,取得客户的信

任呢？

1. 陈述简洁，不可啰嗦

简洁的语言最容易让人理解，也最有力，让人信任，所以要求语言简洁是对销售陈述的基本要求。在沟通时，销售员要想获得客户的信任，就不要说话啰嗦，而应该尽可能在较短的时间内简单明了、干净利落地把比较重要的信息传达给客户。

2. 表述准确，说话要有条理、有重点

销售人员始终要记住与客户沟通的最终目的是为了达成购买协议，因此，在与客户沟通的时候，不要一味空谈。要知道客户在面对你时本来就抱着对待陌生人的态度，如果你说话总是进入不了主题，不仅耽搁了双方的时间，还容易让客户产生不耐烦的情绪，导致交易失败。说话有重点，才会让人觉得你办事有效率，精明、干练，是值得信赖的对象。

当然，在沟通中，不同阶段的沟通重点是不一样的，销售员要根据具体情况把重要的信息分成几次陈述，这样才能保证客户正确理解陈述的内容。另外，表述时，销售员要发音清晰，音量适中，用词尽量准确。

另外，准确、中肯的表述还需要在说话时有条有理。说话有条理才会让人觉得言之有物，有重点可言。有的销售员在说话时东拉西扯，颠三倒四，客户听了半天，仍觉得一头雾水，失去了对产品了解的兴趣。说话有条理和有重点是相辅相成、缺一不可的，只有有条理才能突出说话的重点，也只有说重点才能让人觉得这人说话有条理。比如，销售员在介绍产品时，就要在抓住重点后逐一分条列举，围绕某一点做出相关阐述，讲明白以后，再解说下一条，长此以往，客户在听你说话时就会觉得你说话有条理性，容易理解，能对产品本身有深刻的了解，从而促成销售的成功达成。

3. 语言流畅

语无伦次、前后矛盾、结结巴巴、吞吞吐吐是沟通的大忌，销售员一定要避免这种情况，掌握清晰、流利的说话技能，同时做到表述连贯，逻辑合理，前后衔接，原因结果叙述清楚。不然的话，客户不仅会轻视你，还会怀疑你说话的真实性。需要注意的是语言流畅并不是要滔滔不绝地说个不停，那样会带来负面作用。

以上几点是针对说话要中肯、稳当所做的一些简单分析，说话技巧是需要销售员慢慢练习的，在多次与客户的交流中要多学多用，随机应变，态度真诚，认真对待每一个客户，自然能在销售这一行业里获得成功。

敢于自夸,"王婆卖瓜"的精神不能少

"王婆卖瓜,自卖自夸"这句歇后语几乎家喻户晓,虽然很多人在引用这句歇后语时多是带有一点贬义的意思去点评某人或某商家的自我宣传和推销的做法。但在当今市场经济日益发达和销售竞争逐渐白热化的今天,"王婆卖瓜"已经成为一个优秀的销售员必备的素质之一。相反,如果一个销售员在介绍产品时不能让产品的价值和优势打动客户,那么接下来的工作将会非常被动。所以,销售员介绍所推销的产品一定要突出产品的优势,针对客户需求点中的关键部位介绍产品的功能,以此来赢得销售的成功。

销售情景:

客户:"你们的价格有点贵!"

销售员:"的确,可能您觉得我们的产品贵,但其实这不是一个大问题。试想一下,如果您花较少的钱买到质量极差的东西,在使用过程中总是出问题,那岂不是更郁闷?我们这种产品的质量绝对值得信赖,在质量上您完全不用担心。"

客户:"既然你们的产品这么好,为什么比我刚看的几家产品便宜得多,而且,你们似乎也不是什么名牌吧。"

销售员:"是的,我们家的产品的确不是什么国际大品牌,但我们产品的设计水平和质量都是国内一流的,只是在外形上不如国外某某企业的产品,正是由于这点不足,我们的价格要比国外那家产品的价格低了将近三分之一。"

客户:"好吧,我就订你们家的产品吧!"

分析:

案例中,针对客户提出的种种问题,这名销售员始终都能巧妙应对,而且在回答过程中,他始终不忘夸赞自己的产品,最终,客户被他颇有说服力的言辞打动,决定购买。

在具体的销售过程中,产品永远是销售员和客户沟通的中心话题。尤其是当客户经过前期的接触、沟通和了解后,对于销售员及其所在的公司已经没有了过多的疑虑。此时,销售工作便进入了实质化的阶段,客户的注意力开始转移到产品上来,销售员这时的说服技巧将受到更大的考验。当然,一味地夸赞产品可能不但不能说服客户,还会引起客户更大程度上的怀疑。那么,具体来说,销售员应如何夸赞产品呢?

1. 夸赞产品,不可不着边际

无论销售员以何种方式向客户展示产品的好处,通常情况下都要围绕着以下几方面展开:质优、价廉、方便、实用、爱、舒适、关怀、成就感。

具体来讲,销售员在向客户说明产品益处时,要根据不同的客户需求采取不同的说明方法,例如:

"优异的品质会让您成为市场中的佼佼者。"

"方便的使用方法为您节省了大量时间。"

"先进的技术会给您创造巨大的效益。"

"产品时尚的外观设计可以体现您超凡的品位。"

"高效的功能可以满足您的多种需求。"

……

不仅需要向客户提供相关资料,让客户知道你可以怎样满足他们的需要。

2. "说"与"做"结合

这里的"说"指的是以合适的语言和出色的表达方式向客户表述购买产品为其带来的好处,而通过实物或模型展示以及其他行动向客户演示产品的用途或其他价值即为"做"。销售员可以结合"说"与"做"两种方式来向客户展示产品的益处,这样能让客户对产品有更为直观、正面的认识,故而更容易接受产品。

3. 主动说出产品一些无伤大雅的不足

其实客户心里也明白,任何产品都不会完美无瑕,或多或少存在一些瑕疵与不足。因此,作为销售人员,如果在销售过程中对产品的不足自始至终只字不提甚至掩盖,那么,不仅不能让客户信任产品,反倒容易引起客户的猜疑。

而相反,如果能主动说出一些关于产品不足的问题,那么,就可以打消客户的疑虑,说这些问题的时候,态度一定要认真,让客户觉得你足够诚恳,但是这些问题的内容一定是无碍大局的,是对方可以接受的,比如客户普遍关注的价格问题、产品的致命弱点等。而有些问题销售员是不可以如实说出的,比如有关企业的商业机密等。关于这些不能说或者不好说的问题,销

第1章 ◆ 自信开口,做销售的人就是要敢说

售人员一定要格外加以注意,不要为了得到客户一时的高兴而信口开河。

总之,没有产品是完美无瑕的,也没客户会相信产品会是完美无瑕的,要么是价格不合适,要么是存在其他问题。但这并不代表产品一无是处,要想让客户认同产品,就要适当地"王婆卖瓜,自卖自夸"一番,但不可过多对所销售产品的质量、性能等进行夸张处理,把劣质的说成是优质的,随意夸大产品的性能;不能把产品价格定得比实际价格高出数倍;不能把企业原本无法做到的售后服务也随意承诺。要知道,在销售中,只有诚实地对待客户,才能得到客户的信赖,从而树立销售员及其所在公司的信誉。如果客户发现他面前的销售人员缺少诚实的品性,无论此前双方的沟通多么默契和愉悦,他都会马上产生警惕心理,通常会迅速放弃可能已经形成的购买决定。

第 2 章

亲切赞美,真诚陪耳沁入顾客心扉

人们常说:"人性的弱点之一就是喜欢别人的赞美。"因为人类都长着一双爱听赞美之言的耳朵,每个人都希望自己被尊重、被认同、得到肯定,与此同时,每个人都会觉得自己有可夸耀的地方。一位百万富翁曾经坦然地说:"我就是喜欢听奉承的话,自己喜欢听,别人也喜欢听。"所以,销售员如果能很好地利用客户这一爱听好话的心理,就能成功地接近顾客,进而获得顾客的好感,推销成功的希望也就大得多了。

赞美顾客用点心，别搞空穴来风

人们常说："人性的弱点之一就是喜欢别人的赞美。"因为人类都长着一双爱听赞美之言的耳朵，每个人都希望自己被尊重、被认同、得到肯定，与此同时，每个人都会觉得自己有可夸耀的地方，所以，销售员如果能很好地利用客户这一爱听好话的心理，就能成功地接近顾客，进而获得顾客的好感，推销成功的希望也就大得多了。

赞美客户并不是无迹可寻，毫无章法的。赞美他人，最忌讳的就是空穴来风、含糊空泛地赞美，毫无根据地奉承一个人反而会弄巧成拙。因此，在赞扬客户时，一定要就事论事，用一些具体而明确的事情来恭维客户，这也是赞美的基础。

销售情景：

原一平有一次去拜访一家商店的老板。

"先生，您好！"

"你是谁啊？"

"我是明治保险公司的原一平，今天我刚到贵地，有几件事情想请教一下您这位远近闻名的老板。"

"什么？远近闻名的老板？"

"是啊，根据我调查的结果，大家都说这个问题最好请教您。"

"哦！大家都这样说啊？真是不敢当，你说吧，到底什么问题呢？"

"实不相瞒，是这样的……"

"站着谈不方便，请进来吧！"

……

分析：

每个人都渴望被别人赞美，获得认同，客户也是。案例中，销售大师原一平之所以能成功推销，就在于他学会了赞美。用第三者"大家"的口吻去称赞商店老板"远近闻名"，给老板予以肯定，赢得了老板的好感和认同，接下来的沟通就容易多了。赞美客户是件好事情，但并不是一件简单的事。尤其是那种毫无根据、泛泛而谈的赞美，更有奉承之嫌，那么，作为销售员该如何赞美客户呢?

1. 赞美要有根据

销售员在赞美客户时一定要有根据,这里的"根据",指的是赞美要实事求是,要具体,这样才显得真实,容易让人接受。那么,哪些是赞美中的"根"和"据"呢?这其实很简单,我们可以尽量让赞美细节化,避免泛泛之谈。比如,在与客户交谈的时候可以赞美客户的经历、办公室的布置等。

"张总,您那个部门的小赵说您是一个非常平易近人的领导,真是不假,一见到您,我就觉得特亲切。"

2. 间接赞美比直接赞美更有效

不太适合直接赞美客户的时候,可以选择间接赞美的方式,而这一方式通常更能彰显出赞美的效果。间接赞美的方法有如下几种。

①赞美客户最关心的人或事

比如说客户是位年轻女士,为了避免误会与多心,不便直接赞美她。这时,不如赞美她的丈夫和孩子,你就会发现这比赞美她自己还要令她高兴。

再比如,当你发现客户开着一辆与众不同的汽车时,你对客户说:"这车,真好看!"客户自然会高兴,但并没有真正起到赞美客户的作用,因为车子是否不错是厂商的功劳,客户只是花钱购买,而如果你对客户说:"这车保养得真好!"或"你挑车的眼光真好!"这就真的是赞美客户了。

②借用第三者的口吻来赞美

有时候,借用第三者的口吻来赞美会更有说服力。比如说:"怪不得小张说您越来越漂亮了,刚开始还不相信,这回一见可真让我信服了。"这样就比说:"您真是越长越漂亮了"好得多,还可避免恭维、奉承之嫌。

③从否定到肯定的赞美

这种用法一般是这样的:"我很少佩服别人,您是个例外。"这样的赞美更显真实。

3. 善于发掘客户的亮点,赞美要有新意

真正的成功人士毕竟是少数,更多的是平凡人,他们鲜有卓越的成绩,因此销售员在面对客户时,应该从客户身上的具体事件入手,任何细节都不放过,只有赞美得深入具体,客户才会觉得你对他足够重视,越能感觉到他所获得的肯定是真实可信的。

4. 发挥语言的魅力

语言是一门艺术,赞美也不例外,只有对语言准确把握好才能得体地说

出赞美的话语。要根据对象、时机、场合的转换,用不同的语言措辞恰当地表达赞美之情。语言是销售员与客户沟通的重要手段,赞美要真诚,用语恰当与否也是一种表现。

总之,赞美要落到实处,就要找到具体的赞美点,这个赞美点必须是客户身上真实存在的,在赞美时指出细节,说明它的特点,给出自己的评价,这样的赞美会让客户觉得有真实感,认同你的说法,从而改变态度,就你的推销进行商谈。

利用赞美为销售铺路,不要白白浪费美言

无数销售经验告诉我们,人都是有虚荣心的,没有人不喜欢别人的赞美和奉承。当听到别人的赞美和奉承之后,一般人都会心花怒放,尤其是一些虚荣心比较强的人,更是高兴得不亦乐乎,在这种情况下,满足对方的虚荣心就能征服和俘获对方的心。一位百万富翁曾经坦然地说:"我就是喜欢听奉承的话,自己喜欢听,别人也喜欢听。"既然客户有这个心理需求,那么作为销售员一定要会说,爱说。但销售员在赞美客户的时候,一定不要忘记自己的最终目的——销售产品。偏离这一中心的赞美是毫无意义的。

可见,说奉承话也是一种能力,有的人说奉承话可以俘获客户,而有的人拍马屁却丢掉了客户,白白浪费了美言。

销售情景:
迈克是一家人寿保险公司的销售员,几经周折,他才获得和当地一位大人物史密斯先生半个小时的拜访时间。

一见到史密斯先生,迈克就非常激动地说:"史密斯先生,我从小就听到过您的大名,从心底万分崇拜你。我想,如果我今天能亲耳听到您的那些传奇故事的话,我会非常荣幸的。"

"年轻人,你今天来不是就为这个吧?"

"史密斯先生,您可不知道,有多少人做梦都盼着见您一面呢!"迈克越说越起劲,又说出来很多赞美之词,史密斯先生也被他的赞美冲昏了头脑,开始向他讲述自己的创业史。结果,半个小时的时间很快就过去了,迈克满脑袋都是故事,忘记了此行的目的。

分析：

这一案例中，迈克的赞美之言的确起到了打动客户的作用，他和客户可谓聊得很投机，但迈克却忘了自己此行的目的。那么，他的赞美之言说得再动听也是没有意义的。如果他能在客户对其产生好感时，适时地插入销售事宜，是很容易达成销售目的的。可见，赞美客户是件好事情，但并不是一件简单的事。赞美客户，不掌握一定的技巧，不懂得恰逢时机地赞美，反而会使好事变为坏事。

那么，在具体的销售过程中该如何利用赞美为销售铺路，达到最终目的呢？

1. 交谈之初可不谈销售

采取"初次交谈不谈销售而只是赞美客户"的方式，可以打消客户的戒备心理，避免自己的销售行为被终止在摇篮中，而且也能了解更多的客户信息。这是符合心理学中的首因效应的，能为下次的良性互动和推销的顺利进行创造条件。

2. 赞美要有度，不可一发不可收拾

当恭维客户的时候，要有个度，不能恭维起来没完没了。否则，不仅会让客户产生厌恶的情绪，还会让销售工作无法插入。要让自己的恭维和赞美发挥最大的效力，就要珍惜自己的赞美。当然并不是说不要去恭维别人，而是不该恭维的时候绝对不浪费，该恭维的时候，千万不要吝啬。这样，才能为下一步的销售工作做好铺垫。

3. 时机成熟时，插入销售话题

对此，要善于观察，比如，当发现客户因为赞美之言而露出欣喜的表情或者开始出现不断抚摸产品等动作时，就说明赞美起到作用了，此时，就可以插入销售话题，向其推销了。

4. 将赞美运用于销售中

很多时候赞美是需要在销售中临时把握的，再完美的计划也跟不上变化，销售员在赞美客户时，应该见机行事，时机不同，赞美也要跟着改变。比如你的客户准备谈一笔生意，开始时你可以称赞他有魄力，中间你可以赞美他毅力十足，能持之以恒，当他谈成生意后，你应该肯定他的成功，时机不同，赞美也不同，才能做到得体。

总之，销售员需要记住，销售中的赞美是要本着推销产品的目的为前提的，背离这一本质目的，赞美则会毫无意义！

遇到含蓄的客户，赞美可以温婉动听些

古语云：君子羞于口，而善于行。这种追求含蓄、委婉的审美标准是影响中国人乃至东方人性格内向的重要因素。在销售中，也经常能遇到这种客户，他们言辞谨慎，不愿意当众表达自己，因为他们信奉"说得越多就错得越多"的逻辑。对于销售员的恭维，他们也比其他客户更有"免疫力"，可能有些销售员会认为对于这类客户，赞美是不起作用的。其实不然，任何客户都有虚荣心，只是每个人所能接受的赞美方式不同，对于此类含蓄的客户，如果赞美能委婉动听些，势必也会起到作用。

销售情景：

小王是一名宽带业务销售员，有一天，他给一位客户打电话，向客户介绍后，客户认为帮助不大，因此拒绝，并且理由很充分。

客户："我平时基本不在家，安个宽带也没用，还是算了吧。"

小王："没有关系的，真是很打扰您。对了，陈小姐，您是不是播音员啊？声音听起来特别舒服。"

客户："你怎么知道的？我真的是在电视台的播音栏目组工作。"

小王："真的啊？看样子我的感觉还真是没错，因为我觉得和您通电话真的感觉很好。陈小姐，您看还有什么其他方面需要我帮助您？"

客户："我前一段时间看到电信宣传的小灵通，你可不可以给我介绍一下？"

小王："好的……谢谢！"

这次通话的结果是这位客户答应先送一部小灵通给她看看。

分析：

这则案例中，销售员小王之所以赢得销售的转机，与其在电话中巧妙委婉地赞美客户有极大的关系。通过赞美，他获得了客户的认可。

的确，有时候那些冷静、含蓄的客户之所以难以对付，并不是他们不吃赞美这一套，而是他们存在这样的心理：如果不采取相应的措施，很可能就要吃亏。但同时，他们又渴望被人认可，不想被人误解。这样造成的现实情况就是他们本身在内心上就很矛盾，是一个矛盾的集合体。销售员就要好

好地利用这一点,采取合适的方法对客户进行赞美。

那么,该怎样以温婉动听的语言来赞美这类含蓄的客户呢?

1. 以请教客户问题的形式来间接表达赞美之情

与客户交谈,把他放到较高的位置上,并虚心地请教其问题,能满足其某种程度的虚荣心和好为人师的心理,可见,有时向客户请教也是一种委婉的赞美方式。真诚地去请教客户往往是打开成功之门的一把钥匙。

"陈总,我早就听说过您白手起家的故事,我真的很想请教一下您,当时您是怎么做出创业的决定呢?"

"听说您是通信方面的专家,想请教一下您……"

"专家就是专家,您提的问题都与一般人不一样,都提到点子上了……"

"张先生,您在营销方面这么有研究,有机会一定当面向您请教……"

"李总,您公司目前在物流服务领域做得这么成功,当初您是怎么想起来开展这项业务的呢?"

2. 赞美不一定要通过语言的方式

在与客户沟通的过程中,如果错过了赞美客户的机会,在随后的跟进邮件、短信中可以再次表达,如:"和您通电话真的很开心,希望下次还有机会向您学习……"这样的效果也非常不错。要知道,间接赞美客户有时能够获得比直接赞美更好的效果,因为它能够更好地满足客户的自我心理需求。

3. 用自己的语言表达出来

生活中,我们发现尽管有些销售员经常赞美客户:"您的事迹,我早有耳闻,今日一见,果然气宇轩昂!""久仰久仰!"等,但却并没有得到客户的好感。这是因为这些套用他人的赞美语言显得有些做作、虚假。所以在赞美客户,尤其是赞美这类含蓄的客户时,一定不可照搬他人赞美的语言,而要自己组织语言,以轻松、自然的语气将赞美表达出来。

4. 在恰当的时候真诚地表达出来

赞美要选对时机,才显得自然。同时对于客户的赞美可以适当加入一些"调料",比如,幽默。这样更加容易调节气氛,让客户在心里感觉非常的舒服。

5. 赞美的语言不可太过

一般来说,这类含蓄的客户一般都是理智的。对于那些真诚、恰当的赞美,的确会让其产生愉快的情绪,并对销售员产生美好的印象,但太过分,就会适得其反,甚至会引起他的反感。

当然，赞美此类含蓄的客户的方式还有很多，但关键的一点就是一定要发自内心地赞美客户，只有真诚赞美，并将话说得动听一些、含蓄一些，才会更容易让对方接受！

赞美客户也得有点新意，起到最佳效果

生活中，每个人都有自尊，都希望别人对自己的优点有一个肯定的评价。据专家研究，一个人如果长时间被他人赞美，其心情会变得愉悦，智商会有所下降。作为销售人员，如果真诚地不使人感到虚假或敷衍地对客户表示赞美，他们就会认为你很体谅别人，就会对你表示友好，从而愿意做进一步的交流。所以，在适当时候说出的那些微不足道的赞美的话可能会起到让你意想不到的效果。赞美是人际交往的润滑剂，是件好事，但也是件难事。毫无技巧与新意的赞美，不但不能打动客户，还会有奉承之嫌，甚至招来客户的反感。

销售情景：

郑小姐原本是位身材苗条的女士，但自从生下第一个孩子后，身材完全走形了。为此，她现在无论买什么衣服，都不像以前那样干脆，而是会反复斟酌，直到自己认为真的合适才会购买。

一次，她去一家服装店买裙子，试了很多个款式，总是觉得不合适。她站在镜子前感叹道："怎么就没有一件适合我的啊，唉。"

这时候，专卖店的老板走上前去，笑着说："怎么了，美女，你的气质这么好，穿什么衣服都会好看的，试试这件吧，或许更适合你呢。"说着拿过了身边的一条连衣裙。

听了老板的这番话，郑小姐拿过裙子，进了试衣间，一会儿，当她出来的时候，在镜子前不断地扭来扭去，她感觉自己穿上这条裙子还真是挺合适，而且非常的漂亮，脸上露出了满意的微笑。但这时候，老板又说了一句话："真是赏心悦目啊，您身材这么好，穿上这条裙子真的太漂亮了，跟电影明星似的。"

郑女士听完，脸色马上变了，顺便说了一句："您是不是对每个试衣服的女士都这么赞美的啊？"虽然郑小姐用了一个"您"字，但老板明显听到郑小

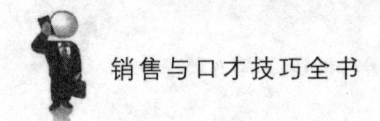

姐口中的不悦,因为她已经放下衣服,离开了专卖店。

分析:

案例中,郑小姐之所以没有购买自己看中的那条裙子,是因为老板那句毫无新意甚至有点不符实的赞美:"真是赏心悦目啊,您身材这么好,穿上这条裙子真的太漂亮了,跟电影明星似的。"对此,郑小姐的回答是:"您是不是对每个试衣服的女士都这么赞美的啊?"可见,不是任何女士都完全认同别人对自己美丽、漂亮的夸赞,如果情况不符实,就会显得虚假,你的赞美就显得陈旧,产生不了作用。

在与客户沟通中,赞美客户能达到快速取悦客户的目的,并在客户心里留下好印象,因为每个人都喜欢听赞美的话,对赞美自己的人自然会有好感。如果我们希望赞美起到最佳作用,最好用点心,使得赞美有新意。否则,毫无新意的、只是一句奉承的话反而增添了客户对你的不信任感,拉开了你和客户之间的距离。

那么,作为销售人员,该如何让赞美显得更有新意呢?

1. 于细节处赞美

比如,如果客户是一位女性,一开始就夸对方:"你很漂亮",客户一方面会感到高兴,另一方面会不知所措。所以,单刀直入的夸奖之前一定需事先扎根,否则的话只会成为令人难以接受的奉承。对此,我们不妨一反常态,从一些细节处赞美。比如,夸赞对方所带的东西或饰品等,例如:"你的衣服很合身""饰品很可爱""发型很有特色"……

这些夸奖的话,表面上是在夸奖东西,事实上是在夸对方有眼光,而被夸的一方不但不会不知所措,反而因为自己以外的东西受到高估而感到高兴,她们会认为你们在价值观上存在着很大的共同之处,这样,一下子就缩短了双方的距离。

2. 赞美对方的精神层面

①赞美对方的态度和行为

像"言行得体""活泼大方""容易亲近"等夸奖,为了在不同程度和不同模式上夸奖对方,你必须准备一些话语,仔细观察对方,在适当时机套入话语。

②赞美对方的品质

比如,当面对的是一位男士的时候,在销售过程进行的最后,不妨说出这样的话:"我觉得您是位值得尊敬的人""您是一位好先生""我觉得您真

是位体贴的男士"……无须修饰脱口而出,给对方留下好印象。

③赞美对方的品位

如你可以赞美客户的穿着:"听说您退休前还是一名服装设计师,是吗?怪不得呢,您今天这样搭配,就让人觉得耳目一新,您肯定有一套自己的搭配秘诀。"这样赞美,多数情况下都会让客户心花怒放。

所以,只有有新意的赞美,才能把赞美说到客户心里,进而加倍成就他自信的感觉,从而有助于我们的销售工作!

第3章

倾听先行,会听的销售员最精明

作为销售员,我们都知道,与客户沟通的过程是一个双向互动的过程。鼓励客户多说,积极倾听有助于我们接收来自客户的信息。另外,客户也需要通过一定的陈述来表达自己的需求和意见,甚至有时候,他们还需要向销售人员倾诉自己遇到的难题等。可见,在整个销售沟通过程中,客户需要的并不是被动地接受销售员的介绍与推销,他们也要表达自己的意见和要求,也希望销售的另一方——销售人员认真倾听。如果销售员能谨记"倾听先行",并能做到有效倾听,那么,一定能引导客户更加积极地投入到与我们的沟通当中,从而让销售工作事半功倍!

会听最精明,听出客户真性情

现实销售中,在与客户沟通的过程中,只有先弄清客户的一些情况,比如是否真的要购买、购买什么价位的产品等,然后再有针对性地进行销售,这样才能事半功倍。而事实上,很多时候出于防备心理,客户并不会诚实地道出自己的真实想法。这就要求我们会听,以便于在销售中及时判断出客户的真性情,从而更准确地找出应对策略,尽快完成销售任务。

销售情景:

学市场营销的小林大学毕业之后,就在一家建材公司做起了销售。由于专业知识扎实,口才好,小林的销售业绩直线上升。但是,小林却有一个致命的弱点,那就是不会倾听,因此流失掉不少客户。

一次,小林去谈一个大型工程,工程的负责人是个四十岁左右的男人,他对建材的要求非常高,见了小林之后,便直接询问小林所在企业建材的各项指标,小林报了指标后,对方似乎不怎么满意。但由于小林所在企业的钢材各方面指标都很不错,况且各种政策和条件都很好,客户也就不再挑剔了。但当小林报出价格之后,客户突然声音提高了八度。后来,无论小林怎么向客户保证建材的质量,对方总是避而不谈实质性的问题,就连之前谈妥的各项事宜,对方也不再坚持了。

小林不明白为什么客户前后态度反差这么大,但无论她怎么挽回,客户还是放弃了购买。

分析:

在这则案例中,销售员小林报出价格后,客户的情绪就立刻产生了变化,此时他的声音也提高了八度,可是小林却没有听出这一变化,也没有听出客户拒绝购买的真正原因,故而流失掉了客户。

可见,销售员在和客户的交流当中,一定要注意倾听,留意客户言语间细小的变化。洞察客户的心理变化,及时调整策略,才能保证合作的顺利实现。

那么,作为销售员,该怎样听,又该听些什么呢?

1. 听出客户的性格类型

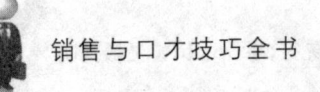

1. 听出客户的性格类型

语速快的人：反应敏捷，但易怒。有时候会对一些无关紧要甚至无意义的小事唠叨不停，也不喜欢听反对意见，喜欢一意孤行。

语速慢、说话沉稳的人：深谋远虑、有耐性，值得信赖。

木讷的人：他们不爱讲话，因为不善于讲话，但事实上，他们为人诚恳，所说之话也给人一种实在感，具有说服力，他们是能信赖的人。

说话音量大的人：性格活泼、明朗，为人正直、不虚假。像这种人，领导力及责任感兼具，是值得信赖的人。

说话音量小的人：一般来说，具备这种特点的人，若不是性格上气度小，就是善于谋略。喜欢窃窃私语的人是小心翼翼、神经质的性格，有某种秘密，口封密实，绝不流露真心。

说话语气僵硬的人：这种人的处世方式正和他们的说话方式一样，他们做事独裁，希望周围的人都按照他的话去做，若不是如此，就会高声厉斥。

讲话不看对方的人：若不是害羞不敢看人就是不讲真话，所以不敢正视对方。

说话时喜欢摸下巴的人：这类人比较自信，而有傲慢之气的人，有轻蔑他人之意，阴险恶毒的性格。

经常中断他人讲话的人：易怒，反应快，与人讲话常常插嘴。因武断而造成判断错误。不能体贴对方，是轻率、自私的人。

讲话低沉的人：生活疲惫，体力衰弱。对工作无法决断，生命力弱。

2. 留意客户语速、语调的变化

在与客户沟通过程中，如果发现原本说话速度快的客户突然放慢了语速，或者原本说话速度慢的他突然加快语速，这时候一定要注意了，肯定是出现什么问题了。一般来说，说话的速度放慢了，有可能客户对你很不满意。如果对方把说话的速度加快了，那么意味着对方心里肯定有鬼，所说的话可能是假的，所以，销售员一定要多加留意，针对不同的情况作出不同的调整。

一般来说，情绪处于平稳状态的人的语调是没有明显变化的。所以，如果客户说话的音调突然升高，要么是顾客对你所说的话很吃惊，表示惊讶，要么就是客户在撒谎，为自己找个合适的理由和借口，正所谓强词夺理。在这种情况下，销售员就要注意了。如果对方表示惊讶，那么就要找到合适的解说，让对方接受你的理念；如果对方强词夺理，那么就要想尽一切办法，让顾客坦诚一些。

由此可以发现,如果不懂得倾听,只是一味地说服客户购买,那么,很可能与客户的本意南辕北辙;而如果善于倾听,善于把握客户的真实心理,才能了解客户真正想要什么,才能知道如何与顾客达成合作。

适时地回应,在倾听中挖掘到真正需求

沟通是相互的,销售过程中的沟通也是如此。因此,仅仅将产品的卖点传达给客户甚至巧舌如簧地劝说客户购买是不够的,还要懂得倾听,因为产品只有在能满足客户需求的情况下,才能真正打动客户。当然,客户是不会主动道出自己的需求的,因此,我们还要在倾听的同时适时地回应,引导客户透露自己的真实想法。

销售情景:

刘雪在一家大型图书卖场工作,两年来,她为很多图书爱好者推荐了心仪的书籍,可以说是一位非常合格的销售员。

有一天,卖场来了一位30岁左右的男士,他的脚步停留在一堆心理学书籍旁。这时候刘雪走了过去,打招呼说:"你好,先生,您是要购买关于心理学的书啊?"

客户回答说:"我随便看看。"刘雪知道客户不愿意跟自己说话,于是她站在一旁,并没有多说什么。这位先生又在心理学书籍书架旁翻阅了很久,不知道究竟买哪一本好,显得左右为难的样子。此时,刘雪觉得时机已经成熟,于是,她再次走过去,对那位先生说:"先生,请问你想购买什么样的书呢?"

客户:"我想买一些心理学的书看看,但是我不知道该买哪一本好。"

刘雪:"是啊,现在的心理学书太多了,不知道您购买心理学书籍是出于爱好,还是其他原因呢?"

客户:"其实,我购买心理学书籍有很多因素,我本身就比较喜欢这类的书,以前读书的时候错过了很多好书,现在想再买点这方面的书看,另外,我现在的工作也需要掌握一些心理学基础知识,但我对心理学知识是一窍不通。"

刘雪:"要是这样的话,我建议您买一些关于心理学基础知识的书,先了

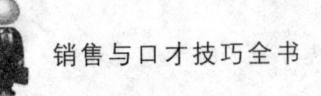

解一下,这本《心理学基础》就很不错。等您了解了基础知识再买别的吧,因为心理学非常难,买的太难了,根本看不懂,还会给自己造成心理阴影。"

最终,客户选了一本《心理学基础》,高兴地离开了。

分析:

案例中的图书销售员刘雪是个善于把握客户心理,找出客户真实需求的人。刚开始,在客户刚刚光临的时候,她热情的帮助被客户拒绝后,她并没有继续"纠缠"客户,而是等客户真正需要帮助的时候再"出现",在得到客户肯定回答后,她开始一边倾听,一边引导客户继续说,进而逐渐让客户主动说出自己想购买的书籍类型,从而很好地帮助顾客做了决定,完成了销售。

的确,一个精明的销售员能很好地把握好听与说的度,在倾听的过程中给予客户适时地回应,在引导客户说的过程中挖掘出客户的真实需求,从而成功地完成销售。

那么,具体来说,该如何在倾听中回应客户呢?

1. 注意客户的反馈

客户的反馈指的是客户做出的可以识别的反应,比如,客户做出的某些动作,"摇一下头"、"皱一下眉"或是想要说些什么,这些对营销人员来说,都是客户发出的信号。

通过自己敏锐的观察和感觉,营销人员可以调整说话速度或者话题。如果营销人员没能注意到这些信号,或是未做出反应,这意味着错误的或者不完全的沟通。

2. 善于激发顾客的谈话兴趣

首先,这需要做到全身心地投入到倾听客户讲话的过程中,比如,销售员应该身体稍稍倾斜,认真倾听,以此来展示倾听的兴趣,不要轻易打断顾客。另外,倾听的时候要配合轻松、自然的表情,通过点头示意或者鼓励性的微笑,并不时地以"哦"、"我知道了"、"没错"或者其他话语让顾客知道你对他谈话内容的赞许,鼓励顾客说话。当然,对客户倾听的回应应放在客户说完以后,因为客户一旦在诉说的过程中被打断,一些反映顾客需求、动机、感情的事实和线索就可能会被遗漏,而这些恰恰是能否成功销售的关键。

3. 以提问的方式回应客户

变换使用开放式提问,让顾客可以自由地用自己的语言来回答和解释的提问形式,简单的"是"或者"不是"就回答了大多数的封闭式提问,是一种

很好的获取买方反馈的办法。

4. 澄清客户的谈话

在倾听完客户的谈话后,要加以反馈,向对方阐明你是如何理解他的意图的。你可以使用这些话语:"我刚才听你说……"、"我理解你主要关心的是……"或者"……我说得对吗?"。

另外,一些销售经验丰富的老手们还善于利用非语言反馈,比如,他们甚至能利用一个小小的眼神,就能起到鼓励客户继续诉说的效果。

虽然大多数人认为销售员拥有一副三寸不烂之舌,但忽视了他们更是最佳的听众。如果销售人员不善于倾听,就容易造成误解。更为严重的是会造成无法把握客户的真实需求,而与客户的购买意图背道而驰!

从倾听中了解到客户内心的厌恶与喜好

大量销售经验告诉我们,人们总是愿意与那些和自己有共同爱好或者兴趣的人沟通,而讨厌与那些和自己的人生观、价值观完全背离的人沟通。可见,在与客户沟通前,了解客户内心的厌恶与喜好也就显得至关重要,它在很大程度上是激发客户产生与销售员交谈的欲望的前提。所以销售员在与客户见面时,可以先倾听,抓住客户的兴趣,再根据客户的兴趣进行重点沟通。

销售情景:

陈浩是一名老年保健品推销员,有一天,他来到一个新建的小区,准备进行推销工作。在小区花园,他看到小区绿地的长椅上坐着一位孕妇和一位老妇人,他从小区保安那里打听道:"那好像是一对母女吧?她们长得可真像。"小区保安回答:"就是一对母女,女儿马上就要生了,母亲从老家来照顾她,父亲一个人在家里……"

这样,陈浩也来到了老妇人和孕妇休息的地方,他亲切地提醒孕妇:"不要在椅子上坐的时间太长了,外面有点凉,你可能现在没什么感觉,等到以后会感觉不舒服的,等生下小孩以后就更要注意了。"然后他又转向那位老妇人:"现在的年轻人不太讲究这些,有了您的提醒和照顾就好多了。"听到陈浩的话,老妇人好像一下子找到了知音:"真难得你这样的年轻人还懂得这些,我都提醒我女儿很多次了,让她不要吃生冷的,不要碰冷水,她就是不注意……我曾经在医院妇产科担任护士,因为工作表现突出,还被医院嘉奖过呢……"在老妇人说这些的过程中,陈浩表现出极其认真倾听的姿态。

"是吗?太好了!那您肯定知道如何照顾孕妇和小孩了,我最近也在学习关于这方面的知识来照顾我爱人,这下子真是找到老师了。"陈浩及时回应老妇人的观点。

后来,他们已经把话题从怀孕和生产后的注意事项讲到生产后身体的恢复,再讲到老年人要增加营养,陈浩与这位老妇人聊得十分开心。接下来,那对母女已经开始看陈浩手中的产品资料和样品了……

分析:

案例中,保健品推销员陈浩之所以能让这位老妇人对自己的产品感兴趣,是因为他先掌握了老妇人关心孕妇的心理,然后从孕妇应该注意的事项谈起,打开了客户的话匣子,并注意积极倾听,在获得客户的认同后,推销产品也就容易多了。

一般情况下,销售员与客户刚开始接触时,他们是不会马上对产品产生兴趣的,因为他们还心存芥蒂,而如果能够在最短时间之内找到客户感兴趣的话题,然后再伺机引出自己的销售目的,那么就可以使整个销售沟通充满生机。也就是说,引起客户注意,善于倾听,找出客户的厌恶与喜好,激发客户兴趣,让客户感到满意,这是一个好的销售开始的线索。

那么具体来说,销售员应该如何从倾听中挖掘出客户的喜好与厌恶,进而找到与客户沟通的契机呢?

1. 集中精力,专心倾听

这是有效倾听的关键,也是实现良好沟通的基础。要做到这些,应该在与客户沟通之前做好充足的准备,如身体、心理、态度以及情绪准备等。疲惫的身体、无精打采的神态以及消极的情绪等,都可能使倾听收效甚微。

2. 不随意打断客户谈话

这一点很重要。随意打断客户谈话会打击客户说话的热情和积极性,尤其是在客户情绪不佳的时候,打断他的谈话无疑是火上浇油。所以,最好不要随意插话或接话,更不要不顾客户喜好更换话题。

3. 从人们一般比较关心的话题入手

对此,可以根据具体的谈话环境,通过认真地倾听和巧妙地询问,然后进行观察与分析,得出客户关心的问题,继而引入共同话题。比如,销售人

员可以从客户的事业、家庭以及兴趣爱好等入手,以此活跃沟通气氛,增加客户对你的好感。

通常情况下,人们一般都对以下问题比较感兴趣。

客户曾经获得过的荣誉、公司的业绩等。

客户的兴趣爱好,如某项体育运动、某种娱乐休闲方式等。

关于客户的家庭成员的情况,比如,孩子几岁了,学习状况,老人的身体状况等。

某些焦点问题或者时事,比如,房价,车价,油价等。

客户内心深处比较怀念或者难忘的事情,和客户一起怀旧。

谈论客户的身体,如提醒客户注意自己和家人身体的保养等。

当然,除了倾听与询问等方式外,与客户进行销售沟通之前,销售人员十分有必要花费一定的时间和精力对客户的特殊喜好和品位等进行研究,这样在沟通过程中才能有的放矢。

由此可见,成功销售是有章可循、有法可依的。只要在销售过程中巧妙运用沟通技巧,不断探索总结自身的销售心得,就能在销售交谊舞中游刃有余!

听者有心,接过有利于销售的话茬儿

与客户沟通的过程是一个双向的互动的过程。鼓励客户多说、积极倾听有助于销售员接收来自客户的信息,如果不能从客户那里获得必要的信息,那么销售人员的整个推销活动都将事倍功半。但从另一个方面看,倾听的最终目的是为了服务于销售。这就要求销售员在倾听客户说话的过程中多留心,不要为了倾听而倾听,而要及时把话题转到销售工作上。

销售情景:

小马是一名汽车推销员,在一次汽车展会上,他结识了一位客户。通过对这位客户的言行举止的观察,小马分析这位客户对越野型汽车十分感兴趣,而且其品位极高。后来,小马几次试图约客户出来坐坐,就一些关于越野车的问题谈谈,但是客户总是以各种理由推脱,总是说自己工作很忙,周末则要和朋友一起到郊外的射击场射击。

小马终于发现，原来客户还喜欢射击，经过打听，果然如此，这位客户曾经还是一名射击冠军。于是，小马上网查找了大量有关射击的资料，一个星期之后，小马不仅对周边地区所有著名的射击场了解得十分深入，而且还掌握了一些射击的基本功。再一次打电话时，小马对销售汽车的事情只字不提，只是告诉客户自己"无意中发现了一家设施特别齐全、环境十分优美的射击场"。下一个周末，小马很顺利地在那家射击场见到了客户。小马对射击知识的了解让那位客户迅速对其刮目相看，他大叹自己"找到了知音"。

在返回市里的路上，客户主动表示自己喜欢驾驶装饰豪华的越野型汽车，并对一些造型别致、性能好的越野车都进行了一番阐述，小马认真地倾听着。等到客户提到"说实话，现在市场上的汽车在档次与品位上做得实在……"时，小马立即接过话茬儿："我们公司正好刚刚上市一款新型豪华型越野汽车，这是目前市场上最有个性和最能体现品位的汽车……"一场有着良好开端的销售沟通就这样形成了。

分析：

案例中，销售员小马是精明的，当他发现直接从客户爱好的越野汽车入手并未见到成效时，就转换了一个角度——射击，当他与客户产生共鸣后，客户对他的戒备心也就消除了，此时，当客户谈及自己最喜欢的越野汽车并阐述自己的观点时，小马能巧妙地接过客户的话茬儿，把话题转入到销售问题上，一场有着良好开端的销售沟通就这样形成了。

那么，销售人员该如何掌控销售进程，在恰当的时机由倾听转入销售话题呢？

1. 从关心客户需求入手

现实销售中，一些销售人员完全站在自己的立场上考虑问题，希望一股脑儿地把所推销产品的信息迅速灌输到客户的头脑当中，却根本不考虑客户是否对这些信息感兴趣。这些销售员几乎从刚一张嘴就为失败埋下了种子。要知道，实现与客户互动的关键是要找到彼此间的共同话题，这就要求销售人员首先要从关心客户的需求入手。

对于客户的实际需求，销售人员需要在沟通之前就加以认真分析，以便准确把握客户最强烈的需求，然后从客户需求出发寻找共同话题。

2. 多倾听有利于销售的内容谈话

对此，销售员需要倾听出以下几点。

核心点：这里的核心点指的是客户最感兴趣的关于产品的某个"点"，也

就是能满足客户需求的某个"点"。

情绪点：人都是有情绪的，或欣喜、或气愤、或关注、或冷漠等，客户在与销售员沟通的过程中也会产生诸多情绪，而当销售员听到客户在话语中流露出有利于购买成交的信号时，就要立刻抓住机会，促成交易。

敏感点：世界上没有无瑕疵的产品，因此，产品或多或少会存在某些让客户不满意的地方，无外乎价格、折扣、性能、保障、售后服务、购买承诺等。

3. 询问客户

销售员如果不询问客户对讲述部分的想法和建议，只顾着自己讲下去，就不会明白客户对产品的真实看法，就不会明白什么地方要着重讲述，什么地方客户并不在意，可以忽略不提。所以，询问可以更好地控制谈话的进程，更大程度的调动客户的兴趣和积极性。而询问往往可以使销售员得到更多的信息，这些信息都会对促成交易有利。

当销售员向客户解释一段后，就应该向客户进行询问，看他听进去了多少，听明白了多少，他的看法如何。这时，销售员应该问："关于这一点，您清楚了吗？"或者"您觉得怎么样？"这样就给客户提供了一个说明他的想法的机会。

4. 确定客户需求后，要及时将话题转到销售上

在确定了客户的需求之后，销售人员虽然可以针对这些需求与客户进行交流，但是这还达不到销售沟通的目的，这就需要销售人员巧妙地将话题从客户需求转到销售沟通的核心问题上。例如：

"大爷，最近听说又有冷空气要来，今年冬天的天气真是没有往年好呀。您岁数大了，尤其要注意保暖，省得头疼感冒不说，还可以减少关节炎的疼痛。您看一下这件适合老年人穿的加厚羽绒服，它既暖和又舒适，而且非常耐穿……"

另外，在将话题转换到销售上时，要多使用积极的语言，这样在转换话题的时候会更自然、巧妙，能更好地引导顾客从有利的一面看待产品，促进产品销售。

第4章

灵巧提问,步步深入探出顾客真心

　　多数销售员都知道,销售的秘诀在于找到客户内心最强烈的需要。但现实情况是,客户对销售员大都心存芥蒂,他们是不可能自报家门,将内心的真实想法全部透露给销售人员的。那么,怎样才能找到客户内心这种不愿外露的需求呢?有一个简单的办法:就是不断提问。你问得越多,客户答得越多;答得越多,暴露的情况就越多,离"真相"的距离就越来越近,这样,你就一步一步化被动为主动,成功的可能性就越来越大。但我们同时还要明白,与客户的沟通是双向的,提出的问题只有让客户轻松地回答出来,客户产生了回答的欲望,沟通才能进一步进行下去,这就更要求销售员掌握提问的技巧与方法,只有灵巧提问,才能步步深入,探出客户的真心!

提问需讨巧，从客户感兴趣的问题入手

经验丰富的销售员都知道，在与客户进行沟通的过程中，问的问题越多，获得的有效信息就会越充分，最终销售成功的可能性就越大。弗朗西斯·培根也曾经说过："谨慎的提问等于获得了一半的智慧。"提问的好处多多，但很多销售员却苦苦思索，该如何提问才有效？

实际上，我们都有这样的经验，人们对于自己感兴趣的问题才会乐于回答，那么，何不以此为突破口进行巧妙地询问呢？

销售情景：

乔治有一家自己的公司，他的公司专为其他公司提供销售人员和管理人员，在一个星期五的下午，他和老同学有一个约会，那天天气很热，当他到达约会地点的时候发现自己早到了20分钟。为了不让这20分钟的时间白白浪费掉，他决定找个客户进行推销。

乔治找到了一家规模较大的汽车销售店，走了进去。

"你们老板在吗？"他问销售员。

"不在。"

乔治并不退缩，又问道："如果在的话，他会在什么地方呢？"

"在大街对面。"

乔治走到街对面，在接待室他问："你们老板在吗？"

"他在，在他办公室里。"接待小姐说。

当时那位老板正在和销售经理商量事情，乔治走进他的办公室，问道："作为贵公司的老板，我想您大概是在想办法增加销售额吧？"

"年轻人，你没看见我正在忙吗？今天是星期五，又是吃午餐的时候，你为什么在这样的时间拜访我？"

乔治满怀信心地盯着对方说："您真的想知道吗？"

"当然，我想知道。"

"好吧，我是刚从雷丁乘车过来的，我有个约会是在下午2点，现在还有20分钟的空闲时间，因此，我想利用这短暂的时间来访问。"稍做停顿，乔治又压低声音问："贵公司大概没有把这种做法教给销售员吧？"

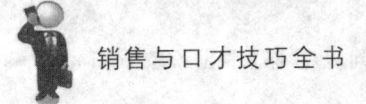

那位老板听到乔治的问话后,绷着脸看了销售经理一眼,过了一会儿,老板微笑着对乔治说:"多亏你,年轻人,请坐吧。"

分析:

这则案例中,乔治之所以能在20分钟内得到客户的认可,正是因为他抓住了一个商人的心理特点,从对方关心的问题——销售额上入手,并以此设置悬念,引导客户回答出:"当然,我想知道。"从而赢得了客户的好感。

同样,销售员采用这种方法可以让客户放下心中的怀疑,与你心平气和地交谈,这样对彼此业务成功可以起到推动作用。

当然,在与客户沟通时,从客户感兴趣的话题提问也是有一定技巧的,如果用得不恰当,就会起到相反的作用。具体来说,可以这样提问。

1. 就地取材

其实,我们不必绞尽脑汁地寻找提问的话题,因为一般来说,生活中人们都会关注这些话题。

你可以谈足球、篮球或其他运动。

你可以谈食物、谈饮料、谈天气。

你可以谈生命、谈友情、谈光荣。

你可以谈同情心、谈责任感、谈真理。

你可以讨论书籍、电影、广播节目、国际新闻、或本地的新闻。

你可以谈论一下关于某个杂志上看到的一篇文章的要点。

……

诸如此类,都是很好的谈话题材。

2. 从客户在行的话题问起

提问要注意的是要问及对方在行的问题,特别是从他的专长或职业下手,这样能让你应付各式各样的客户,使话题不断地延续下去。假如对方是医生,你对医学虽是门外汉,也可以用"问"的方法来打开局面。"近来感冒又流行了,贵院大概又要辛苦一阵子了吧?"这样一来,对方的话匣子就打开了,你可以从感冒谈到症状、药品和补品等,只要双方都不厌烦,话题就会一直谈论下去。

3. "借助媒介法"

例如,你想向一位陌生人推销,而他正在看报纸,你便可以用报纸作为媒介,对他说:"先生,对不起,打扰一下,请问您手里拿的是什么报纸?有什么重要新闻吗?"如此一来便开启了双方对话的源头。

4. 有些问题不可问

在和客户谈话的时候,有的事情是需要特别注意的。

不要问及对方的花费,比方说别人衣饰的价钱或送礼的价值以及请客所花的费用,这会让人觉得你触及他的经济能力或者怀疑他送礼的心意。

也不可以问女子的年龄(除非她是6岁或60岁左右的时候)。

不可问别人的收入。

不可详问别人的家世。

不可问别人用钱的方法。

不可问别人工作上的机密,"己所不欲,勿施于人",凡是你不想让人知道的事也应该避免询问对方,谈话的目的在于引起对方的兴趣,而不是使任何一方没趣。能令对方滔滔不绝,是你说话的本领,也是增广见闻的方式。

向客户提问,令对方感兴趣的话题可以说俯拾皆是,关键在于要能够依照特定的情境去发掘,并且恰到好处地运用!

委婉探问出顾客的经济实力

销售员都知道,客户是否有购买能力是判断其是否能成为准客户的一个方面。客户有购买需求、有购买权,但是没有购买能力,我们依然无法成功地推销出产品,对于分期付款的客户,也可能会造成销售后的呆账或死账。因此,在推销前就应谨慎行事,在大型的购买活动中,要提前了解客户的经济水平和购买力,在确认潜在客户有这方面的预算后,还要对其一贯的信誉进行一番考察。考察客户购买实力的一个重要方法就是提问,但在提问时,一定要注意方式,最好以温婉探问的方式,尽量在悄无声息中了解到情况,否则,很容易引起客户的反感,丢失生意。

销售情景:

一天上午,某汽车4S店来了一位打扮不入时的先生。店内的一些推销人员对这位先生上下打量了一番后,没有主动上前为其服务。而销售员陈莹则不同,她走过去主动和客户打了招呼:"先生您好,我是这家4S店的销售员陈莹,很高兴为您服务。"为了不打扰顾客看车,做完自我介绍后,她就在一旁观看,并未出声。

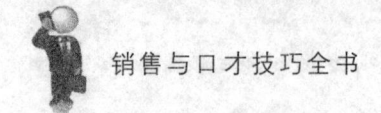

就这样，这位先生一个人在店内转悠，一会儿说这辆车车价太高，一会儿又说那辆车款式不漂亮。看到一旁的陈莹，他说："我今天只是随便看看，没有带现金。"

"先生，没有问题的。我和您一样，有很多次也忘了带。谁也不会身上随时带着很多现金，您尽量看，有什么问题可以尽量问我。"

"好的，谢谢你。"然后，稍微停顿一会儿，陈莹观察到客户有种脱离困境、如释重负的感觉。陈莹想："他是真的没带钱，还是没有购买能力呢？"于是，针对这个问题，陈莹决定大胆地试探一下顾客。

"先生，您有中意的车吗？"

"那辆奥迪不错。"

"是的，您的眼光不错，这辆车最近卖得很好。"

"是吗？可是，能分期付款吗？"这下子，陈莹明白了，原来顾客是担心价格和付款方式问题。于是陈莹说："当然可以，您现在就可以与我们签约。事实上，您不需要带一分钱，因为您的承诺比世界上所有的钱更能说明问题。"

接着，陈莹又说："就在这儿签名，行吗？"等他签完后，陈莹再次强调说："您给我的第一印象很好，我知道，您不会让我失望的。"

结果确实没令她失望，第二天，这位顾客就带了首付提走了那辆车。

分析：

这则销售案例中，销售员陈莹之所以能轻松推销出去这辆车，是因为她和其他销售员不同，面对打扮不入时的客户，她还是愿意一试。并且，最可贵的是她敢于主动试探顾客，从而让客户自己道出了购买的顾虑——希望分期付款。

的确，客户的购买能力是决定客户是否能完成购买的关键因素之一。客户没有经济实力，即使他们的需求再强烈，也不会购买。对于这类顾客，如果销售员"纠缠不休"，不仅浪费时间，还会招致顾客的厌恶。但有些销售员遇到一些徘徊于汽车店内的顾客时，总是会妄下断言：光看不买，一定是买不起。这也是不正确的。因为也有一些客户更相信自己的眼光，需要多项选择。那么很多销售员就产生了疑问：如何判断出客户是否有足够的经济实力呢？其实，我们不妨和案例中的陈莹一样，主动出击，巧妙地探问。

那么，该如何巧妙探问，从而筛选顾客呢？对此，有几个检查要点。

1. 询问客户的职业

一般来说，人们的职业与收入状况和身份地位是吻合的，为此，你可以借机问顾客："能多问一句，您在哪里高就？"

2. 针对顾客的支付计划进行提问

我们可从顾客是期望一次付现，还是要求分期付款以及支付首期金额的多寡等，判断客户的购买能力。

一位保险销售员去拜访客户，见到客户后他说："保险金您是喜欢按月缴，还是喜欢按季缴？"

"按季缴好了。"

"那么受益者怎么填？除了您本人外，是填您妻子还是儿子的名字呢？"

"妻子。"

"那么您的保险金额是20万元呢，还是10万元呢？"

"10万元。"

3. 观察顾客的穿衣打扮，委婉提问

一般情况下，人们的收入状况和经济水平在一定程度上是可以从其穿戴打扮上看出来的。穿戴服饰质地优良、式样别致的客户应该有较高的购买能力。而服饰面料普通、式样过时的客户多是购买力水平较低，正处于温饱水平的人。

为此，销售员通过观察客户的服饰打扮，大体上可以知道客户的职业、身份及购买力水平。比如，销售员在向顾客推销一件衣服的时候，可以先这样说："您今天的首饰真好看，好像是今年××杂志上的主打产品，是吗？"根据顾客的回答，大致就可以看出顾客的购买力情况了。

总之，销售员在对客户进行说服时，首先要弄清客户的经济水平，才能分析客户为满足自身需要能够接受的价格水平，但一定要注意提问方式应委婉，太过直接会引起客户的负面情绪！

分寸拿捏好，提问的口气要小心

一些优秀的销售员们都得出一个销售经验，在销售中提问的能力与销售的能力是成正比的。他们往往会根据具体的环境特点和客户的不同特点进行有效地提问。可以这么说，问得越多，销售成功的可能性越大。的确，

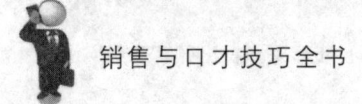

很多时候提问能解决很多劝说解决不了的问题,但这并不代表所有的销售员都会充分利用提问的技巧来获得客户的认同。事实上,经常有一些客户在听到销售人员对自己的几次提问后就变得厌烦和不快。这是为什么呢?因为这些销售人员忽视了在提问时需要特别注意的一些事项,其中,最需要注意的问题之一——提问的分寸的把握不当。

销售情景:

小李是一家电子产品公司的销售员,为了能将公司的电话软件销售出去,小李前去拜访一家科贸公司的总经理。这家公司财大气粗,而且小李听说这位总经理也是一位十分自负的人,于是在沟通中小李一直小心谨慎,尽量把握好说话的分寸。

客户:"到现在为止,所有厂商的报价都太高了。"

销售员:"嗯,我同意。不过,我想您应该不会反对我与您进一步展开合作吧?"小李并没有反对客户的意见。

客户:"反对倒还不至于。"

销售员:"那么如果我们有机会再次合作,难道您不觉得我们可以帮助您建立更广泛的客户群吗?"

客户:"恩,很有可能。"

销售员:"您想我们平时买质量优质的手机和传真机,都是为了拥有更好的通话质量,对吗? 如果我们的产品通过与您的合作被更多人所使用,那么那些受益者第一个想到的就是贵公司的名字,对吗?"

客户:"嗯,那倒是这么回事。"

销售员:"所以您不反对我们通过和您的合作可以帮助更多人建立起一套更实用的电话系统,是吗?"

客户:"是。"

分析:

这则销售案例中,这位销售员的问话技巧是值得推敲的。首先,他在提问前并没有反驳客户,这样才会有了可以继续提问客户的前提。其次,他所提出的问题,答案都是肯定的,并且都是站在客户的立场上,这样客户在回答的时候产生的也是积极的情绪。于是,通过提问,他先是弄清了客户需求,接着为自己介绍公司及产品做好了铺垫,同时引起客户对本公司的兴趣,这样,他的销售目的也就能很轻易地达到了。

其实,巧妙地向客户询问好处多多,它不仅能问出客户的真实需求

握客户的内心动态,减少因信息的不对称造成的误会,还能把握和控制整个销售进程,获得客户的好感。但是,向客户提问是需要把握分寸的,否则,不仅达不到理想的销售状态,恐怕还会适得其反,引起客户的反感,从而造成与客户关系的恶化甚至破裂。所以,销售员在向客户提问时需要掌握以下要点。

1. 讲究礼仪,彬彬有礼地提问

提问时的态度一定要足够礼貌和自信,不要鲁莽,也不要畏首畏尾。要恰当地使用表示尊重的敬语:"请教"、"请问"、"请指点"等。

2. 尊重客户

"我这样讲清楚吗?"

"我都说了几遍了,你怎么还不明白?"

在上面两句话中,很明显第一句话是最好的,因为这句话体现的是对客户的尊重,这句话的意思是如果客户没有弄明白销售员的意思,则是销售员表达得不够清楚,客户自然能接受。而第二句话中,销售员则把客户没有弄清楚的原因归结于客户,伤害了客户的自尊心,这样的话在销售过程当中是一定要避免的,因为客户会认为销售人员在贬低、嘲笑他的智商,这样只会引起客户的反感。

3. 从客户感兴趣的话题入手

与客户初步交流,不可太过心急,不要直截了当地询问客户是否愿意购买,一定要注意问题必须循序渐进地展开,最好先从客户感兴趣的话题入手。

4. 观察客户的反应

沟通是双向的,因此,提问一定要能使客户产生积极的反应,要让客户乐于回答。为此,问话后要察言观色,从客户的表情、动作中获得信息反馈。若客户答非所问,可能是表示他不感兴趣或不能回答,就要换个方法再问;当客户面露难色时,就不能穷追不舍,应适时停止。一般不要冒昧地问客户的工资收入、家庭财产、个人履历等问题。

5. 征求式提问

想要了解到客户的真正意图,并得出自己想要的答案,提问时可以多用一些征求的词,比如"难道你不同意……"尽量养成用这种口气的习惯,比如:"难道你不同意我给你的服务,小姐?"

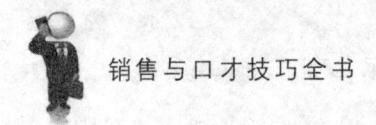

6. 引导式地问

当客户还在犹豫不决时，可以用一些套话的问题来引导一下客户。比如："你已经决定订购我们的产品了吗？"千万不要问成，"你是不是要订我们的货了？"因为你要问的问题是要带假设性质的，客户只要一回答，答案就明了。

7. 站在客户立场上提问

在提问的时候不要总是围绕销售目的与客户沟通，更要站在客户的立场上提问。另外，对于某些敏感性问题要尽可能地避免，如果这些问题的答案确实对你很重要，那么不妨在提问之前换一种方式进行试探，等到确认客户不会产生反感时再进行询问。

另外，客户答话离题太远时，还要用委婉语控制话题："这些事你说得很有意思，今后我还想请教，不过我仍希望再谈谈开头提的问题……"自然地把话题引过来。问话时不要板起面孔，"笑容是你的财产"，微笑着问话，会使人乐于回答。

做到以上几点，就大致可以把握住提问时的分寸了。

问题难度不要太大，顾客更容易回答

销售员都知道，销售的秘诀在于找到客户内心最强烈的需要。但现实情况是，客户对我们都心存芥蒂，他们是不可能自报家门，将内心的真实想法全部透露给销售人员的，那么，怎样才能找到客户内心这种不愿外露的需求呢？有一个简单的办法：就是不断提问。你问得越多，客户答得越多；答得越多，暴露的情况就越多，离"真相"的距离就越来越近，这样，你就一步一步化被动为主动，成功的可能性就越来越大。但我们同时还要明白，与客户的沟通是双向的，我们提问的问题只有让客户轻松地回答出来，客户产生回答的欲望，沟通才能进一步进行下去。而相反，如果问题难度太大，客户回答不上来，自然就失去了回答的兴趣。

可见，选择问题时，一定要为客户留下足够的回答空间，必须要通俗易懂，不要让客户感到摸不着头脑。

销售情景：

一个周末的早上，一个销售员按响了某家的门铃，开门的是男主人，他

似乎不爱说话。当他把门打开时,这名销售员问道:"家里有高级的食品搅拌器吗?"

男主人怔住了。这突然的一问使主人不知该怎样回答才好。他叫来自己的夫人,和夫人商量了会儿,这位夫人有点不好意思地回答道:"搅拌器,我们家倒是有一个,不过不是特别高级的。"

"我这里有一个高级的。"推销员回答说,说完,他从提包里掏出一个高级食品搅拌器。接着,不言而喻,这对夫妇接受了他的推销。

分析:

一般地说,和顾客打交道时,提问要比讲述好。这则案例中,销售员提出的问题是简单明了的:"家里有高级的食品搅拌器吗?"面对这样单刀直入不涉及销售甚至只需要回答"有"或者"没有"的问题,客户自然是乐于回答的。当然,女主人更为详细的回答便让销售员获得了更多的信息。可以说,他正是从一个小小的问题入手,就极富杀伤力的"俘获了"客户。假如这个推销员改一下说话方式,一开口就说:"我是×公司推销员,我来是想问一下你们是否愿意购买一个新型食品搅拌器。"想一想,说这种话的推销效果会如何呢?

销售中,销售员提出的任何问题最终都是为销售服务的。有些销售员为了避免引起客户的反感,提问的时候都尽量避开销售,但到最后却发现事与愿违,随着交谈的深入,话题逐渐偏离了销售的本来目的。但太过直接的问题着实也容易引起客户的质疑。那么,到底应该怎样提问呢?对此,应秉持一个原则——就是难度不要太大,让客户更容易回答。

具体来说,应注意以下几点。

1. 选择性提问

这个方法就是问对方只可以回答的问题。比如:"你是今天订货还是明天订货呢?""付款方式是现金还是支票呢?""货是送到你这里来还是送到仓库呢?"提出的问题必须有两个答案,而且都是你想要的答案,这样你得到的都会是你想要的。

2. 提切中实质的问题

销售过程中的提问都必须是能切中实质的。漫无目的脱离销售目标的沟通都是无效的,这是每一个销售人员都必须记住的。对此,在约见客户之前,销售员第一步要做的就是针对最根本的销售目标根据实际情况进行逐步分解,然后再根据分解后的小目标选择具体的有针对性的提问方式。这

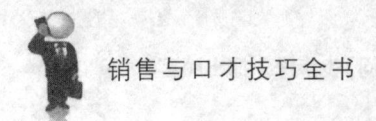

样制定出来的问题,不仅可以避免因谈论一些无聊话题浪费彼此的时间,又可以循序渐进地实现各级目标。

3. 针对不同性格的客户,提不同的问题

针对不同性格的客户,要采取不同的提问方式。对性格直爽的人,不妨开门见山地提问;对脾气倔强者,要采用迂回曲折的提问战术;对平辈或晚辈,要问得真诚坦率;对文化层次较低的人,要问得通俗易懂;对心有烦恼的人,要关心体贴谅解,问得亲切一些。

4. 根据客户情绪提问

提问时要注意对方的情绪。当对方情绪高涨时,可以抓紧时间多问些;反之,则尽量少问,所提问题亦不能太深。

5. 再次提问时应审时度势

在对方还没有答复完毕以前,不要提出第二个问题。与沟通无关的一些问题,最好在沟通前,沟通后,或中间休息时提出。要想控制谈话的方向,可以连续发问,但每次提出的问题要单一而明确,所提出的问题前后要有连续性、逻辑性。

另外,还必须要注意自己提问的态度,不可让客户有种被审问的感觉,要注意礼仪,态度友好,因为很多客户在购买产品之前都将销售人员视作怀有"不良企图"的人。但是,如果销售员以征求客户意见的态度提出友好而切中他们需求的提问时,他们会渐渐放松。

积极的问题更易带动销售的氛围

销售中,提问的好处多多,可以帮助我们挖掘出客户内心的真实需求。但事实上,提问也并非一件易事,因为销售员的提问只有在发挥积极作用的情况下,客户才愿意回答。而这就要求我们多提积极的问题。通常来说,人们只有在积极的情绪下才会逐渐消除对陌生的销售员的戒心,并乐于回答他们的问题。

销售情景:

一个中国留学生在澳大利亚经历了这样的事情。

"您是中国人?"金发小姐问他。

"嗯,"他下意识地回答了一声。

"我能问您几个问题吗?"

"我不懂英语。"他打着手势装着不懂。

"只有四个问题。"金发小姐一笑,继续问:"您是学生还是工作了?您最想做的事是什么?将来想从事什么工作?对未来有何打算?"

顿时,他的顾虑打消了,心想在这陌生世界中,竟还有人关心起他这个不起眼的人的生活和工作,甚至未来,于是他答道:"我现在是边学习边打工,每天感到生活压力很大又很累。我最想做的事就是交到更多的朋友,将来能从事自己喜欢的工作,对未来我希望获得成功。"

"您希望成功,目前却遇到压力、朋友和工作这些问题,那么通过怎样一个中间媒介去实现呢?我将告诉您。"然后指着问号说道:"但愿我能帮你解决这个问号。"

他十分惊讶,于是带着好奇,跟着金发小姐来到了她的办公室,她告诉这名留学生,她的工作是帮助那些有困难的人,根据他们的具体情况,指导他们购买所需要的书,特别是在她这儿购书可比外面书店便宜10%。在金发小姐的热情推荐下,这位留学生不得不买了她的一本书。

分析:

在这个案例中,金发小姐成功推销出自己的书,就是因为她善于提问,她先问了一连串的问题,而这些问题并没有涉及到推销,只是从关心留学生的角度提出的,因此,很快便使留学生消除了心理障碍。然后,她再适时地引入销售问题,让留学生产生一种继续想知道的愿望,随后,金发小姐成功推销出书也就成了一个事实。

由此可见积极提问的重要性。一般来说积极提问包括以下几种方式。

1. 以轻松的问题发问

以轻松的话题开头,最好不要涉及销售问题,这样能打消客户的戒心和顾虑,使对方乐于与你交谈。当对方显露出需求,你再主动出击,将问题转变得较明确。例如:

"您好。是周经理吧,我是××公司的小王,您最近很忙吧。"

"是呀。"

"周总,端午节就快到了,不准备庆祝一下吗?"

"当然了,我们正在安排呢。"

"那我先预祝您节日快乐。"

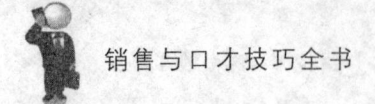

"谢谢,您有什么事啊?"

"我们给您发过一份传真,说明了一下我们公司的业务内容,不知道您收到了没有。"

当然,以这种问法开头,要求销售员掌握在交谈中的主动权,这样问的目的在于一步步引导客户,在客户肯定了销售员所有的问题后,自然会得出积极结论,也就是购买产品。

2. 多提开放性的问题

开放性的问题因为具有很大的回答空间,所以能激发客户的谈话欲望,让客户自然而然地畅所欲言,从而帮助销售人员获得更多有效的信息。在客户感受到轻松、自由的谈话氛围后,他们通常会感到放松和愉快,这显然有助于双方的进一步沟通与合作。

通常来说,开放性的提问方式有一些的典型问法,比如,"为什么……"、"……怎(么)样"或者"如何……"、"什么……"、"哪些……"等。具体的问法就像案例中一样,需要销售员认真琢磨和多实践才能运用自如。

3. 建议式提问

采用提问的方式对客户提意见比单纯的建议客户购买产生的作用更大、效果更好,因为虽然是提问,但最终的决定权还在客户手里,客户会有一种被尊重的感觉。比如:

"您看您是年付还是季付?"

"您看您是亲自过来还是我给您把保单送过去呢?"

在交谈中,应避免用下面的方式。

"您看怎么办?"

"您看,还是尽快将字签了吧?"

另外,与客户交谈快结束时,销售人员也应多提一些内容积极、肯定的、让客户增强对产品信心的问题,以促使他下决心购买。例如:"还有什么需要我来完成的吗?事实上,你只需在这里签个字,这张保单从明晨零点起就开始生效。"

◆ 第 5 章 ◆

寒暄有道,客套话是销售时的调和剂

俗话说:"话要开好头,事要收好尾",任何谈话都必须有一个好的开头,也就是人们常说的寒暄。寒暄在销售开场中也同样发挥着重要的作用,它能迅速消除初识的新客户对销售员的戒心,增进与老客户的感情;当交谈陷入尴尬境地时,它能帮助销售员打破僵局,缩短人际距离;向交谈对象表示自己的敬意等。寒暄是一件好事,但也并非一件易事。只有一番恰到好处的寒暄才能引起客户的注意力,才能起到抓住人心的效果,特别是为销售员与客户进行进一步的交谈做好良好的铺垫!

利用寒暄迅速与陌生顾客拉近心理距离

一个好的开始,就是成功的一半。人们见面时通常会有一番寒暄,销售也是如此。一段精彩的开场白通常都是以寒暄作为铺垫的。作为销售员,在与陌生客户正式交谈之前,能否做好开场工作,几乎可以决定这次销售活动的成败。因为初次见面的时候,客户一般都有戒心,对销售人员有一种自然的防备心理。为了打破相互之间的隔膜,销售员不妨与客户寒暄一番,迅速拉近与客户间的距离,尽可能与对方实现沟通和交流。

销售情景:
被美国人誉为"销售大王"的霍伊拉先生曾经经历过这样一次销售。
一次,他听说著名的梅依百货公司需要打一则很大的广告,并且经费很可观,于是他便决定将这笔生意揽到自己手中。为此,他开始寻找各种能获得这笔生意的方法,然而他首先做的就是想方设法了解该公司总经理的专长爱好。经过了解,他得知,这位总经理会驾驶飞机,并以此为乐趣。
于是,霍伊拉在获得了与总经理见面的机会后,在彼此介绍后,便不失时机地问道:"听说您会驾驶飞机,您是在哪儿学的?"这一句话挑起了总经理的兴致,使其谈兴大发,兴致勃勃地谈起了他的飞机和他学习驾驶的经历。
结果,霍伊拉不仅得到了广告代理权,还荣幸地乘坐了一回总经理亲自驾驶的专机。

分析:
案例中,霍伊拉先生之所以能成功完成推销工作,可以说完全得益于他一句恰到好处的寒暄之语。从客户感兴趣的话题寒暄,能激发对方继续谈下去的欲望,这样,即使是在陌生人之间也能迅速让感情升温,产生一种亲近感。
从上边这个案例可以看出,与陌生客户见面时,寒暄不是目的,只是一种手段,它的作用在于缓和气氛,消除心理芥蒂,拉近彼此心中的距离,为接下来的推销打下良好的基础。
在"寒暄"这个词中,"寒"是"寒冷"的意思,"暄"是"温暖"的意思,合起来，就是问寒问暖。而在推销过程中的寒暄，也就是通过与客户拉家常或者聊一下客户喜欢的话题，向他表达自己的敬意，借以向对方表示乐于与他多交之意。

常用的寒暄主要有以下几种类型。

1. 问候式

常见的问候式寒暄有："您好！""早上好！""节日快乐！"等，具体来说，销售员要根据不同的交谈环境、时间、交谈对象等，采取不同的问候方式。

另外，近些年来，随着文化的国际化，人们也开始流行一些欧美的问候方式，如"嗨"等。

2. 攀亲认故

这种寒暄的方式需要销售人员抓住与客户共同的亲近点，并以此为契机进行发挥性问候，以达到与对方顺利接近的目的。

可能很多销售人员都会产生这样的疑问，如何找到与客户共同的亲近点呢？其实，只要留心就不难发现自己与客户有着这样或那样的共同点，比如，"同乡"、"共同喜欢的地方"、"母校"等就是与客户攀认的契机，就能与客户"沾亲带故"。如"大家是天津人，我母亲出生在天津，说起来，我们算是半个老乡了。""大家都是昆明人，我也算是昆明人。我在昆明读了四年书，昆明可以说是我的第二故乡了。"

另外，为了能更好地利用攀亲认故，最好要先对客户的资料进行一番了解。并且，在交往中要善于发掘双方的共同点，从感情上靠拢对方。当然这也需要销售人员必须要有广泛的兴趣爱好以及宽广的知识面。

3. 触景生情

这种寒暄的方式要求销售员能根据具体的交谈环境、场景，即兴联想到问候的话语，比如客户正在进行的工作，客户办公室的布置、客户的衣着等，这些都可以作为寒暄的话题。

比如："王经理，原来你也喜欢兰花啊……"

4. 赞美式

每个人都希望得到他人的肯定和欣赏，客户也不例外。因此销售员可以抓住客户的这一心理，在拜访客户之前做好准备，了解客户的优点，适时夸奖客户。如"我听过您作的报告""早就听说过您的大名！""我拜读过您的大作。"等。

寒暄中，适时的赞美固然很重要，但千万不要过度赞美，过分就会显得

虚假。

5. 言他式

谈论天气是日常生活中最常用的寒暄方式,与客户初次见面,如果一时难以找到话题,可以通过谈论天气来打破尴尬的场面。

总之,寒暄能起到一定的促进交谈的作用,但寒暄同时也是一门学问,是需要积累和学习的。销售员在这方面多下工夫,多运用,就会得心应手,在任何场合都可以做到处乱不惊,游刃有余。

寒暄的话要恰到好处,自然才能亲切

说好一句话的方法很多、花样各异,寒暄便是其中之一。寒暄在销售开场中的作用早已不言而喻。日本著名的寿险推销员原一平曾经说过:"寒暄是建立人际关系的基石,也是向对方表示关怀的一种行为。寒暄内容与方法得当与否,往往是一个人人际关系好坏的关键,所以要特别重视。"一番恰到好处的寒暄能引起客户的注意力,起到抓住人心的效果,特别是随着与客户谈话内容的深入能起到潜移默化的导引作用。

在与客户寒暄时,一定要表现出诚意,寒暄之语要恰到好处,因为最自然的话才能让人看到你的真心,不要让客户感觉你只是为了销售而寒暄,这样只会事与愿违。

销售情景:

贝尔纳·拉迪埃是空中客车飞机制造公司的销售能手,当初他被推荐到空中客车公司时,面临的第一项挑战就是向印度销售飞机。这是一件棘手的任务,因为这笔交易似乎已经被判"死刑"了——这笔交易已由印度政府初审,未被批准。此时,一切希望就压在了销售代表身上。

对此,拉迪埃深知肩上的重任。他稍做准备就立即飞赴新德里。接待他的是印度航空公司的主席拉尔少将。

拉迪埃到印度后,见到谈判对手后说的第一句话是:"正因为你,使我有机会在生日这一天又回到了我的出生地,谢谢你!"这句话一语中的,很有效果,迅速拉近了他和这位少将的距离,进而成功推销出自己的飞机。

拉迪埃靠着娴熟的销售技巧,为空中客车公司创下了辉煌的业绩。仅在1979年,他就开创了销售出230架飞机的纪录,价值420亿法郎。这当中,应该说也少不了他善于寒暄的功劳。

分析:

"正因为你,使我有机会在我生日这一天又回到了我的出生地,谢谢你!"这是一句非常得体的开头语,表达了好几层含义。那天是他的生日,而且印度是他的出生地,而能在生日当天这个值得纪念的日子回到自己的出生地完全得益于对方,因此,他感谢主人慷慨赐予的机会。这句话并不冗长,但却简明扼要,自然拉近了拉迪埃与拉尔少将的距离。拉迪埃的印度之行取得了成功,也就不足为奇。

销售中,寒暄起到了联络感情、拉近心理距离的作用,它能在两个陌生人之间架起一座友谊的桥梁。照此看来,寒暄,便成了销售中必不可少的一道程序。

可能有些销售新手并不明白寒暄的个中奥秘,他们认为,寒暄不就是嘘寒问暖、随便聊聊吗?不就是谈论家长里短吗?实则不然,销售中的寒暄不是普通意义上的寒暄,它是要达到一定的目的。这其中包括在面对客户的时候如何打开话题,让客户觉得和你谈话很有趣味,继而愿意和你谈下去,甚至可以让客户把你当成倾诉对象,成为知己,相互之间建立信任。而这些对于一个从事销售业务的新人来讲,就显得尤其重要,是否能让寒暄显得亲切自然,再次体现了一个销售人员的说话能力。

那么,如何做好寒暄呢?有哪些内容是可以寒暄的呢?有什么样的原则呢?我们可以从以下几个方面来练习。

1. 主动热情,大胆和客户交流

与客户寒暄的前提是要大胆、自信、主动地和客户交流,敢于向客户抛出话题。这一点对于那些刚踏入销售行业的新人来说尤为重要,如果不敢主动迈出第一步,就无法做到突破。刚开始做业务时,有时候不知道该跟客户讲些什么,而且有时候有很多的顾虑,很容易冷场。

除了主动外,寒暄时还要表达自己的真诚与热情。试想,当别人用冷冰冰的态度对你说"我很高兴见到你"时,你会有一种什么样的感觉?当别人用不屑一顾的态度夸奖你"我发现你很精明能干"时,你又会作何感想?推己及人,寒暄时不能不注意态度。

2. 寒暄也需要找准时机

销售员与客户见面后,首先要判断客户是否有时间。如果客户真的很

忙,就一定要言简意赅地表述来意和传达客户所需要知道的信息,然后和客户道别并留下下次再拜访的伏笔。

对于客户是否有时间,可以通过问以下的问题来得到答案:"××科长,最近应该很忙吧?"关于这个问题,一般对方可能有两种回答,第一种回答是:"不是很忙,……"这种情况,说明对方真的不忙,甚至愿意给你时间。而第二种回答则是:"挺忙的,……"这一回答也可能存在两种情况,一种是客户真的很忙,这样的客户就不能用太多时间打扰,应该绕过寒暄,直接进入主题。还有一种可能就是这种人认为什么事情都应该忙,也就是所谓的应酬也是忙,对于这样的客户就可以和他多聊,反正在他的理念里跟你聊天也是忙!

3. 选择一些轻松的话题

寒暄的内容可以是多方面的。比如天气冷暖、身体健康、风土人情、新闻大事等,尽量用语言把话题引到客户感兴趣的内容上去。但是寒暄时具体话题的选择要讲究,要注意话题的轻松性,话题的切入要自然。

有了自然、轻松而得体的话题,再加上诚恳、热情的态度,销售员很快便能与客户产生认同感,接下来,销售中和谐的交谈气氛也就自然地创造出来了,这就为下一步的销售工作打下了良好的基础。

遇到冷场时,客套话帮忙来调和

销售过程中与客户沟通,各种始料未及的情况都可能会发生,因此,常常会使得沟通陷入冷场。作为一名专业的推销员,要沉着冷静,并能机智地化解不利因素。此时,如果能妙用客套话,就可以打破尴尬,调和沟通氛围。

销售情景:

小刘是一名销售员。有一天,他正在与一位新顾客洽谈生意,突然,一位老顾客打来了电话告诉小刘,要撤销以前答应的购买许诺。不用说,这时小刘肯定有着双重的压力,既想跟老主顾挽回败局,又怕在新顾客那里泄漏推销失利的信息。

面对此种局面,小刘明白,此时一定不能惊慌失措,如果对着电话与老主顾大叫大嚷,斥责他言而无信,那就太愚蠢了。结果只能是留不住老顾

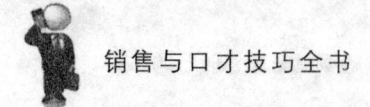

客,又赶跑了新顾客,鸡飞蛋打。于是,小刘客气地对老主顾说:"这没关系,不过,我现在正在与一位朋友谈要紧事,我们明天见面再详细谈谈你看怎样?"

电话那头传来老顾客的声音:"好吧,我回头再给你打电话。"

分析:

案例中,小刘的做法是明智的,看似一句毫不起眼的客套话,但却起到了解决危机的作用。它的高明之处在于左右逢源。通常情况下,这样回答顾客,老主顾是不会跟你在电话中继续纠缠的,他会答应你的请求,如此一来,你就又有了一个跟他谈判,以期维持原有交易的机会。而另外,新顾客不仅会为你重视他而高兴,也会为你因他而拒绝一次约会而感到歉意,这非常有益于你与他达成交易,真是一箭三雕的销售策略。

与客户交谈,销售员最希望的就是客户能畅所欲言,但前提是要激起对方的谈话欲望,打开客户的话匣子,从而引起共鸣,接下来,关于购买产品的劝导,才更容易被对方接受。当然,这需要因人而异见机行事,要看准对方的兴奋点,这样才能占据有利地位。

一般来说,冷场问题多半出现在初次接触的客户中,因为两个初次见面的人,彼此之间都缺乏了解,在这种情况下往往使双方陷入僵局。打破僵局的方法就是说客套话。人们不妨以这样的方式开始破冰,如,问问工作情况。而对熟识的人,还可以打听一下身体状况等。但还需要注意以下几点。

1. 客套也要流露出真挚的感情

以客套话打破冷场,一定要表现出诚意,要真心实意地询问对方,不要让别人感觉你带有明显的目的性。

2. 用询问工作进展、身体状况的方式,展开谈话内容

客套的内容可以从询问工作进展、身体状况开始,这是一个非常好的沟通方法。可以这样问:"最近工作忙吗?可要注意身体啊!身体是革命的本钱,不要只顾着工作而忽视了健康呀!"这样一来,对方不但能感受到你对他的关心,还能迅速消除彼此间的陌生感,为进一步交流奠定基础。

3. 依照行动确定客套内容

比如,与客户交谈,因为找不到话题而陷入冷场,此时,你就可以依据客户当时的行动展开客套话,可以用"您马上要下班了吧"这样的客套语打开话匣子,这种问话,既大方自然,又能使对方感到亲切,使对方愿意与你交谈。

4.沟通前,了解对方的基本情况,是十分必要的

人与人之间的交谈,实际上就是感情的交流。而交流则需要建立在了解的基础上,只要事先对交谈对象有个大概的了解,在交谈过程中,就能抓住对方的心,达到自己的目的。

5.适可而止,因势利导

做任何事情都应有个"度",客套也不例外。恰当适度的客套有益于打开谈话的局面,打破尴尬与冷场,但切忌没完没了,时间过长。有经验的推销员总是善于从客套中找到契机,因势利导,言归正传。

客套话在销售中的作用是十分重要的,他不仅能很好地帮助销售员开场,还能在陷入冷场后调和谈话气氛,但并不是任意的客套话都能起到这种作用。不恰当的客套语很可能会弄巧成拙。而如果销售员能从以上几个方面努力,就能与客户建立起沟通的桥梁。

与老客户寒暄时,要使感情更进一层

很多销售员认为自己与客户之间就是简单的契约关系,客户一旦签约,就与客户再无瓜葛。因此,他们在遇到老客户的时候,就没有了对待新客户的那般热情,主动寒暄的意识更是抛到九霄云外。销售员如果抱着这样的心态与客户做生意,那么,你做的充其量只是一次性买卖,是不会有回头客的。实际上,寒暄并不仅是和新客户拉近距离的方式,更能和老客户的感情更进一层。

销售情景:
销售员:张小姐您来了!上次您在我这儿照的写真,感觉怎样?
顾客:很好啊,我朋友都说好看!
销售员:是吗?太好了。不过这也是理所当然的,我们的摄影师都说您无论是身形还是皮肤都很好,自然很上镜。
顾客:你过奖了!
销售员:对了,您看我都忘记了,您今天过来,需要什么服务呢?
顾客:我想拍婚纱照。
销售员:是吗?恭喜您了,您进来的时候,我是看见您旁边这位帅哥,原

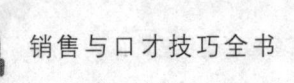

来是拍婚纱照啊。婚期什么时候呢？

顾客："五一"期间。

销售员：哦，那首先恭喜您要做新娘了。

顾客：谢谢！

销售员：张小姐，您这时候拍婚纱照很适合，结婚前一个月拍结婚照是最好的，因为从开始拍结婚照到取件刚好需要二十多天左右。我给您推荐这个目前最好的优惠套系，可以说是价廉物美。我们这个优惠套系只剩下三套了，我帮您订一套吧，觉得怎么样呢？

顾客：嗯，行吧，我相信你的建议。

分析：

可以说，这位影楼的销售员在接待老顾客的过程中，开场白说得非常成功，之所以如此，有一个重要原因就是她在谈话中适当合理地运用了寒暄。她寒暄的技巧值得推敲一番。首先，她能准确地叫出客户的称呼，让客户觉得有种老朋友的感觉。然后，她再提及上次的销售经历，让客户回忆起自己快乐的消费经历。经过一番简单的寒暄之后，她又得知客户婚期将近，于是再恭喜其做了新娘等，这些虽然是寒暄之词，但却让顾客听后感觉非常舒服，拉近了双方的距离，从而占据了谈话的主动权，对客户的心理也进行了全方位的把握。最终，她顺利地让客户接受自己推荐的套系。

如果说与新客户寒暄是一种打消彼此戒心的方法，那么与老客户寒暄就是一种礼貌，也是在与老客户接触中一个比较重要的问题。只有先联络一下彼此间的感情，才能为切入主题做好铺垫。如果在与老客户接触时，在本该与对方寒暄几句的时刻反而一言不发，或者直奔主题，则是极其无礼而冒失的。

那么，销售员该怎样与老客户寒暄呢？

1. 准确地称呼老客户

一位销售员急匆匆地走进一家公司，找到经理室敲门后进屋。"您好，罗杰先生，我叫汤姆，是公司的销售员。您还记得吗？上次……"

"汤姆先生，你找错人了吧。我是史密斯，不是罗杰！"

"噢，真对不起，我可能记错了。我想向您介绍一下我们公司新推出的彩色打印机。"

"我们现在还用不着彩色打印机。"

"是这样。不过，我们有别的型号的打印机。这是产品资料。"汤姆将

印刷品放在桌上,"这些请您看一下,有关介绍很详细的。"

"抱歉,我对这些不感兴趣。"史密斯说完,双手一摊,示意走人。

这则案例告诉我们,与老客户寒暄,千万不能记错老客户的名字。否则,会让老客户觉得你不尊重他,甚至会对你产生反感。戴尔·卡耐基曾说:一种最简单但又最重要的获取别人好感的方法,就是牢记他或她的名字。所以,不管客户是什么样的身份,与你关系如何,你都要努力将他们的容貌与名字、职务牢牢记住,这不仅会增强记忆力,更会使你在下次与老客户寒暄时让他迅速对你产生好感,让你的销售畅通无阻。

2. 谈及上次与客户合作的愉快情景

老客户之所以成为老客户,是因为与我们合作过并合作愉快,此时,如果我们能提及上一次的合作情况或者客户对产品的使用情况,那么,便能让客户产生继续交谈的欲望,也能体现出你对他的关心,对你的印象自然大大加分。

3. 以表达感激之情开头

不管是对于销售员还是对于企业,客户都是赖以生存和发展的基础。销售员的薪水和企业的利润都来源于客户。可以试想一下,如果公司连续数月或一年没有客户光顾,那么公司离关门大吉也就不远了。因此,对于销售员来说,在与客户接触之前就怀着一颗感恩的心是很重要也很必要的,要感谢客户腾出时间来接见你,感谢客户给你介绍产品的机会,更要感谢客户认可你的产品和劳动。你可以这样说:"张总,很感谢您今天又在百忙中抽出时间……"

另外,与老客户寒暄的时候,一定还要注意说话的语气和谈话氛围,不可过于拘谨,要尽量引导老客户谈些轻松的话题,这样,才能使得你们彼此之间的感情更近一层!

寒暄的客套话也有所禁忌

销售中,对于寒暄的用途我们都已知晓,它能帮助销售员迅速消除初识的新客户的戒心,增进与老客户的感情;当交谈陷入尴尬境地时,它能帮助我们打破僵局,缩短人际距离,向交谈对象表示自己的敬意等。所以说,在

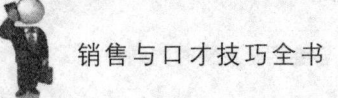

与客户见面之时,若能选用适当的寒暄语,往往会为双方进一步的交谈做出良好的铺垫。寒暄是一件好事,但也并非一件易事,寒暄的客套话也有所禁忌,如果把握不好,触及客户内心的暗礁,就会适得其反,对销售工作造成不利影响。

销售情景:

程前是一名销售新手,主要销售女士保养品。他是个机灵的小伙子,但常常因为口无遮拦,得罪不少客户。

有一天,店里的老客户陈女士来了,陈女士和丈夫刚离婚半个月,但似乎心情也不差。

这位陈女士原本是店长的好朋友,程前想套套近乎,就主动和对方打招呼:"陈姐,最近皮肤保养得不错啊。"

"哪里有?你真是说笑了。"

"我可没开玩笑,比你没离婚的时候还好呢!"程前一说完,陈女士的脸色马上就变了。这一点,程前也感觉到了,为了挽回自己的过失,他准备弥补一下。

"你看我这乌鸦嘴,其实,离婚了也没什么不好,您还拿到了一大笔孩子的抚养费,这也不错。"这话不说倒好,程前一说出口,对方的脸色更差了。程前知道已无法挽回了,也不再作声。后来,这位陈女士再也没来店里购买过保养品。

分析:

遇到老客户,自然需要寒暄一番,若视若不见,不置一词,难免显得自己妄自尊大。但很明显,程前的寒暄之语却适得其反,得罪了客户。因为通常情况下,人们都有一些自己不愿被人提及的事,如果你不识时务,将这些问题以客套话的形式抖搂出来的话,必将会导致客户的反感。

销售员的开场白对客户的影响很大,如果第一句开场白能引起客户的兴趣,那就可以比较容易地将产品销售出去。相反,如果销售员的第一句话不能引起客户的兴趣,那就要在之后的销售过程中花费更多的口舌去说服客户。寒暄的作用就体现在此,但如果触犯了一些寒暄的禁忌,那么,开场白不仅不能引起客户的兴趣,也许还会让他们反感。

那么,到底哪些属于寒暄的客套话中的禁忌呢?

1. 客户的隐私

案例中的销售员就犯了这方面的错。在寒暄的过程中涉及客户隐私的

话题是绝对不能提的,通常来讲,涉及隐私的话题有收入、家庭、婚姻等。当然,如果客户主动愿意告诉你,则另当别论。

2. 寒暄语不可冒犯客户

寒暄语应当本着友好之意,敬重之心,不可戏弄客户,也不可敷衍了事打马虎眼,"瞧你那德性"、"喂,你又长膘了"之类的寒暄语,应禁用。

3. 寒暄语要尊重对方的风俗习惯

随着我国经济的发展、对外开放的深入,销售工作已经走出国门,客户对象也逐渐扩大到外籍人士和众多的种族之间。同这些客户沟通,我们自然也首先想到是同他们寒暄一番,以示友好,并为进一步进行有效的销售工作奠定基础。然而,由于社会、文化背景和风俗习惯等方面的不同,我们认为很善意或很正常的寒暄语往往会使这些特殊的客户感到不快、讨厌,甚至发怒,从而产生了一些不必要的误会。

的确,寒暄语具有非常鲜明的民俗性、地域性等特征。例如,在阿拉伯人中间,人们常常喜欢这样问:"牲口好吗?"听到这话,估计很多中国人都会生气,但这却是他们友好寒暄的常用语,这表达了他们关心被问者的经济状况如何。

就连中国国内,南北方的文化也有很大的差异,比如,老北京人爱问别人:"吃过饭了吗?"其实,这句话的意思就是"您好!"您要是答以"还没吃",意思就不大对劲了。若以之问候南方人或外国人,常会被理解为:"要请我吃饭"、"讽刺我不具有自食其力的能力"、"多管闲事"、"没话找话",从而引起误会。

因此,作为销售员,在与客户寒暄前,最好先对其能接受的寒暄语进行一下了解。掌握以上几点寒暄语的禁忌,在与客户联络感情的时候就能有效避开"雷区"了!

◆第6章◆

慧心魅语，巧嘴一张就能"迷倒"顾客

每个销售员都希望自己能拥有一副好口才，但好口才有一个重要原则，那就是说出对客户胃口的话，包括什么时候开口，什么时候闭口，开口该说什么，不该说什么等。可见，口才的重要不在于说"多少"，而在于是否说的"巧"。一个销售精英必当有一张巧嘴，他们不仅具备富有感染力的声音，还善于察言观色，适时说话，并能让苦涩无味的销售语言熠熠生辉，客户能听得既明白又尽兴，生意自然也就轻松地做成了！

巧用声线,让自己的声音更有感染力

销售员都深知一个道理:销售是靠嘴吃饭的,一个销售员的口才如何,直接关系到他的销售业绩和生存状况,而判断销售口才的标准就是能否对客户产生积极地效应。一些销售员有这样的疑问,无论我怎么努力劝说,但客户似乎并不感兴趣,这是为什么呢? 其实,问题很可能出现在你的声音上,销售人员与客户沟通与销售产品的时候,客户了解你的最直接载体就是声音,如果你的声音有感染力,将对客户产生有利的影响。

销售情景:

三年前,李娜还是一家咨询公司的市场推广员,而现在,她已经做到了公司培训经理的职位。在销售行业的成功得益于她出色的口才。公司的同事都说她的声音很好听,那么婉转、动听,让人听着很享受。

一次,她被派到日本的分公司进行培训工作。报到的第一天,日本的公司代表们就盛情邀请她演讲。当时,不会日语的她直接用汉语演讲。当地的日本同事似乎都听不懂汉语,虽说不了解她台词中的意义,却觉得听起来令人非常愉快。

李娜接着演讲,语调渐渐转为低沉,最后在慷慨激昂时戛然而止。台下的观众鸦雀无声,同她一起沉浸在悲伤之中。而这时,台下传来一个男人的笑声,他是陪同李娜来日本的助理,因为李娜刚刚用汉语背诵的是一首中国的古诗,并没有演讲什么销售经典。

分析:

从案例中我们发现,一个人仅凭声音便可以感染他人,甚至可以完全控制对方的情绪。销售人员若也能让自己的声音更有感染力,那么,销售业绩一定也能百尺竿头,更进一步。

希腊哲学家苏格拉底说:"请开口说话,我才能看清你。"人的声音是个性的表达,声音来自人体内在,是一种内在的剖白,因此,声音中可能会透露出畏惧、犹豫和缺乏自信,也可以透露出喜悦、果断和热情。我们说话的声音也必须和音乐一样,只有渗透进人们心中,才能达到说服别人的目的。那么,从事销售的人员该如何让自己的声音更有感染力呢?

1. 让对方感觉到你的热情

在与客户交流时,如果你语言死板,不苟言笑,客户是不会买你账的。也就是说,你没有热情,他们也会失去热情。为此,你需要时时提醒自己要保持热情,不仅是对客户热情,更重要的是对销售工作、对于生活和生命的热情。因为热忱是这个世界上最有价值的也是最具有感染力的一种情感。

当然,太热情了也不好,因为凡事都应适度。有的人喜欢跟热情的人交流,有的人却不喜欢跟太热情的人打交道,这是跟人的性格有关的。

2. 说话简洁、清晰

清晰的发音可以充分表达自己的专业性。销售员说话一定要自信简洁,清晰不啰嗦,不要说一些无关紧要的话,反复重复自己的话便是不自信的表现。为此,在说话的时候,需要先把想说的要点想清楚,整理好自己的思路,用简洁、清晰的话来清楚表达自己的观点。在较短的时间里给客户一个清晰的概念,会使客户感到愉快。

3. 把握好语速

在增强声音感染力方面有一个很重要的因素,就是讲话的语速。如果销售员说话语速太快的话,客户不容易听清楚你要表达的内容,而且太快的语速还会给客户一种紧张感和压力感。可是,如果语速太慢的话,会给客户以啰嗦、拖沓的感觉。而且语速太快或者太慢都不容易激发客户参与到说话当中的积极性,这样将不利于销售员与客户之间的沟通。

4. 控制好音量

音量的高低能够反映一名电话销售人员的素养。音量太小,显得你信心不足,说服力不强。而说话自信,并不是要趾高气昂,因为音量太大或过高容易给人一种缺少涵养的感觉,会造成强大的压迫感,使人反感。

5. 善用停顿

我们在与客户沟通中一定要善用停顿。例如在讲了一分钟时,你就应稍微停顿一下,不要一直不停地说下去,直到谈话结束。因为你讲了很长时间,但是不知道客户是否在听,也不知道客户听了你说的话后究竟有什么样的反应。适当的停顿一下可以更有效地吸引客户的注意力。客户示意你继续说,就反映出他是在认真地听你说话。停顿还有另一个好处,就是也能给客户一个考虑的时间,也让他知道你非常在乎他的感觉,对他的反应很重视,这样比你喋喋不休来的效果会好很多。

6. 自信、愉快的笑声

身体语言中最重要的就是一定要微笑。作为销售人员，如果你是一个内向、冷漠的人，不妨经常抽出一些时间来对着镜子笑一笑，早上起床后也可以对着镜子笑一笑，逐渐让自己的面部表情丰富一些。

所以说，好口才离不开富有感染力的声音，如果你能做到以上几点，就可以轻松地打动客户！

见缝插针，说得多不如说得巧

每个销售员都希望自己能拥有一副好口才，但好口才有一个重要原则，那就是说出对客户胃口的话，包括什么时候开口，什么时候闭口，开口该说什么，不该说什么等。可见，口才的重要不在于说"多少"，而在于是否说的"巧"。那些精明的销售员最大的特点就在于善于察言观色，并懂得见缝插针，找准时机说出让客户乐于接受的话。

销售情景：

陈莉莉在大学学习的专业是市场营销，毕业以后和很多同学一样，她也做起了销售。她所销售的产品是化妆品。

有一次，店内来了一位中年女士。客户进店后，陈莉莉并没有跟在对方后面不停地介绍，而是把主动权交给了客户，自己站在一旁观看。后来，客户终于停下了脚步，对柜台上的某件产品很感兴趣，拿着一套化妆品翻来覆去地看。陈莉莉非常高兴，觉得眼前这位女士一定是个准客户。但她还是不动声色，在一旁观看客户的脸色和神情。

果然，过了几秒钟后，顾客抬起头，好像在寻找销售人员的帮助。此时，陈莉莉才走过去，为客户介绍化妆品的优势和特点。

"这个产品我用过，很不错，帮我包起来吧。"这是这位女士的结论。最终，她买下了这套化妆品。

事后，同事问陈莉莉："店里来了客人，我看你也并不热心，怎么就这么轻松地搞定客人了呢？"

"一般来说，这般年纪的女士对化妆品都很了解，我不必喋喋不休地介绍，那样反倒招致客户的反感，你们也听见了，她说她用过那款产品。另外，我站在一旁并不是不关心客户,而是在观察,客户由低头审视产品到抬头寻找销售员,说明她已经产生了心理上的变化,她在寻求帮助,我这时候再出现不是恰逢时机吗?"听完陈莉莉的这番陈述,同事们一个个佩服得五体投地。

分析:

案例中的化妆品销售员陈莉莉是个精明的人,她并没有花费过多的精力就轻松地搞定了客户,这是因为她懂得观察和见缝插针,在关键时刻才站出来为客户解说产品。而相反,一些销售员无时无刻不在发挥自己的口才,但似乎成交并没见多少。这是因为他们只顾站在自己的角度介绍产品、发挥口才,而没有观察客户,说出客户真正想听的话。拿化妆品而言,产品即使再好,如果不能解决客户存在的皮肤问题,那么,即使说得天花乱坠,也不能说服客户购买。

可见,如果一个销售员懂得有的放矢地说话,即使辞藻不多,也能说得客户心服口服。

那么,销售员该如何有的放矢地说话呢?

1. 察言观色,找准时机

精于口才者,最擅长察言观色。很会说话的销售人员无论在自己说话的时候,或是对方在说话的时候,他们的眼睛总是随时地留意着对方的面部表情、眼神、姿态以及身体各部分的细微变动。随时判断谈话的状态,对方的心态,表达的意思等,然后再将自己的观点、看法得体地说出来。

一般来说,可以从以下两个方面进行观察。

①观察客户的面部表情

在销售中,客户的每一个表情、神态的变化都代表着一定的心理,精明的销售员必须抓住客户的每一个细微的颤动以及表情、神态的变化,即时从变化中推测客户的心理。比如,客户脸部的肌肉突然由紧绷到放松,说明他的心情有所缓和,对是否购买产品也已经有所决定。

②观察客户眼神的变化

俗话说"眼睛是心灵的窗户",客户也可能为了自身利益掩饰内心的想法,但无论他说什么,只要我们能从客户的眼神中观察,就能找出其真实想法。

打个比方,当你滔滔不绝地向客户介绍产品的性能,并以自己的产品为豪,原本以为客户会认真倾听时,却发现客户原本感兴趣的双眼却闭起了,

或者开始东张西望,那么,这就表明他(她)已经对你的介绍感到厌烦,或者对你的话题没有兴趣了。此时,你就要换一个话题,或者停下来引导客户谈话,以了解客户真正关心的问题。

2. 听完再说

一些做事鲁莽的销售员往往会这样,当他们发现客户提出问题的时候,就立即接过话题,并极力解释,但很快他们就会发现,客户又有新的问题需要解决,你再解释,如此延续……最后客户没问题了,但却这样告诉销售员:"我再考虑考虑吧",因为客户觉得自己仍然还有许多需要解决的问题,只是他暂时想不起来而已。

所以,我们在和客户沟通的时候,一定要把话语权充分交给客户,让其一次性把想问的问题问完,哪怕他说的是错的或是对你公司有误解的问题,在这过程中你可以有较充足的时间考虑回答方式。然后你说:"您还有问题吗?""好,您看您比较关心的是……"如果你是在进行电话沟通,也要将客户提出的一系列问题逐一记下来。总之,我们要记住把客户问题打包解决,而不是一条一条回答,使自己疲于应付。

总之,口才绝不是只凭两片嘴皮子,而是一种综合能力的体现。一个善于说话的推销员必须具有敏锐的观察力,能深刻地认识事物。只有这样,说出话来才能一针见血。

善用比喻等修辞,让顾客听得明白听得尽兴

中国是一个语言文化知识底蕴丰厚的国家,自古以来,人们就善于将平淡无奇或晦涩难懂的语言经过修饰后变得形象生动或易于理解。市场经济的发展使得销售成为了一个热门行业,对销售员的口才要求也逐渐提高。于是,一种全新的沟通技巧逐渐被销售员们认可——即利用修辞方法成功地引导销售谈话。如果销售员能了解和掌握这种实用的销售方法,然后应用到实际中去,那么就一定能让原本枯燥的销售语言顿时显得熠熠生辉,客户听得自然也尽兴。

销售情景:

程龙是一名建材推销员,销售能力很强,生意红红火火,因此,常有同事

开玩笑说:"此程龙也不亚于彼成龙啊。"他的业绩与他的说话能力是分不开的。

有一次,他得知某建筑公司要采购一大批建材,程龙想,这可是一大笔生意,一定要把握好。但他同时又得知,这家公司的采购经理是个很冷漠的人,无论销售人员说什么他都听不进去,每次采购都是自己经过多番调查才下决定。程龙决定会一会这位采购经理。

这天,他来到这家公司,看到这位经理忙得不可开交,就没有说什么,而是静静地等在门外。到了下班时间,他主动走进去,对这位经理说:"采购工作好不好?"

"你看我这样子好吗?"这位经理耸了耸肩。

"你今天已经算是幸运的了,可以待在办公室,一般的情况是:出门是兔子,办事是孙子,回来是骆驼。"

这位经理听完后,哈哈大笑,主动邀请程龙坐下。第二天,该经理就把这笔大宗的买卖交给了程龙。

分析:

很明显,销售员程龙之所以能获得客户经理的好感,是因为他那句颇有意蕴的比喻句:"出门是兔子,办事是孙子,回来是骆驼"。"兔子"是指出门为了抢时间赶车赶船跑得快;"孙子"是指为了买到所需货物不惜请客送礼,低头哈腰地向人家求情;"骆驼"是指回来的时候不仅要办好货物托运还要给老婆孩子买东西,负载很重。他用形象的比喻说明采购工作是个吃苦受累的活,表达了对客户的理解,客户"哈哈大笑"也就不足为奇。

可见,语言的力量是巨大的,它可以把两个陌生的人由陌生变为熟悉,由熟悉变成知己或亲密的朋友。在销售的过程中更是如此,即使没有门路,也能打开销售之门,为自己赢得一个良好的销售局面……但现实销售中,我们却常常听到这一类的抱怨,"这年头,客户怎么都这么难搞定啊?"的确,那些不会说话的销售员通常在表达的时候语言干涩无味,让人听之昏昏欲睡,更没有继续交谈的欲望。而如果能巧妙运用比喻等修辞手法的话,就能立刻让你的表达绚丽起来。

那么,怎样才能运用这些修辞手法呢?

1. 掌握一些基本修辞手法的运用原理

比喻:是找出两个事物之间的相似点,有相似点才能构成比喻,另外比喻就要有本体喻体和喻词。比喻可以使被描写的事物形象鲜明生动,加深

人们的印象,用它来说明道理时,能使道理通俗易懂,便于人们理解。

借代:不直说事物的名称,而是用与本事物有密切关系的事物来代替本事物。

双关:在一定的语言环境中,利用语义和语音的条件有意使语意具有双重意义,言在此而意在彼,这种修辞方法就是双关。

排比:把结构相同或相似、意思密切相关、语气一致的词语或句子成串地排列的一种修辞方法。它能够使句子结构整齐,语调协调,说理周密,表现充沛,论证雄辩,气势磅礴。

夸张:运用丰富的想象,在客观现实的基础上有目的的扩大或缩小事物的形象特征,以增强表达效果的一种修辞方法。

2. 变换常用的销售语言,充分发挥想象力

有时候,销售语言之所以会平淡无奇,是因为我们束缚了自己的思维。假如我们能在销售语言的训练中转换分析角度,比如可以从意义方面入手,也可以从形式方面入手,可以着眼于词语,也可以着眼于句式,这样同样一句话就会出现完全不同的表达效果。比如,销售中,我们原本想赞美客户年轻美丽,通常会说:"您身材真好……"但如果转换一种说法:"我听说有'画中仙'之说,原本还以为是夸张呢,今天算是见识到了。"这里运用的就是"引用"的修辞手法,这样表达,更显得动听。当然,表达之前,最好做一番铺垫,否则显得唐突。

3. 根据具体的销售环境,灵活运用,随机应变

销售中,有些销售员个性害羞内向而不敢开口,更别说灵活运用语言的艺术。一句话在不同的销售场景中,面对不同的客户就有不同的说法,如果不能妥善运用,随机应变,仍然无法发挥修辞的妙处。

总之,销售中,我们在表达的时候,若能正确运用比喻和比拟的修辞手法,一句干涩的语言就会顿时形象、生动起来!

语气神态配合好,顾客对你更信任

人是情绪化的动物,一般来说,人们的情绪,包括喜、怒、哀、乐,往往会直接表现在脸上。因此,生活中,我们可以通过观察人的面部表情得到许多

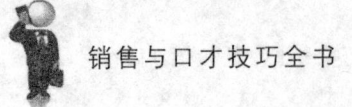

关于此人的信息。销售员每天会接触到许多不同的人,可以通过对方的面部表情来揣测他的想法,同时,对方也会从你的面部表情上判断你的想法。与客户交谈中,不仅要注意自己的语言、语气,还一定要注意自己的神态与表情,神态语气配合得好,才显得更真实。有时候,当你情绪不佳不愿为客户服务时,即使你的语言中没有透露出任何情绪,但你的神态一定会出卖你,客户是可以知晓你内心的真实想法的。试想,一个表里不一的销售员,客户又怎么能信任呢?

因此,销售人员与顾客交谈一定要配合自然的动作,亲切的表情,要精神饱满,精力充沛,面带微笑、要开朗、大方,不要羞涩、扭捏,也不要轻浮、泼辣,这样才能使顾客心情愉悦。

销售情景:

陈进是一名刚踏入销售行业的业务员,一切还在学习阶段,因此平时工作很努力,从不敢怠慢客户。

有一天,他和女朋友吵架了,那天,他本想请假的,可是公司临时派他和一位同事去拜访一位客户,他无法推脱,就硬着头皮去了。由于天气炎热,再加上他心情不好,他一路抱怨:"这活儿可真不是人干的,挣不了多少钱,还得这么受累。"

见到客户后,陈进努力克制自己的情绪,和客户商量合作事宜。由于对陈进所在公司销售的产品比较信任,也合作过多次,对方并没有刁难他们,很快便答应购买,只差签约手续,陈进终于松了一口气,最后他说:"王总,您看,我们什么时候签约?"在说这句话的时候,陈进的表情痛苦极了,不幸的是,他的表情被客户捕捉到了。

"再说吧……"

听到这些,陈进觉得有些莫名其妙,最终,这位客户并没有购买产品。

分析:

这则销售案例中,客户之所以最终放弃购买就在于销售员陈进最后那个痛苦的表情,这让客户心中不悦,不免产生了对与自己合作的销售员的种种猜疑。

实际上,表情属于人的非语言交流部分。著名人类学家、现代非语言沟通首席研究员雷·伯德威斯特尔指出:"在典型的两个人的谈话或交流中,口头传递的信号实际上还不到全部表达意思的35%,而其余65%的信号必须通过非语言信号的沟通来传递。"而无论在何种沟通环境下,语言和表情

应该有正确的配合,才能达到理想的效果。

一个精明的销售员不但会运用语言传达思想,更会关心自己的肢体语言在客户心中的印象,这其中,表情语言尤为重要。因为只有二者配合恰当,表里如一,才能让客户产生信任感,从而使销售在一种和谐的气氛中顺利完成。

那么,销售员在与顾客沟通中该如何将语气与神态配合好呢?

1. 语言生动、语气亲切

采用生动、形象的语言,并采用亲切的语气,这样才能使客户感到愉快,从而对销售人员产生信任。

2. 态度要诚恳

在与客户沟通的过程中,要让客户感到销售员是诚实的,因为客户是不愿意和一个虚伪狡诈的人沟通的。因此,销售人员说话一定要诚恳,不然,就会引起客户的反感。

3. 要配合适当的表情和动作

与客户沟通时要注意措词和语气,这一点非常重要,但如果说话时表情冷漠,动作呆板,那么,即使再生动的语言也不能起到良好的沟通效果。因此,要同样重视表情和动作的作用,讲话时一定要配以自然的动作、亲切的表情,使顾客心情愉快,但切忌不可夸张或矫揉造作,以免顾客反感。

当然,这要视不同的销售情况而定。

①迎接客户时

有些销售员遇到顾客光临,虽然嘴上说"欢迎光临",但却面无表情,一点笑容都没有,更有些销售员甚至对顾客上下打量,斜眼看着顾客,这都是不对的。正确的做法是报以微笑,目光集中不游离,道出"欢迎光临"。

②介绍产品时,恰当使用注视

销售员在向客户介绍产品时,一定要注意自己的眼神,眼神不可游离不定,而要炯炯有神,透露出对产品和对自己的信心,对销售工作的热情、坦荡,这往往要比口头说明更能得到客户的信任,充满热情的眼神还可以增强客户对产品的信心以及对这场推销活动的好感。

③顾客试用产品时

这时,销售员需要做到的就是耐心服务,尽量满足其需要,不要有不耐烦的表情。

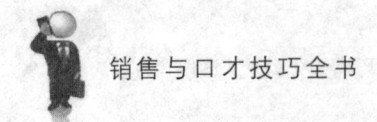

④客户购买后,要真诚感谢

一些销售员常常对已经完成购买的客户虽然表面上说:"谢谢,欢迎再来",但一点也没有感谢的意思。这些生硬、冷淡的语气和态度会带给顾客非常不愉快的感受。客户是我们的衣食父母,无论何时,感谢都应该是真诚的。

所以,主动、热情、耐心、周到的服务态度不仅要由口头语言来表达,还要与动作、神态、耐心、周到的服务态度互相配合地表现出来,才能达到语言、动作、神态三者的和谐统一,以取得服务态度最佳的效果。

沉默也是一种语言,销售中"留白"的魅力

销售员都想利用自己的口才说服客户,希望在最短的时间内达到实效性的目的。因此,多半情况下,销售员都会口若悬河、妙语连珠,总希望自己能让客户心服口服,但交易结果却令人失望,与沟通中气势如虹的表现不相匹配。可见在具体销售中,说得多不一定与销售成果成正比,甚至可以说是"多说无益"。而实际上,如果懂得适时沉默的话,可能会有不同的成效。这也就是人们常说的"留白"。

销售情景:

美国大发明家爱迪生曾经做过这样一笔生意。

当时,爱迪生已经是一位小有名气的发明家了。当他发明了自动发报机之后,为了能获得一笔建造新的实验室的经费,他准备卖掉这项发明以及技术。但一个把大部分时间花在实验上的发明家哪里知道当时的市场行情,他根本不知道这项发明能卖到多少钱,于是,他叫来自己的妻子米娜,准备与其商量一下。而米娜也不知道这项技术究竟能值多少钱,她一咬牙说:"要 2 万美元吧,你想想看,一个实验室建造下来至少要 2 万美元。"

爱迪生笑着说:"2 万美元,太多了吧?"

米娜见爱迪生一副犹豫不决的样子,说:"我看能行,要不然,你卖时先套套商人的口气,让他先开价,然后你再报价。"

后来,纽约有一位商人听说爱迪生要卖掉自己的这项发明后,很高兴,很快便与爱迪生联系。谈判时,这位商人很快进入主题,问及发明的价钱。因为爱迪生一直认为要 2 万美元太高了,不好意思开口,于是只好沉默

不语。

接下来,商人几次追问,爱迪生始终不好意思说出口,正好他的爱人米娜上班没有回来,爱迪生甚至想等到米娜回来以后再说价钱吧。

最后商人终于耐不住了,说:"那我先开个价吧,10万美元,怎么样?"

爱迪生一听很震惊,甚至大喜过望,不假思索地当场就和商人拍板成交。后来,爱迪生对他妻子米娜开玩笑说,没想到晚说了一会儿就赚了8万美元。

分析:

案例中,爱迪生之所以能得到比预期多出的8万美元,就是因为他保持了沉默,起到了以动制静的效果。

销售本身打的就是一场心理战,在没弄清对方的意图前不要轻易地表态。因为沉默不仅能够迫使对方让步,还能最大限度地掩饰自己的底牌。一般来说,作为买卖双方,在内心都有自己理想的成交方式,即使对于同一个问题,一般也总会有两种解决方案,即你的方案和对方的方案,你的方案是已知的,如果你不清楚对方的方案,则务必要设法了解到对方的方案再做出进一步的行动。

老子所著的《道德经》中有这样一句话:"虚而不屈,动而愈出。"这句话告诫人们要学会"抱朴守静",以观其动,只有把激烈的情绪平息下去,以一种清静、冷静的心态敏锐地观测事物的运动变化,才能抓住突破口,迅速攻击,克敌制胜。这句话同样适用于销售。事实上,很多销售新手的最大弱点是不能耐心地听对方发言,他们认为自己的任务就是谈自己的情况,说自己想说的话和反驳对方的反对意见。因此,在谈判中,他们总在心里想下面该说的话,不注意听对方发言,许多宝贵信息就这样失去了。

那么,在运用"沉默"这种销售语言的时候,该注意些什么呢?

1. 意志坚定,坚持自己的立场

销售中经常会遇到这样一些难以搞定的客户,他们对产品显示出一副可买可不买的态度,而对销售员报出的价格也是不置可否,甚至表明自己和目前的供应商合作愉快,不需要更换合作方。面对这种情况,一些销售经验尚浅的销售员就会站不住立场,作出了让步,也有一些销售员则轻信了他们的话,失掉了这笔生意。

事实上,客户这么说只不过是想退一步,进而了解你的底线,所以,无论出现何种情况,你都应该再坚持一下,这对你不会造成什么损失。就在你即将放弃的前一秒钟,通常他们会问:"你的最低价格是多少?"这才是他们的本质意图,在这之前复杂的铺垫就是为了这句话。

2. 要沉默有度,不能失掉生意

一个在销售中一语不发的人怎么可能达成交易?和客户比耐心固然没错,但一旦客户做出一些合理的让步,如:"好吧,我再让步5%,这是最后的让步,如果你不同意,那么现在就终止谈判。"这时销售员就要识时务,做出回应。如果继续沉默,那么很可能会让客户觉得你已经无意于这笔交易了。

总之,在销售中不要误以为滔滔不绝才能显示自己的语言水平,适时地沉默,引导对方,便可以以一种特殊的心理状态攻破对手的心理防线,成功达到销售目的。

◆第7章◆

小心慎言,销售绝不能触犯的禁忌话

销售是一项以口才取胜的职业,销售结果如何与销售员的嘴上功夫是分不开的,但很多时候,口才并不意味着口无遮拦、喋喋不休、乱说一气,销售人员说话也是有禁忌的。关于这一点,可能众说纷纭,毕竟不同的顾客所不能接受的交流方式是不同的。但作为销售人员需要知道的一个最简单的道理就是:你最主要的任务就是用语言和顾客交流,并把话说到顾客心里,进而达到说服顾客的目的。由此可见,什么话该说什么话不该说,这中间的分寸一定要拿捏好,这就需要你注意从原则规范上修饰自己在语言上的不足,完善自己的表达能力,进而体现自己的专业素质,这样才能让顾客相信你!

言谈中若是急于成交会导致功败垂成

任何一位销售员都希望能高效率的工作,能在最短的时间内让客户完成购买。但交易的达成并不是一厢情愿的。人们购买产品一般都会思虑再三。所以,销售中,心急吃不了热豆腐,销售员在言谈中不可表现出自己急于成交的情绪,如果遇到沟通不顺的情况,就显得急躁不安,那么,时机没把握好反而会让所有努力都白费,导致功败垂成。

但现实销售中,总是有一些销售人员性子太急,犯了这一交谈禁忌,导致了销售活动的终止。

销售情景:

王飞是一名保险推销员。最近他得知,某公司董事长杨先生在市郊购买了一套别墅,还没有上保险。这天,王飞来杨先生家推销保险。可是,却遇到了这样的事情。

杨先生的儿子很调皮,父母出门后,让他在家看电视,可是回来的时候,却发现小家伙不见了,这可吓坏了杨先生和他太太。于是开始分头去寻找。他们还报了警,郊区本来就很大,找个小孩更是困难,但还好,警察和周围的一些居民也开始帮忙寻找。

王飞看到这一幕,认为这正是推销人身和财产保险的时候,于是他凑到杨先生跟前,开始推销他的保险,当时杨先生很生气,没好气地说:"拜托,等我把儿子找到再说好吗?"

谁知,王飞很不识时务,不但没有帮助杨先生找孩子,反倒继续喋喋不休地大谈保险的种种好处。这下可把杨先生气坏了,他太太更是生气,杨先生忍无可忍地对王飞大吼:"你如果肯帮忙把我儿子找回来,那么保险业务的事情咱们日后找个时间再谈。但是,我警告你,你现在要是再跟我提什么见鬼的保险业务,就请你先滚出去!"推销员王飞被客户杨先生说得面红耳赤,夹着公文包灰溜溜地走了。

事后找到儿子的杨先生越想越生气,甚至开始痛恨这个根本不关心别人安危,只知道推销保险的王飞。

分析：

案例中的保险推销员王飞在销售行业有如此结果，是因为他太急于求成。首先，他推销的时机就不恰当，客户杨先生当时十万火急，可是王飞却不知深浅，向客户推销保险，让杨先生很反感。其次，当杨先生希望他能帮助自己找儿子时，他不但没有考虑到客户的感受，反倒继续喋喋不休地推销，这让客户更加生气，可见是王飞自己断送了自己的销售之路。相反，如果销售员王飞在客户丢失孩子的情况下细心地帮助杨先生找到孩子，客户一定会心存感激，事后再商量保险的事，说不定结果会大大不同。

急功近利，行事冲动，是很多销售活动失败的重要原因。实际上，客户进行购买活动也需要权衡各方面的因素，如产品特征、购买能力等，同时还受到主观因素的影响，如心情好坏等，因此，他们需要一定的考虑时间。对此，销售员要加以理解，并耐心等待顾客做出决定，即使客户存在异议甚至刁难，都要做到不慌不乱、不着急，耐心地解决。

那么，如何克服销售过程中焦躁不安的心理，让言谈更加理智、平和、有效呢？

1. 有恒心，坚持到底

销售工作最需要的就是恒心和坚持，销售工作很难一次就获得成功，大都需要不断坚持，在遭到客户的拒绝时不要气馁，要给客户时间和机会来决定，然后利用自己的口才去打动他们。销售员在观察到客户有欲购买的意向时，应立即抓住时机，然后一步一步让客户做出成交决定。

2. 始终保持心态平和、不骄不躁

俗话说得好，欲速则不达，销售也是一样。所以，无论你所处的销售情景是怎样的，都要保持心态的平和。当客户表示可以签单的时候，不可得意忘形。喜形于色会让客户有种被欺骗的感觉。当客户迟迟不肯成交时，也不要急躁，把与自己交谈的客户当成自己的朋友，肯定会轻松得多。

3. 沉默是金，以静制动

俗话说：沉默是金。销售员在与客户交谈时有时也需要沉默。要知道口若悬河并不是真正的口才。当然，要做到以静制动，还需要我们做到心中有数，清楚产品对客户的重要性，了解客户的需求和意向，力求把握整个销售活动的主动权，不被客户的话所左右，让客户看到一个立场坚定、不卑不亢的自己。这样一来，就算客户对产品还有几分迟疑，也可能被你折服，从

控制好情绪不要说那些随心情的话

销售员都知道"顾客就是上帝"这句话,客户是否购买产品直接关系到销售结果乃至生存状况。所以,销售中不管遇到何种情况,都要控制自己的情绪,随时保持良好的态度,不要说那些随心情的话,更不要与客户争吵,得罪客户。

销售情景:

小王是一家首饰包装盒生产厂商的销售员。一次,他与一个珠宝商进行洽谈,好不容易谈妥了价格,双方都比较满意。小王见时机成熟,于是提出成交要求。但没想到,客户经理此时却表示商店里还有一批礼品盒没用完,待到把那批礼品盒用完后一定来订货,答应最迟一个月。小王此时被客户突如其来的要求弄得很不快,但考虑之后,还是觉得要从长远考虑,因此,他极力控制了自己的情绪,并没有表现出来,而是欣然接受了。但一个月后,当小王按照约定前来签约时,对方却表示有意购买另一家更便宜的装饰盒。客户出尔反尔,怎么能这样呢?但小王心想,即使再有情绪,也不能生气,否则这笔生意就真的泡汤了。于是,他深呼吸了一口气后,与客户进行了新的一轮周旋。

小王:哦,可以冒昧问一下是哪家公司那么荣幸能和贵公司合作呢?

客户:A 公司。

小王:不错,据我所知,A 公司的礼品盒确实比较便宜。但是,刘经理你想过没有,像贵公司这么有品位的珠宝商当然需要配档次相符的礼品盒,否则很难突出贵公司珠宝的优越品质,您说呢?

客户:当然……

小王:我想如果为了礼品盒价格便宜而影响贵公司珠宝在客户心中的完美品质,这是非常不值得的,您说是吗?

客户:也是,不过他们的礼品盒也不错……

小王:对,他们的质量也不错,但是您要知道卖珠宝的 B 公司就是用的这家工厂的首饰盒,但是 B 公司的珠宝品质是无法与贵公司相提并论的,而我们公司的宗旨和贵公司一样,品质决定一切,所以我建议您再考虑考虑。

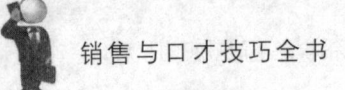

客户：嗯，你说得也对。
小王：那您看您还有什么疑问或顾虑吗？
客户：没有了。
小王：那我们先把合同签了吧！（拿出合同，顺利签单）明天还是后天送货呢？
客户：下周一吧！

分析：

案例中，销售员小王之所以能挽回销售局面，让客户重新决定购买自己的产品就在于他能控制自己的情绪。客户前后都以各种借口拒绝购买，他不但没有与客户争执，而是耐心、细心地劝说客户。

可以说，任何一个销售员要想获得良好的销售业绩，就必须要控制好自己的情绪。在销售中随时可能会遇到让我们气愤、伤心甚至无奈的事，但无论如何，都不能说出随心情的话，因为随心所欲地说话本身就是销售的大忌。

那么，销售员该怎样做到控制好自己的情绪呢？

1. 加强自身修养

一个具备良好修养的人一般是不会轻易动怒或者生气的。所以，为了使销售成功的几率更高，销售员都要加强自身的修养，宽容大度，具备耐心，能克制自己的情绪，不管发生什么样事情，都绝对不说那些随心情的话。

2. 不要反驳客户

假如客户所说的某些话是错误的或不真实的，销售员绝不能直接反驳，那样做会让客户很没面子，甚至与你大动肝火。这时，如果客户所说的话是无关紧要的，销售员就可以不予置之，继续谈话。如果客户对于产品或服务有误解，你就应该采取先肯定后否定的谈话方式，如"您说的没错，但……"，也就是先同意对方的观点，然后再以一种合作的态度来阐明自己的观点。

3. 注意遣词用句

销售员在遣词用句上要特别留意，说话时态度要诚恳，绝不针对人，切勿伤害了客户的自尊心，并要让客户感受到你的专业与敬业。

4. 多把说话的机会交给客户

客户有异议时，销售员要让客户说清楚他拒绝的理由，并认真听取客户的意见，进一步判断客户的需求情况。其实，让客户多说，销售员不仅可以了解客户对自己的建议的接受程度，而且可以平息客户的某些不愉快的情

绪,让客户有了一定的宣泄后,沟通起来就好多了。

总之,作为销售员,始终要谨记客户是我们的上帝,客户永远是对的。我们随时都要保持良好的销售态度,面对销售中的种种状况都要拿出耐心和诚意,心平气和地与客户沟通,才能让销售变得顺利。

面对顾客的问题,不是都要有问必答

任何一位销售员都害怕客户的刁难或者拒绝,但这却是不可避免的,多数的销售过程中都不可避免地存在客户的异议。甚至可以说,销售员碰到的被客户拒绝的可能性远远大于销售成功的可能性。实际上,出于对销售人员的防备之心,人们除非对产品很感兴趣,否则,拒绝是他们的本能反应。即使对产品感兴趣,顾客也会提出很多让销售员无法回答的问题,而有时候面对客户的某些看似反驳或者拒绝的问题,不必一一作答。

销售情景:

有个叫马飞的研究生,毕业后就被一家大型的保险公司录用,被任用为总裁助理。但正式上任前,公司领导层考虑到他对保险行业的生疏,决定先让他熟悉一下市场,在基层先做几个月。也就是说,刚开始的几个月,他要和底层推销员们一起跑业务。为了有个好的开始,他参加了公司的各种培训课程,也让前辈教了自己各种业务技巧。但他并没有获得大家想象中的成功。最后,公司也解聘了他。为什么会出现这样的情况呢?

原来,他有个致命的弱点,那就是无法接受客户的拒绝。他面对客户时,如果客户直截了当告诉他:"我对人身保险没有兴趣。"他就无法把谈话继续下去。

分析:

案例中的这位销售员之所以不能成功,是因为他无法摆正心态,无法接受客户的拒绝,面对客户一些无关痛痒的拒绝原因,无法作出回应。实际上,让客户发现自己的需求,收回其"不需要"、"不感兴趣"等拒绝原因,是销售员的工作,而不是用言语进行辩解。

研究表明,客户拒绝销售员往往是习惯性使然。这和大众的性格有关,大家一般都会对现状不满意,渴求改变,但同时又对新事物抱有抵抗情绪,出于对新事物的不够了解和不能把握而排斥新事物,大多数情况下宁可维持现状。

所以,销售员在和客户沟通的过程中,面对客户提出的一连串问题或者反对的话,完全可以忽略,如果纠缠在该问题上,只会阻挡销售的进程。我们要做的就是越过这些问题,深入进去,找到客户真正拒绝的原因。具体来说,有以下几种情况。

1. 客户称:我只是看看,不想买

这些客户在刚与销售员见面时,便会先发制人地说:"我只是看看,不想买"或者称"我不需要",这是销售员在推销伊始经常遇到的客户的拒绝方式,人们似乎已经把其当成一种拒绝销售人员的口头禅与挡箭牌。

有统计数据表明,将近80%的顾客对现有的产品或者服务感到不满意,但却不想采用任何措施去改变现状;有85%的客户实际上没有非常明确的需求。

事实上,这类客户虽然持否定态度,但这只不过是一种心理抗拒的表现。一般来说,对客户的这种态度不必在意,因为他的话并非出自真心。只要我们主动一点,主动亲近客户,那么,他的防备心自然就消除了,因此,可以说这类客户是最易成交的类型。

2. 客户对产品感兴趣,却指出产品的某些小问题

在销售员和客户沟通的过程中往往会遇到很多问题,比如一位客户似乎对一款家电感兴趣,但在购买决定做出前突然指责家电上存在的一些小问题,在销售员和他争辩的过程中,客户愤然离去。其实客户所指的问题最大可能是他想要降价的借口,而不是问题本身。这样的异议是不需要回答的,解释和争辩只能使问题越来越乱。

3. 客户称:我没钱

这种问题实在是让销售员烦恼。但是,这句话在更多的时候也只是一种借口,如果客户对产品的需求是强烈和必需的,由此产生一种"紧迫"的需求,没钱的借口就不攻自破。因此,销售员不必因为客户提出"没钱"的异议就否定这次推销。如果出现了这种情况,说明你对客户的需求启发不够,对产品给客户带来的益处让客户明白得不多。

当然,销售员不必正面应答的问题还有很多,比如,客户明知故问的发难,容易造成争论的问题等,对于这些问题,销售员可以不予回答,因为这些问题会随着销售进程的进行而自行消失,最好采用的方式是:沉默;假装没

有听见;答非所问,扭转对方的话题。

说话不可啰嗦冗长,简练语言更易得人心

作为销售员,都希望在与客户沟通的过程中所说的话能得人心,对客户产生积极的效应。于是,为了能让客户接收到关于产品的更多信息,常常不顾客户感受,一味地表达自己的观点,但却常常事与愿违,让客户生厌。通用电气公司的一位副总经理曾说:"在代理商会议上,大家投票选出导致销售员交易失败的原因,结果有314个人——也就是一多半的人认为,最大的原因在于销售员喋喋不休,这是一个值得注意的结果。"

可见,喋喋不休、夸夸其谈是销售员在接近客户的过程中最容易犯的一个错误,同时也是销售的大忌。所以,导购人员在了解和掌握了足够的产品信息的同时,也十分有必要培养和锻炼自身的语言组织和表达能力,尽可能地用最清晰、简明的语言使客户获得其想要知道的相关信息。

销售情景:
某商场名表专柜来了一位年轻时尚的男士。
销售员:"这位先生您好,我是××品牌专柜的销售员,很高兴为您服务。"
客户:"你好!"
销售员:"我看先生的气质不凡,品位高雅,一定想买一只相匹配的名表。"
客户:"哦。"
销售员:"每个品牌的表都有不同档次,我们的产品也是,我建议先生还是佩戴一定档次的表。"
客户:"嗯。"
销售员:"我们品牌××系列产品,很适合您这样的商务人士,更能凸显您的气质,首先,它的表面是采用……其次,它的机芯是……"
客户:"对不起,我今天还有点事,回头有时间再来吧。"

分析:
上述这位销售员犯的最大错误就是不顾客户的感受,一味地阐述自己的观点,引导客户购买。但销售活动并不是销售员一个人的事,你说的任何话只有对客户产生积极的听觉效果才能促成购买。如果说话啰嗦不断,没有重点,不仅耽误了客户的时间,还会显得你没有过硬的专业素质,甚至会让客户产生怀疑:这样的销售员说的话可信吗?是不是他的产品质量有什么问题?要不为什么会急于卖给我?所以,对于销售员来说,喋喋不休很容易会让客户产生疑问和反感,从而失去销售的时机。

简洁,是对表达的语言量的要求,就是说话要求简练,不重复、啰嗦、多余;而明晰,就是对说话效果的要求,就是要把意思表达清楚,使对方准确理解其含义。总的来说,简洁明晰的语言表达就是以最少的语言传递最多的信息,突出重点地宣传、销售产品,这需要销售人员对产品相当熟悉,并且有良好的语言表达能力。

那么,具体来说,销售员应该怎样将观点简洁明晰地表达出来呢?销售员要注意以下几点。

1. 事先对客户进行了解,让沟通具有针对性

销售员在与客户沟通前应该对客户的自身情况尽量做更多的了解,从而了解客户的思想、需求、愿望、不满和抱怨,甚至客户的气质等重要信息,从而有针对性地与客户进行沟通和鼓动,从而利于商品销售。

如果销售员在与客户的交谈中只顾自己夸夸其谈,只会造成客户没机会去向销售员传递相关信息,因为销售员占用了绝大部分时间。而销售员不明白客户的真正需求,就不能及时地调整销售策略,最终就会失去成交的机会。

2. 凝练专业简洁的语言

这要求销售员做到以下几点。

①表达不冗余,词句简练,信息有一定的必要性。讲话絮絮叨叨的销售员应当加以改正。

②信息不重复,即说话不可啰嗦、重复,表达言简意赅、精练,措辞有表现力,也不要总是把口头禅挂在嘴上。

③表达明确,不可模棱两可,也不要使用那些令人费解的词语。防止误解,避免歧义。说话不要吞吞吐吐,说一些似是而非的话,要一是一、二是二,把要表达的意思说清楚。

3. 适时倾听,有效沟通

对于销售员来说,用心倾听别人的谈话是一门必修的功课,那样不仅是

对客户的尊重,也可以给自己更多的思考对策的时间。所以,销售员必须记住,和客户的交谈不是演讲,不能多说少听甚至只说不听。不注意倾听客户的谈话便无法了解客户的需求,不能做出有针对性地对策,也就不能从中找出有利于成交的时机,从而导致沟通的失败。

言简意赅的语言往往更有表现力和说服力,这就是为什么有些销售员反复劝说客户购买却起不到作用的原因。简洁明晰地表达出自己的观点是一个优秀的销售人员必须具备的素质。因此,我们要想加大成功推销的把握,就要尽量使用最清晰、简明的语言,使客户获得想要知道的相关信息。可见,锻炼和培养良好的语言组织和表达能力对一个销售人员来说至关重要。

不要轻易给顾客许下各种诺言

做销售最重要的就是讲诚信,要做到"言必行,行必果",面对顾客,不应该轻易许诺。但如果答应了顾客的请求,就一定要做到,否则就会失去顾客的信任。

而现实销售中,一些销售员为了能吸引顾客,或者为了使客户尽快地签单或购买产品,无论客户提出什么样的要求都先答应下来,甚至主动向客户许诺自己做不到的事情,而当客户要求实现当初这些承诺时,销售人员并不能兑现,引来了客户的不满和抱怨,以至于有时客户会取消当初的订单。每当这种事情发生的时候,销售员所损失的不只是某个客户,而是作为一名销售人员应该有的诚信,谁还会与这样的销售员合作呢?

销售情景:

百事可乐的总裁卡尔·威勒欧普到科罗拉多大学演讲的时候,有一个名叫杰夫的商人约卡尔见面谈一谈,卡尔答应了。正当卡尔兴致勃勃地为大学生们演讲时,有一个人走到他的面前,放下一张纸条,上面写着:"您和杰夫·荷伊约定的时间到了。"

卡尔没有犹豫,他对大学生们说:"谢谢大家来听我的演讲,本来我还想和大家继续探讨一些问题的,但我有一个约会,而且现在已经迟到了。迟到已经是对别人的不礼貌,我不能失约,所以请大家原谅,并祝大家好运。"在雷鸣般的掌声中,卡尔快步走出礼堂,他在外面找到了正在等他的杰夫,向他致了歉意后,又耐心而诚恳地回答了杰夫所提的问题。

后来,杰夫成了一名成功的商人,他把这一段经历告诉了他的朋友。他的朋友们都对百事可乐产生了信任并决定加盟百事可乐的经销体系。

分析:

从卡尔的这段经历中,我们得出一个启示:从事营销行业,最重要的就是要有说到做到的品质。因为无论是做人还是销售,成功秘诀中最不能缺少的两个字就是——诚信。因此,作为销售人员一旦许诺了顾客,无论你有多忙,也不论有多么重要的事等着你去做,你一定要遵守自己的承诺并且去做好它。而对于那些没有把握的事情,就不应该轻易许诺,对于那些顾客主动提出的要求,如果不能做到,也要诚恳地向顾客道歉,并说明原因,切不可不了了之。

可见,销售员随便就对客户做出承诺,到头来吃苦头的还是自己。那么销售员怎样才能避免类似的情况发生呢?

1. 在条件允许的情况下,给予客户能够兑现的满足

有时候,我们发现客户确实想购买,但却因为某些客观原因,无法购买,所以想要你在支付时间上给予宽松的余地时,此时不妨再问询更高一级的领导人员,为客户说说情,这样即使上级不答应,客户也不会怪罪于你。而如果你能为客户争取这一特权,那么,客户自然也会大加感激。

2. "礼尚往来"法拒绝

如果客户提出了他的需求,你想让他明白你不能答应他,就采取一种"礼尚往来"的策略,提出他不能接受的条件,这样对方就会知难而退,转而由你来控制局势。

3. 补偿法拒绝

也就是说,对于客户提出的某些要求,我们无法满足时,不可轻易许诺,但可以通过满足客户其他方面的要求来弥补这一不足,比如以赠品来拒绝降价就是补偿法拒绝的最好体现。

4. 无奈地拒绝

有时候客户会提出一些让销售员无法兑现的条件,为了推销成功而做出一些无法实现的承诺是不明智的。这时销售员应本着诚信的原则无奈地表示拒绝,这样反而会获得对方的信任和同情,使成交顺利进行下去。当然,拒绝客户也要讲究方法,不能因伤害了客户的感情而彻底失去客户,对

此,不妨利用这样的话术:比如"对不起,这个已超出了我的权力之外,请见谅……""如果法律允许的话,我也同意"。这样向客户委婉指出他的要求已经不属于自己同意的范围,既向客户表达了拒绝,又能求得客户的谅解。

　　总之,作为销售员,一定要记住这三点。说到要做到,不能做到的不要轻易许诺;每一次承诺,都是向顾客证明你的诚信;每一次实现承诺,都会增加顾客对你的一分信任。

第 8 章

言语操控,一定让顾客"心随你动"

现实销售中,一些销售员总是会有这样的苦恼:无论他们怎么巧舌如簧,怎么将产品的卖点传达给客户,怎么劝说客户购买,但客户似乎总是不为所动,甚至还没等销售员开口,他们就习惯性地拒绝,这是为什么呢?原因很简单,因为他们的话没有说到客户的心坎上。此时,我们不妨实施一点言语操控,掌握了客户的心理,说客户想听、爱听的话,客户自然"心随你动"!

语言激将法,让客户"俯首称臣"

销售过程中,销售员都希望能一步到位解决所有问题,即客户不存在任何异议,对自己的工作表示理解,痛快地买下产品,对售后工作也表示支持等。但事实上,这只是自己的一厢情愿。事实多半是完全相反的,甚至在刚开始约访客户的时候,客户都是习惯性地拒绝,无论怎样设法吸引客户的注意力,他们似乎都不为所动。这种情况下,销售工作该怎样进行下去呢?

另一种情况,当销售工作进入谈判搁置阶段,双方相持不下时,尽管销售员解决了所有的异议并反复劝说,但是客户仍然是不为所动,似乎他们并不急着购买。面对这种情况,销售员又该怎么办呢?

当销售常规方法不起作用的时候,可以运用另一种方法来争取客户。这就是销售过程中常见的激将法。顾名思义,它就是一种通过刺激客户,促使客户情绪激动从而产生兴趣或是购买行动的方法。

销售情景:

小李是一家打印机销售公司的销售员,他的客户——陈经理是一个墨守陈规的人。尽管他们办公室的打印机已经非常老旧,几近淘汰了,但是这位经理仍然不打算更换。小李多次和他电话联系,每次都针对那台老旧的打印机大做文章,试图促使对方尽快购买,但是每次都无济于事。

万般无奈下,小李决定上门劝说。来到陈经理的办公室后,看到那台陈旧难看的打印机,小李突发奇想,决定用激将法来刺激客户的骄傲心理,冲破客户的固有思维。于是他拍了拍那台打印机,感慨道:"T型福特,T型的啊!"他的声音不大不小,刚好能让公司里所有的人听到。

"T型是什么意思?"陈经理有点尴尬。

"没什么,T型福特是曾经一款非常流行的汽车,但是现在它只是一个怪物。"小李说。

陈经理很尴尬,之后,在同小李的交谈当中他一度陷入沉思。最后,当小李即将离开时,他主动提出想购买小李的激光打印机。

分析:

案例中,打印机销售员正是利用了激将法,让一个惯于墨守陈规的客户

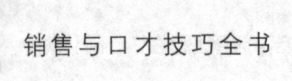

产生了失衡的心理,从而让其主动提出购买打印机。可见,激将法是一种有效促进成交的方式。

激将法是一种有效打动客户的方法。它的运用原理是从研究人们的心理出发,因为人们都有害怕产生损失和威胁的心理。为此,销售员只要让客户明白轻易拒绝自己会让他产生巨大的损失,这样他们便容易采纳意见,以摆脱内心的不安和忧虑。无论是在电话沟通中还是在谈判当中,销售员要审时度势,巧妙运用激将法。

因此,在使用激将这一方法时,可以从以下两个方面努力。

1. 产生损失

人们购买产品不是为了满足自身的生产需要,就是为了能够带来利益。因为,客户的某些利益是必须要在购买产品后才会拥有的,因此,没有人会眼睁睁地看着自己蒙受损失而不为所动。当销售员告诉客户如果不购买产品,就即将会失去某些利益,甚至遭受某种损失的时候,客户往往会非常重视。为了避免利益的流失,他们会尽可能地挽回,所以使用激将法后,客户一般都会向销售员敞开大门或是立即成交。如:

销售员:这批是我们厂最后一批 A 型号经典设备,我们现在生产的所有设备都采用了新的工艺和技术,像这样经典的老设备可就是最后一批了,而且价格如此优惠,如果贵厂不加快行动,指不定哪个厂家就买去了。

2. 受到威胁

人们都有害怕改变现在良好的安稳状态的心理,所以只要不存在某些既得利益方面的损失,人们是不为所动的。但从另一个角度考虑,还可以从另一方面来刺激他们。也就是告诉他们,他们的既得利益会受到威胁。在某些行业中,无论是安全隐患还是经济风险都会使人们的利益受到潜在的威胁。销售员要做的就是告诉客户这种威胁不可不防,并不断暗示其这种威胁的存在,而这种威胁只有我能帮你预防。这样客户就会接受我们,最终同我们顺利成交。如:

销售员:酒吧和 KTV 是火灾安全隐患最严重的地方,而且这些地方经常都会发生打架斗殴等事情,必然会使贵公司遭到损失,所以我建议您了解一下我们这份保险业务。

当然,除了经济利益或是人身利益受到威胁会引起客户重视以外,企业形象、客户个人的尊严等受到威胁和质疑也可能促使客户重视起来。

同样,激将法也可以适用于销售中"买与不买"的谈判阶段,想要让客户

尽快作出决定,销售员可以告诉客户如果他不购买,他将面临巨大的损失或是某种麻烦或问题。在客户的承受范围内,给客户制造一些压力,那么他们就会很快作出决定。

另外,在运用激将法的时候,还应注意以下几个方面。

销售员在使用激将法提醒客户的时候,最好先掌握客户关注的焦点。从焦点入手,让他们了解拒绝可能会导致关注点的损失,从而一举击破对方,让对方俯首就擒。

销售员要主动出击,用最有效的方式走近客户,引起客户注意。

给爱听软话的顾客灌下"蜜语甜汤"

作为销售员,每天都要接待不同的顾客,不同的顾客有不同的性格,所能接受的交流方式也是不同的,人们常说:"到什么山上唱什么歌",与顾客交流也是如此。现实销售中,我们会发现有这样一类客户,无论销售员说什么,他们都显出一副不可一世的神态,并表现得比销售员更专业,希望销售员能聆听自己的教导。面对这种顾客,底气不足的销售员常不知所措,不敢继续接待,也有一些销售员。为了证明自己,与顾客进行一番理论,而到最后,不仅让生意白白溜走,还让自己乃至公司的形象受损。其实,对于这类顾客,我们如果能放低姿态,给其灌下"蜜语甜汤",满足其虚荣心,销售也会顺利进行。

销售情景:

小王是某商场奶粉专区的销售员,一天,一位顾客来购买奶粉。

小王:"先生,请问您购买奶粉给谁呢?"

顾客:"给我家宝宝,他才一岁。"

小王:"先生,我们这里的婴幼儿奶粉很多,都很不错,不过我推荐××品牌的奶粉,我们这里现在这种奶粉卖得很火。"

谁知,这位顾客撇撇嘴,冷笑一声:"你就别提这奶粉了,上周我才听了报道,这种奶粉被查出有××成分,这个生产厂家因产品出现质量问题,差点被告上法庭。你说,这种奶粉,我敢要吗?"

小王一听,知道遇到内行了,她立刻改变策略,恭维道:"是吗?我真是孤陋寡闻,没听说这事儿,您真行！这么内幕的事都能知道,跟您相比,我们真是井底之蛙了。"

顾客:"那是！我以前也代理过很多婴幼儿用品,奶粉行业的这点破事,哪能逃过我的耳朵。"顾客得意洋洋。

顾客这样回答,小王立马知道了,原来这是个爱听软话的顾客。于是,她接着说:"原来是老前辈！刚才我还跟您推荐产品,真是班门弄斧了。那您觉得买什么样的奶粉才放心？"

顾客:"告诉你,××品牌的奶粉就不错,我亲戚家的几个孩子都是喝这奶粉长大的,我们家宝宝出生后,我一直买的也都是这种奶粉,价格也合理。"

小王趁机说道:"跟您聊一会,真长见识！您要几罐？我给您拿去。"听罢,顾客痛快地要了两罐。

顾客离开前,小王还不忘恭维道:"以后,您可要常来我们商场啊,您的指导对我很有用！"

分析:

案例中的奶粉销售员小王是精明的,在她向顾客推荐奶粉遭拒后,她便立即改变策略,改用恭维的方式。后来,在小王了解了顾客的性格,得知顾客是爱听软话的人之后,就更加确信"蜜语甜汤"能对其产生作用,果不其然,在小王的一番恭维下,顾客心甘情愿地购买了产品。

的确,在销售中,我们常常会遇到此类顾客,他们自高自大,因为对产品存在一些认知和见解,便有某种优越感,基本上不会听导购员的意见。面对这类顾客,如果我们以说教的方式劝客户购买,恐怕是不起作用的,而如果能对其进行了一番投其所好的恭维,说些软话,满足其心理,那么销售工作进行起来便容易得多。

那么,具体来说,该如何应付这类爱听软话的顾客呢？

1. 准确、快速判断出顾客的特性

这类爱听软话的顾客一般在销售伊始就表现出主动的姿态,他们会对销售员的服务态度、专业水平或者对产品性能等方面提出很多的要求。对此,销售员就要一定要善于察言观色,基本摸清顾客的特性,进而揣摩他们的心理、特点和利益需求,进而在说话的时候很好地对症下药,准确地找出应对策略。

2. 放低姿态,多讨教

这类顾客在与销售人员交谈时,要么对销售员的推荐默许地点头,偶尔

针对不足之处作善意的更正;要么是急于表现自己,不等销售员开口,就喋喋不休地向销售员传授着专业知识,对于销售员推荐的不足之处会无情地指出,使销售员下不了台。因此,销售员可以降低姿态,以讨教的语气进行交流,利用他们好胜的心理来促成销售。

3. 多说恭维话

比如对他们渊博的学识表现出敬佩的样子,这不仅让他们狂妄的心理得到满足,也会让他们为了表现自己而向导购员传授更多知识。

西方有句格言:"请用花一样的语言说话。"面对这类爱听软话的顾客,如果你想获得成功,就不妨多说些甜言蜜语,使你的语言像花一样绽放,让客户心情愉悦起来,与你进行一个很好的交流,为销售成功奠定一个好的基础。

话到嘴边留半句,让顾客想追问下去

生活中,人们都有好奇心,对自己不熟悉、不了解、不知道或与众不同的东西,人们往往会格外注意,尤其是对那些自己已经产生兴趣的事物,更想一探究竟。所以我们在与客户沟通的过程中,不妨利用他们的这一心理,话到嘴边留半句,这样,客户的胃口被吊起来后,自然会追问下去。这是一种巧妙的推销方法,也是一种打动客户的技巧和艺术。

与客户交谈之初,可以暂时不提推销之事。可以先设置一个悬念,激发客户想知道的好奇心,然后在一个恰当的时机让他的好奇心得以满足,如此一来,你的业绩就水涨船高了。

销售情景:

汤姆是一名厨具推销员,由于他出色的口才,他的销售业绩很好。他曾经有这样一次推销经历。

那天,他准备向某准客户推销一款280元的厨具。

他按响了门铃,等他道明了来意后,客户当场就拒绝了他:"我是不会购买这种又贵又没用的东西的,请你走吧。"客户态度如此坚决,让汤姆碰了一鼻子灰,但汤姆想,决不能放弃,一定有办法可以让客户接受自己的产品。

第二天一大早,汤姆又来了。这次,客户的态度还是和昨天一样,看到

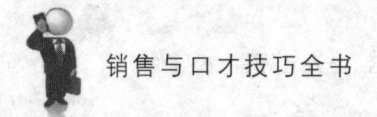

来推销的汤姆,他还是坚决地说:"我昨天不是说过了吗?我是不会买你的东西的。"这次,汤姆并没有急着介绍自己的产品,而是从口袋中掏出一张一美元的钞票,当着客户的面把它撕碎,对客户说:"你心疼吗?"客户吃惊地看着他,心想,这人真是疯子,汤姆没等客户回答就离开了。

第三天早上,汤姆又在同一时间来到客户家,客户开门后,汤姆又掏出一张一美元的钞票,当着他的面把它撕碎。然后问:"你心疼吗?"

客户说:"我不心疼。这又不是我的钱,你要是愿意的话,可以继续撕。"

汤姆说:"我撕的不是我的钱,而是你的钱。"

客户很奇怪:"怎么会是我的钱呢?"

汤姆并没有马上回答客户,而是停顿了会儿,这时,客户急了:"你倒是说啊。"

此时,汤姆才缓缓地说:"您自打结婚起,住在这房子里,已经有20年了吧,如果这20年,你使用的是我的烹调器具做饭,每天就可以节省1美元,一年节省360美元,20年就是7 200美元,不等于就撕掉了7 200美元吗?你今天还是没有用它,所以又撕掉了1美元。"

客户被他的话说服了,立刻购买了汤姆的产品。

分析:

案例中,厨具推销员汤姆之所以能转败为胜,就在于他设置了一个悬念,唤起了客户的兴趣和好奇心。如果销售员可以利用悬念来唤起客户的好奇心,从而引发客户的注意和兴趣,就可以迅速转入面谈阶段。

那么,如何制造悬念呢?又怎样吊起客户的胃口,让客户有一探究竟的欲望呢?对此,没有固定的模式,只要能引起客户的注意就好,但采取这种方式还是要注意很多问题的,避免用错悬念,引起客户的反感。

1. 悬念要与产品相关联

这种关联可以是直接的,也可以是内在意义上的。但如果销售员的悬念和产品无关,等客户了解了具体情况时就会明白,销售员的努力只能算白费。

2. 悬念不可怪诞

销售员可以运用各种类型的悬念方法,但这种方法必须是有道理可循或有事实依据的,不能凭空捏造一些奇谈怪论来吸引顾客。

3. 要让顾客真正感到好奇

悬念的针对目标是客户,销售员的方法不能只是自己觉得好奇,而忽略

了客户的心理感受。

4. 控制好悬念产生与解答之间的时间

对于销售方来说,为客户制造悬念也要见好就收,不要无节制地让客户猜疑。一旦客户失去了兴趣,那么,精心设置的悬念也就不起作用了,甚至会让客户觉得你故弄玄虚,觉得自己受到了欺骗。

制造悬念主要是为了引起顾客的好奇心,提高注意力,并让客户有探究问题答案的强烈愿望,当销售员将客户的好奇心转向产品的性能时,就达到了宣传和推销的目的。因此,制造悬念是销售员应该具备的能力和掌握的技巧,制造悬念除了要具备广博的知识外,还要揣摩客户的好奇心理,进行仔细的编排,这其实是一门巧妙的艺术,需要花费力气,下一番苦功的。

巧说真实案例,让客户更为动心

销售过程中,销售员要达成交易,首先要解决的问题就是激发客户的购买欲望,让客户动心,客户对产品没有任何兴趣,何谈购买?而现实销售中,有时候销售员使出浑身解数,向客户展示产品的众多优点,可顾客似乎不吃那一套,但如果换种推销的方式,比如向客户展示一些真实案例,进而放大顾客的需求,就会让顾客有种紧迫感,自然就会加快购买的脚步。

销售情景:

有一位顾客想要购买燃油锅炉。一些销售人员得知这个消息之后,纷纷跑来向客户介绍自己公司的产品。这让客户感到非常为难,因为他之前跟这些公司从来没有合作过,也不知道哪一家的产品更加可靠,所以一时半会拿不定主意。

这时候,有一位销售人员摸清了客户的心思,在产品的介绍材料里夹了一份客户联系名单,而且其中有一个客户就是这个顾客的邻居。于是这个客户就给邻居打了个电话。

从邻居嘴里得知该公司的产品质量还不错,而且销售人员也值得信赖,于是该顾客就选择了这家公司的锅炉。

分析:

案例中,这位销售员是聪明的,一张客户联系名单能说明很多问题。这种燃油锅炉很畅销,该客户的邻居们都购买了,产品质量自然信得过。这份销售员的客户名单是真实可信的,并不是杜撰,客户自然更深信不疑,最终他不费吹灰之力就说服了客户。

的确,在销售过程中,最忌毫无事实证据的论述。因为对于陌生的销售员,陌生的产品,谁都会心存戒备,更别说信任了。此时,若我们的言谈没有事实依据,则会加深客户的疑心,也就无法激发客户的购买欲望;而如果我们能展现现实例证,给客户吃一颗定心丸,自然会增强客户购买的信心。

对此,可以从以下几个方面来着手。

1. 用具体的真实的事例来说明问题

真实的事例是一种具有说服力的论据。比起抽象的产品质量报告,具体真实的事例显得更加形象生动。如果销售员告诉客户:"我们是奥运会合作伙伴,这是我们合作的标识。"那么客户不仅会欣然接受,也会深信不疑。

另外,销售人员给客户所举的案例一定要真实,否则就是搬起石头砸自己的脚。

2. 表明产品的畅销度

生活中,人们都有一种从众心理。在购买活动中,这种心理体现得更为明显,这是降低内心危险意识的一种典型体现。销售人员要想促成顾客购买商品,利用这种从众心理促成交易也是一种不错的选择。尤其对于那些追求流行的客户,这一招经常可以起作用。比如,你可以拿出产品销售情况表,告诉客户:"您看,这是我们这个月的销售情况和客户反馈意见表……"另外,这是产品畅销度最好的证明,客户自然会打消心中疑虑,购买产品的欲望也就更强烈。

3. 借助权威为产品打广告

销售员可以借用专家的研究或分析结果,也可以借用知名人物或企业的合作来强调产品的"品牌"。这种事例资料浅显易懂,真实可信,十分具有说服力。如"某500强企业一直在用我们的产品,到现在为止,已经和我们公司建立了5年零8个月的良好合作关系。"在说明的同时,用一些图片或是资料进行辅助证明,能发挥出更好的效果。

可见,客户对产品提不起兴趣并不是客户不需要。很多时候是我们没有激发起客户的购买欲望。此时,如果我们能为其摆出一些事实例证,那么就可以激发客户对产品的信任度,从而让其放心购买!

第 9 章

挖掘客源，有心"套话"全靠一张嘴

销售工作的第一步就是要寻找客源，如果不知道潜在客户在哪里，向谁去销售产品呢？可见，没有丰富和高质量的潜在客户，成功无从谈起。我们经常看到一些销售员为找不到客户而犯愁。而实际上，身边的亲朋好友、同学、客户有时甚至是陌生人都应该成为你的资源中的一部分，但要想学会充分利用这些资源，充分挖掘这些人脉，还必须充分利用自己的口才，在挖掘客源的时候，如果我们能学会有心"套话"，销售工作也就顺利得多！

话要巧说，亲朋好友都会欣然成为你的客户

"客源在哪里，去哪里寻找潜在客户呢？"很多销售人员都为此犯愁。因为我们都深知潜在客户对销售工作的重要性。如果没有客源，向谁去销售产品呢？也就是说，没有丰富和高质量的潜在客户，成功无从谈起。而实际上，我们可能忽略了身边最有力的人脉资源——亲朋好友，香港企业界流传一句销售格言："亲戚朋友是生意的扶手棍。"利用私人关系是销售员开发新客户的基本方法。但如何让这些亲朋好友成为我们的客户，这考验到我们的口才，一个会说话的销售员往往能在三言两语间说服亲朋好友，让他们成为其销售工作的支持者。

销售情景：

王新和苏龙是很好的朋友，两人以前都在同一家工厂工作，但后来苏龙辞职了，干起了保险推销，刚从事保险推销的苏龙犯起了愁：我该向谁推销呢？聪明的苏龙第一个想到了好朋友王新，于是，他把王新约了出来。

大家见面后，王新说："你怎么突然辞职了，不见你人。这几天你跑哪儿去了？"

苏龙不说话，从包里往外掏资料的手有些抖。待把资料展开了，才说："王新，我要告诉你一件重要的事情，你看……"

王新一手拿了资料，说："什么重要事情？"

苏龙说："你先听我说，从现在起，你每月只要为你儿子存上30元，一年也就360元，你的儿子将会得到一生的保障。比如，他15岁的时候即可得到一份升入中学的奖学金。从18岁开始，一共四年，每年还可得到一份大学奖学金。到22岁的时候，他还可以得到一笔婚嫁金，60岁的时候，还有养老金，怎么样？"

"不错，不错。可是，我不明白，你这要是……"

苏龙说："哦，我忘了跟你说，我现在是中国人寿的推销员。刚才跟你说的就是我们公司的保险产品，怎么样？给儿子办一份吧？"说着，苏龙拿出了投保书。

王新说："噢，原来是保险，都是骗人的。我不信这玩意。"

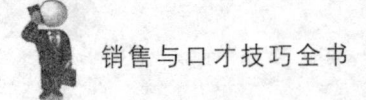

听了王新的话,苏龙有点急,说:"这怎么是骗人的呢?中国人寿现在业务做得这么广,足以见其真实性。而且,我们是正儿八经的金融机构,国家金融机构能骗人吗?"

"这倒是,中国人寿的名声还是很响的,对了,苏龙,你不会让我们跟着你上当吧?"王新还是将信将疑。

"看这是咋说的。你把我看成什么人了?因为这的确是一件好事情,所以我第一个想要告诉的人就是你。相信我没错的。来吧,把你的身份证拿来。"苏龙说着把投保书展开到桌面上。

"那好吧。"

分析:

案例中,保险推销员苏龙在从事销售行业之初,因为找不到客户资源而苦恼,但聪明的他很快发现了解决问题的方法——从自己的好朋友开始,而且,更难能可贵的是他向自己的朋友推销少儿保险,刚开始并没有说明自己的目的,而是先向对方道明"你只需每年为儿子存上360元,就可以……"等得到对方的认同后,他再提出自己所从事的工作是保险推销,并告诉对方:"这的确是一件好事情,所以我第一个想要告诉的人就是你。"这样说,会让对方觉得是在为其考虑,自然会选择购买。

的确,那些成功的销售员大多数都是爱动脑筋、富有创意的人,他们善于用独到的方法开发新客户。他们不是反复研究公司陈旧的客户名单,而是会走出公司,从身边的亲朋好友开始做起生意,因为一般情况下,亲朋好友始终是支持自己的,所以,起步也就会更轻松。但这并不意味着向亲朋好友推销就一定会成功,还需要发挥自己的口才,学会巧说话,将话说到对方的心坎里。

具体来说,可以从以下几个方面努力。

1. 常联系,让亲朋好友知道你的近况

通常来说,向亲朋好友推销比向陌生的客户推销容易得多。因为他们喜欢你,相信你,希望你成功,总是很愿意帮你。但前提是要让他们知道我们的近况,知道我们正在从事销售行业,有新的产品。为此,你需要经常与他们联系,你可以尝试向他们推荐您确信的优质产品。

2. 站在"为对方考虑"的角度推销

案例中的保险推销员之所以能成功说服他的朋友购买保险,就是因为他抓住了父母都爱孩子的这一心理,然后从购买保险会对孩子有利这一点

出发,并在最后告诉客户:"因为这的确是一件好事情,所以我第一个想要告诉的人就是你。相信我没错的。"他的话取得了朋友的信任,朋友也就爽快地购买了。

3. 说服你的亲朋好友帮你介绍新客户

不管你的亲戚们有没有购买需求,你都要联系他们。他们自己也许不是潜在顾客,但是他们认识的人也许将成为你的顾客,不要害怕要求他们推荐。你要取得他们的同意,与他们分享新产品、新服务。你可以这样说:"我觉得你是我们这一群朋友中人缘最好的,所以我还是觉得你能帮到我。"这句话一定会使对方觉得自己重要,并愿意帮助你。

总之,从亲朋好友开始挖掘客户资源,需要懂得巧说话,把话说到他们的心坎上,一个令人憎恶的人是很难得到他人的帮助的!

用有诱惑力的话术,让客户主动为你挖掘新客户

通常意义讲,销售员与客户之间是一种买卖关系。因此,一些销售员会误认为只要客户付款购买,那就意味着与客户的关系已经终结。实际上并非如此,若能充分利用与客户的关系挖掘新的客源,生意就会越做越广。因为客户购买了产品说明已经认可了我们的产品和服务态度。此时,如果我们能说出一些具有诱惑力的话语,让客户认为帮助我们挖掘新客户是一件值得的事,那么,他们一般都会主动为我们提供帮助。

销售情景:

乔·吉拉德是世界上最伟大的销售员,连续12年荣登世界吉尼斯纪录大全世界销售第一的宝座,他所保持的世界汽车销售纪录:连续12年平均每天销售6辆车,至今无人能破。他也是全球最受欢迎的演讲大师,曾为众多世界500强企业精英传授他的宝贵经验,来自世界各地数以百万的人们被他的演讲所感动,被他的事迹所激励。

在每位推销员的背后都有自己独特的成功诀窍,那么,乔的推销业绩如此辉煌,他的秘诀是什么呢?

乔认为,做推销的工作光靠自己的力量是不够的,还需要别人的帮助。他的生意之所以如此红火,很多时候都是得到了来自已经成交的客户,也就

是他所说的"猎犬"的帮助。乔的一句名言就是"买过我汽车的顾客都会帮我推销"。

通常情况下,在成交后,他会把一叠名片和猎犬计划的说明书交给顾客。说明书告诉顾客,如果他介绍别人来买车,成交之后每辆车他会得到25美元的酬劳。几天之后,乔还会寄给顾客感谢卡和一叠名片,以后至少每年他会收到乔的一封附有猎犬计划的信件,提醒老顾客,乔的承诺仍然有效。

在实施猎犬计划时,如果乔发现对方是一位领导人物,具备一定的领导力,那么,乔会更加努力促成交易并设法让其成为猎犬。

乔认为,实施猎犬计划的关键是守信用——一定要付给顾客25美元。乔的原则是宁可错付50个人,也不要漏掉一个该付的人。猎犬计划使乔的收益很大。乔·吉拉德说:"首先,我一定要严格规定自己'一定要守信'、'一定要迅速付钱'。例如当买车的客人忘了提到介绍人时,只要有人提及'我介绍约翰向您买了部新车,怎么还没收到介绍费呢?'我一定告诉他'很抱歉,约翰没有告诉我,我立刻把钱送给您,您还有我的名片吗?麻烦您记得介绍顾客时,把您的名字写在我的名片上,这样我可以立刻把钱寄给您。'有些介绍人并无意赚取25美元的佣金,坚决不收下这笔钱,因为他们认为收了钱心里会觉得不舒服,此时,我会送他们一份礼物或在好的饭店安排一顿免费的大餐。"

分析:

可以说,乔·吉拉德这套挖掘新客户的方法是很有效的,1976年,猎犬计划为乔带来了150笔生意,约占总交易额的三分之一。乔付出了1 400美元的猎犬费用,收获了75 000美元的佣金。向为自己介绍新客源的客户支付25美元的报酬,这样在利益的驱使下,那些已成交的客户自然会主动为其提供帮助。

乔的方法值得每个销售员学习,我们在请求老客户帮助提供新客源的时候,如果也能够说些有诱惑力的话,那么客户也一定乐意帮助我们。具体来说,我们可以做到以下方面。

1. 以利益为引导

①向客户推荐新客户

如果客户从事的也是与销售有关的职业,或者也需要将产品推销出去,我们就可以利用工作之便帮助客户介绍新的客户,让其获得新的销售机会。比如,我们可以这样说:"王总,我前几天认识个朋友,他说要购置一批××,

我当时就想到您的产品了,你们公司的产品信得过,您看什么时候大家见个面谈谈这事儿?"这样,客户一定会对你心存感激。

不过,向客户推荐新客户一定要注意,不要让客户觉得自己是抱有一定的目的,是为了交换利益。因为这样会让客户认为你过于世故,做事总是精于算计,甚至会对你产生反感,就不会愿意继续和你合作,更别说介绍新的客户了。

②为客户提供额外服务

销售员在情况允许时还可以向客户承诺会为其提供一些额外服务,当然前提是不对自己的或公司的利益造成威胁。比如你可以告诉客户:"最近我们公司要举行一个礼品大放送的活动,上次听说您喜欢喝茶,我就多给您准备了一盒。"这样让他觉得你是在很用心地跟他做生意,这样他才会信任你,并主动帮助你。

2. 对老客户要经常表示感谢

客户帮我们介绍新客户,如果我们觉得这是理所当然的,不对客户表达谢意的话,那么客户会觉得对你的帮助毫无意义。只有经常感谢他们,他们才会乐意持续地帮助我们挖掘新客户,但有几点还是要注意一下。

①表达你对老客户介绍的新客源的重视

比如,你可以这样说:"真谢谢您,这笔生意对我来说真的太重要了。"这样,客户就会觉得自己的帮助对你产生了很重要的作用,无形中增加了他们继续帮助你的信心,也让顾客助人为乐的天性得到满足。在老客户不断为我们提供新客户,新客户又不断成为老客户的过程中,业绩自然也会水涨船高,生意就会越做越广。

②对于老客户的介绍一定要及时表示感谢

你可以说:"张先生,真是谢谢您啊,上次与您介绍的朋友合作很愉快,他表示下次一定还找我们公司合作呢!"老客户介绍的生意一定要成交,这一点至关重要。

③ 要不断地提醒他当初的决定是正确的

利用每一次机会提醒顾客当初他所做的决定是非常正确,非常英明的。比如,您可以这样说:"您的人缘真的很不错,您介绍的那些朋友都说您人不错,估计也真是因为他们相信您,他们也就相信我们的产品!"这样说可以让顾客永远记住你,并会主动帮助你,主动成为你的销售人员。

当然,如果产品和服务都非常优秀,价格也合理,有时不用你要求,客户

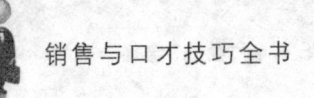

也会主动介绍他身边的人找到你,这就是所谓的口碑营销。

另外,无论采取什么方法让老客户为我们提供新客户,都必须要记住一点,那就是必须处理好与客户的关系,与他们交朋友,得到他们的信任甚至欣赏,这样才有可能通过他们找到新客户。

一话套一话,总有需求点令其成为潜在客户

在销售过程中,了解并掌握客户的需求非常重要,这是将其变成潜在客户的关键步骤之一。但现实销售中,在挖掘潜在客户的时候,似乎对方总是以"我不需要"为由来拒绝我们,此时很多销售员不得不放弃,但一个精明的销售员却能在这种看似没有需求的情况下实施一套套话技术,他们总是能套出客户的需求,让其成为潜在客户,为下次购买带来契机。

销售情景:

库尔曼是美国的一名金牌推销员。他有着自己的推销风格。他凭借自己的勤勉和出众的口才把寿险推销给一个又一个客户,与此同时,他也把成功推销给了自己。

他曾经有过一个客户叫斯科特,这位斯科特先生是一家食品店的老板。库尔曼曾向这位已经年迈看上去并不需要购买保险的老头子推销出去了他所在保险公司有史以来最大的一笔寿险:6 672美元。

当库尔曼见到斯科特先生后,他开门见山地问:"斯科特先生,您是否可以给我一点时间,为您讲一讲人寿保险?"

斯科特:"对不起,库尔曼先生,您也看到了,我现在很忙,而且我并不需要保险。我已经63岁,早几年我就不再买保险了。我的孩子们都已经长大成人了,他们都已经能好好照顾自己。现在,家里只有妻子和一个女儿和我一起住,即便我有什么不测,她们也有钱过舒适的生活。"

这段话,听上去非常合情合理,让库尔曼丝毫没有反驳的余地,但这并没有打消库尔曼的积极性。他继续问斯科特先生:"斯科特先生,您在事业上这么成功,家庭也经营得井井有条,我想您肯定还有其他的兴趣。比如对医院、宗教、慈善事业的资助。您是否想过,您百年之后,他们怎么办?还能正常运转吗?"

斯科特先生沉默了会儿,这让库尔曼意识到自己问到了点子上,于是,他趁热打铁地说下去:"斯科特先生,我们的寿险中有针对这一点的险种能消除您的顾虑,不论您是否健在,您所资助的事业都会维持下去。7年之后,假如您还在世的话,您每月将收到5 000美元的支票,直到您去世。如果您用不着,可以用来完成您的慈善事业。"

听了这番话,斯科特的目光凝结了,他长叹一口气,说:"不错,几年前我资助了3名尼加拉瓜传教士,这件事对我很重要。你刚才说如果我买了保险,那3名传教士在我死后仍能得到资助,那我总共要花多少钱?"

库尔曼答:"6 672美元。"

最终,斯科特先生答应购买。

分析:

一般情况下,人们买保险是为了让自己和家人的生活有保障,而库尔曼通过不断追问,终于套出了连斯科特自己也没意识到的另一种强烈需要——慈善事业。当库尔曼帮助斯科特找到这一深藏未露的需要后,对斯科特而言就成了主动而非被动的事。

可见,只要我们学会逐渐挖掘出客户潜在的某些需求,那么令客户成为潜在客户就并非难事。对此,销售员可以从这几个方面努力。

1. 从客户感兴趣的话题入手,引导客户

一般而言,人们对陌生的推销员总是心存戒备,往往以"没有时间"、"不需要"等原因将其打发走。其实,这是因为销售员没有选择好正确的谈话方式。人们都有感兴趣的话题,客户也是如此,销售人员如果能在销售中先暂时搁置一些销售问题,而从客户的兴趣开始谈话,势必能激发客户继续谈话的欲望。以下案例中,库尔曼的做法值得借鉴。

库尔曼在向一位工厂老板推销寿险遭到拒绝后,他问对方:"您做这一行多长时间了?"

"哦,22年了。"

库尔曼问:"您是怎么开始干这一行的?"这句话在客户身上发挥了效用。工厂老板开始滔滔不绝地谈起来,从早年不幸谈到创业经历,一口气谈了一个多小时。最后,这位客户热情邀请库尔曼参观自己的工厂。那一次见面,库尔曼没有卖出保险,但却和这位工厂老板成了朋友。接下来的三年里,这位朋友从库尔曼那里买走了4份保险。

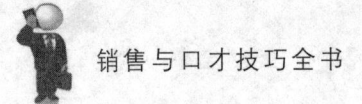

2. 不断追问，发现客户最强烈的需要

推销成功的秘诀还在于找到人们心底最强烈的需要。那么，怎样才能找到客户内心深藏不露的强烈需要呢？库尔曼有一个办法，那就是不断提问，"你问得越多，客户答得越多；答得越多，暴露的情况就越多，这样，你就一步一步化被动为主动，成功地发现对方的需要，并满足它。"

3. 站在潜在客户的角度说话

比如，可以这样发问："为人父母，都要尽可能地让儿女受到最好的教育，您考虑过筹集费用的问题吗？"

当我们做出这样的暗示后，要给客户充分的时间，以便这些暗示逐渐渗透到客户的思想里，进入客户的潜意识中去。

总之，如果销售人员能做到积极猜测、大胆询问、学会套话等方面，就能获得客户的信任并能了解其内心真正需求，让其成为潜在客户！

借助老客户制造好口碑，"哄"其为你介绍新客户

现实销售中，我们总是羡慕那些从事销售多年的前辈，他们在推销产品的过程中得心应手，有丰富的经验是一方面，另外一方面的原因就是他们给自己编织了广大的客户关系网，那些忠实的客户会介绍和推销一些潜在的客户给他们。于是他们的推销工作也就越来越顺，业绩也就相应地越来越好。而你想过没有，这些前辈也是由销售新手逐步走过来的，这些资源都是他们从一个个客户开始慢慢培养出来的。

的确，客户是最好的证人。为此，如果我们想扩大客源，就不妨与老客户建立良好的关系，让其设身处地地为我们做一些事情，帮助我们制造好口碑。

销售情景：

齐藤竹之助是日本著名的保险推销员。他最初外出推销的时候就下决心每年都要拜访一下他的每一位客户。因此，当齐藤竹之助向他们家乡的一名地质系学生推销价值10 000日元的生命保险时，该学生与齐藤竹之助签订了"终身服务"合同。

这名地质系学生毕业之后，进入了地质行业工作，齐藤竹之助又向他售出了价值10 000日元的保险。后来，他又转到别的地方工作，但不管他到哪

里,齐藤竹之助每年至少跟他联系一次,即使他不再从齐藤竹之助那里买保险,仍然是齐藤竹之助毕生的一位客户。只要他还可能购买保险,齐藤竹之助就必须不辞辛劳地为他提供服务。

有一次,这个学生参加一个鸡尾酒晚会。有一位客人突然痉挛起来,而这个小伙子由于学过一点护理常识,因而自告奋勇,救了这位客人一命。这位客人是一位千万富翁,于是便请这位小伙子到他公司工作。

几年之后,这位千万富翁准备贷一大笔钱用于房地产投资。他问这位小伙子,"你认识一些与大保险公司有关系的人吗?我想贷点钱。"

在这个时候,小伙子一下子就想起了齐藤竹之助,就马上打电话告诉他:"齐藤君,你在这个行业已经做了那么长时间了,我也知道你的业务做得很大了,你能否帮我老板一回?"

"难道有什么麻烦吗?"齐藤竹之助这样问他。

"他想贷2 000万日元用于房地产投资,你能帮帮他吗?"

"没问题!"

"还有一点,我必须要说的,齐藤君",他又补充道:"我老板希望这是一个秘密,也希望你能够帮我们保守,其实这也是我们特意找你的原因。"

"这个你放心,这可是我一贯的工作准则。"

挂完电话之后,齐藤竹之助跟一些保险公司打了几个电话,安排其中一位与这位商人进行一次会面。不久以后,这人便邀请齐藤竹之助去他的游艇参观,那天下午,齐藤竹之助向他卖出了价值2 000万日元的保险。

分析:

从齐藤竹之助这一销售案例中可以看出老客户的力量。老客户虽然不能持续不断地在销售人员这里购买产品,但由于使用过我们的产品,能将这一心得与感想告知给其他人。如果他对产品和服务满意,并将这些心得转述给自己的家人、朋友等,那么我们的好口碑就树立起来了。这不仅为我们的产品做了广告,而且他们也能帮助我们挖掘更多的潜在客户。很多销售人员拼命开发新客户,拼命打广告,却忽略了最大的销售力量——老客户的口碑。

要想拥有源源不断的客户,就需要赢得客户的信任和喜爱,让客户在别人面前替你说好话。那么,该如何使老客户愿意为我们制造好口碑呢?下面几点是维护老客户的基本原则,也是帮助销售人员维护好老客户的法宝。

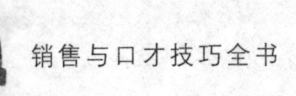

1. 关心客户，让感动后的客户主动帮助我们

我们总是羡慕那些与客户关系处得很融洽的销售员，这是因为他们真正地把客户当朋友，主动关心客户。只要是经过他们手里卖出的产品，他们便经常会给客户打电话，关心客户的使用情况，如果出现问题会及时帮助客户解决。长此以往，当客户感受到你真诚的关心，必然十分感动。这样就能大大增加客户再次购买或转介绍新客户的几率。

2. 不要为了推销而推销，要真正关心客户的利益

想让老客户满意，进而让其为我们树立好口碑，就不要为了推销而推销，而要真正关心客户的利益，并从这一点出发，充分挖掘客户的购买需求甚至是隐藏的需求，努力降低客户需求中的成本耗费，从而最终使产品符合并超越客户的期望值。

为此，我们就必须从顾客的角度来推销，并要注意细节，尽量在每一个细节上做到让客户满意，如果营销人员的服务超出了顾客的预期，就会打动顾客的心，使顾客的满意度提升为对产品和服务的忠诚度。比如，可以这样告诉客户："我觉得这款贵的××反倒不适合您，您没必要花那么多钱买它。"当客户体谅到你的用心后，也会更加信任你，并把周围的朋友介绍给你。

3. 不要忘记回馈老客户

对于给你提供推荐作用的客户，一定不要忘记回报他们，哪怕是一份你自己精心制作的小礼品也好，说明你从心里在感激着他们。

可见，如果客户对销售员没有十足的信任，对产品没有高度的认可，对服务没有来自心底的满意，是不会向别人说销售员的好话的。只有真心诚意地为客户着想，为客户服务，才能得到客户的肯定与赞美，让客户自愿为你推荐新的客户。

巧让客户为你做宣传，胜过你自己叫卖

有时候在销售中，我们和客户宣传产品和价格如何如何好，在他们中某些人看来，这有点像王婆卖瓜自卖自夸。可是当同样的话从愿意帮我们做宣传的客户嘴里说出来，含金量就不一样了，能产生一种强势的信任感和说服力。客户的口碑宣传力量远比我们再怎么强势的销售手段都要有力得

多,也是最能直接产生效应的。所以,让客户帮你做宣传是拓展业务最有效的方法,远胜过自己叫卖。

销售情景:

王琳是一家从事电子配件销售公司的销售顾问。有一次,公司开会,准备举办一次展销宣传活动,可是怎么才能让这次活动奏效呢?大家众说纷纭。后来,销售经理建议邀请那些老客户帮忙,可是老客户会帮忙吗?说到这,大家都建议让王琳出马,因为她的口碑很好,公司很多客户都是冲着她来购买产品的。

一个星期以后,活动开始了,在活动现场,一个老客户道出了当初为什么购买王琳产品的经过,事情大致是这样的。

客户:"你知道,我负责采购的是一批关键零件,质量相当重要。"

王琳:"嗯,这个我知道,贵公司一向以高质量著称。而我们公司也很注重产品的质量,因为产品质量就是公司的名片,有质量问题的产品一旦卖给客户,就等于毁了自己的声誉。另外,我们以前也和其他一些知名电子企业做过交易,所以对500强企业的采购模式有了一定的了解。"

客户:"哦,你说的这些话倒都是实话,估计对电子行业的产品,你也是个行家。那你们给知名电子生产商提供的都是什么配件?"

王琳回答说:"您过奖了,我们给知名电子厂商提供的配件类型比较齐全。您也知道,他们对产品质量的要求几乎达到了吹毛求疵的地步。我记得有一次,我们与一家名企合作,当时他们备选了十家公司的产品,但他们却花了一个多月的时间考察每家公司的产品。我们也没有想到最后他们跟我们公司签订了两年的合约。"

客户对此也有了兴趣,他问道:"为什么他最后选择了你们呢?"

王琳:"这主要是因为三个原因,首先,我们的加工工艺和生产流程都是国际上最先进的。其次,我们在供应商中是唯一一家采用进口材料的,这就确保了我们的产品使用时限长。同时,他们也很满意我们的售后承诺。所以,最后我们成了赢家。"经过近一个小时的详谈,最后客户和王琳已经就价格问题达成了一致,他们约定第二天进行具体的签约事宜。

当时,参加活动的其他新老客户听完后,纷纷都说要和王琳所在的公司继续合作。

分析:

在这个推销实例中,王琳无疑是一个很出色的销售顾问,这些老客户都愿意主动帮忙，也就是看在她的面子上。而这次展销宣传活动的成功也是因为出动了她的老客户关系。可见，让老客户为我们宣传比自身叫卖效果要好得多，因为客户的一句话胜过销售员的千言万语，客户都是一个个活生生的例子。

当然客户愿不愿意帮我们做宣传，还得看我们与客户的交情。如果能在产品质量和服务上都能让客户满意，处世风格以及行为习惯也能获得客户的赞同，那么，客户与你合作将会很愉快，他们一般是不会拒绝帮你做宣传。如果刚好是他周围的朋友需要类似的产品，他会义无反顾帮忙宣传，因为他也想让朋友获得同样的满意期望值。

具体来说，可以这样做让客户帮我们宣传。

1. 密切个人间的交往，与客户交朋友

销售员不要把与客户的关系局限在工作上。工作之余也可以与客户多接触。如果能和客户成为朋友，客户就会自然而然地将自己的朋友介绍给你。你可以尝试送给客户一份特别的礼物，但一定要在适合的环境下，同时提出恰当的理由，千万别让人感觉你在拍马屁。例如，如果客户非常热爱茶艺，你就可以送给他一套茶具，并时常以茶艺为话题向客户请教，这样，你们之间的关系也就密切了。

2. 信守原则

一个信守原则的销售员总会让客户觉得可以信任。因为客户在为我们介绍新客户的时候通常担心销售员是否也会为这位新客户提供同样优质的服务。而很明显，销售员只有做到信守原则，他们才能放心与我们再次合作和交往。

3. 敢于开口，主动要求客户帮我们宣传

很多销售员尤其是那些销售新手会觉得要求客户帮忙介绍是一件难以启齿的事，因为他们觉得这对自己的名声很不好。其实那是错误的，只要我们说法适当、态度诚恳、自然流露，客户是乐于帮助我们的。

因此，总的来说，让客户帮我们做宣传，建立和完善客户关系是极其重要的。它极有可能是通往其他业务的渠道网络，帮你网住未来更多的客户和订单，直接带来利润！

◆第10章◆

巧妙约仿,顾客的推辞全都化为云烟

电话约见客户可以说是现代销售工作中的第一步,它为买卖双方带来了便捷。约见事宜通过电话来解决使得销售员免除了奔波之苦,也为客户节约了时间。可是,客户似乎总是有拒绝约见的理由,这常常使得我们束手无策。而实际上,你只是没有选对说话的方式,只要你肯多花一点心思,多用一点沟通技巧,没有搞不定的客户。

客户说没时间，约访如何继续

在约访客户的时候经常会遇到这种情况，还没等我们开口，客户就称自己"没时间"，一些销售员在听到客户这样说的时候都会"退居二线"，而其实客户说这句话时有80%的可能是在推托，"忙"只是客户拒绝销售员的最常用的理由。聪明的销售员应该早有心理准备，并要采取一些措施，让客户相信拜访一来不会花费太多的时间，二来可以为客户创造超值的服务。只有这样，才能让约访继续下去。

销售情景：

严宁是一名很出色的建材推销员。有一次，他从一位老客户那里得知某公司要购进一大批铝材。于是，在了解了这家公司的情况后，他拨通了客户公司的电话。

严宁："周总您好！"

（停顿）

客户："你好！哪位？"

严宁："我是××建材公司的销售顾问严宁，您有听说过我们公司吗？"

客户："……好像听说过。"

严宁立刻道："嗯，我从××公司总经理王先生那里听说贵公司要购买一批铝材，是吗？"

客户："嗯，是的。"

严宁："太好了！您既然听说过我们公司，应该对我们公司的产品质量有所耳闻吧，王先生也和我们公司合作了很多年。您明后天哪一天比较有空，我们可否当面沟通一次？"

客户："不好意思，这些天比较忙，没时间啊。"

严宁："是的，王先生也特别跟我提过，说您事业有成，平时都非常忙，把时间安排得很紧凑。所以为了不耽误您的事情，叮嘱我在与您见面之前，一定要先打电话。您放心，我不会占用您太多时间，只要给我十分钟，我会给您一个惊喜，您看是周三还是周四方便呢？"

客户："呵呵！你还真执著，那就周四上午吧。"

严宁:"谢谢您的夸奖,请问是9点还是10点呢?"
客户:"那就9点半吧。"
严宁:"好的,那我们就周四上午9点半见!祝您工作顺心,周总再见!"
客户:"谢谢,再见!"

分析:

的确,电话预约潜在客户时通常会被拒绝,而"我没时间"往往就是客户拒绝的原因之一。案例中的销售员严宁是聪明的,他巧妙地使用了一些小技巧化解了客户的拒绝,让约访得以继续下去。我们不妨对这些小技巧进行以下分析。

首先,他告诉客户只需要十分钟。无论多忙,面对十分钟的要求,客户一般是不会拒绝的。

我们发现在这段场景中,销售员严宁在敲定与客户约见的时候接连使用了三次与众不同的提问方式:"明后天哪一天比较有空"、"您看是周三还是周四方便呢"、"请问是9点还是10点呢"。这里,我们可以看出这种选择式提问的妙处,那就是客户所能回答的答案已经被限定,因此,无论客户选择哪个选项,答案对我们来说都是有利的。利用"选择式提问法",一再让客户做出选择,最后成功敲定见面的具体时间。

那么,具体来说,约访中,我们该如何应对客户称自己没时间呢?

1. 告诉客户为什么要见他

人们做任何一件事情其实都是需要理由的,客户称自己没时间,那是因为我们没有为客户找到愿意花时间见我们的理由,所以首先要为客户愿意见我们创造动机,即见我们到底会有什么好处。比如,如果希望客户能委托我们把房子卖出去,那么,你就可以告诉对方:"我们曾经成功策划过很多楼盘",这句潜台词就给了客户见我们的理由。

2. 运用"10分钟"法则

当客户说"对不起,我没时间"的时候,一般我们可以这样回答:"只需要借用您10分钟时间",客户一般是不会再拒绝的。因为,这句话是有潜在含义的:一个人再忙,10分钟的时间应该还是有的。这样就消除了客户认为会耽误太多时间的顾虑。

这里的"10分钟"是很多销售大师通过多年实战经验总结出来的,说5分钟,客户会觉得我们不够诚实;说15分钟或20分钟,客户又会觉得太长。

3. 善用措辞，以"借用"代替"占用"

"占用"或者"耽误"，都多少有些侵略性，而"借用"则暗示"会归还的"，客户在心理上会更容易接受。

在通过电话和客户进行约访时，客户经常会以"很忙"、"没时间"作为借口来拒绝我们，此时，如何应对客户的没时间则成为电话约访的关键。而如果我们能做到以上几点，那么，约访便可以继续下去了。

巧订约访日期为自己留出更大余地

在约访客户的过程中，避免不了要谈及具体的约见时间。一些缺乏经验的销售新手通常会直截了当地问"您什么时候有时间"，而很多时候，客户的回答是令我们沮丧的，"啊，真不巧，这段时间我都很忙！"销售员可能觉得诧异，为什么总是会这样回答？其实，这是因为客户对我们的产品不感兴趣。而如果能换一种询问方式，"下礼拜二或礼拜五方便吗？"主动建议可能会让结果不一样。万一他都没有时间，则应把日期往前提，因为往后拖延的话，说服力会大大减弱。所以，在约访客户时，原则上拜访的日期、时间应该由你主动提出并确定，这能为自己留下更大的余地。

销售情景：

陈林是一名保险推销员。随着业务的发展，他急需要寻找一位合伙人。在他的朋友的推荐下，他得知一位姓张的小姐很有这方面的才能，于是，他准备把这位张小姐约出来见见。

陈林说明来由后……

张小姐：是保险公司啊！很抱歉，我对保险实在没有什么兴趣。

陈林：是是是，如果请您从事保险这个行业，您一定是没什么兴趣的，介绍我来的林先生刚开始时也是这么认为的，但是经过我的说明之后，他发现我们公司的这套经营方式非常特别，并不是一般传统保险公司的经营模式。因此，他觉得值得您了解一下，认为您听完之后一定会很感兴趣的，所以让我一定提供给您做个参考，不知道您是礼拜三方便还是礼拜四方便？

张小姐：是这样子的，我虽然想马上找一份工作做，但是我自己做了那么久的业务，我实在不想再做业务了。

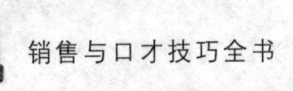

陈林：是啊！我能理解，长期跑业务是很疲惫的。因此，我们希望有业务基础或对做业务有兴趣的人通过我们的训练及培养以后能在保险业里一展宏图。在我们公司里有许多人都是在其他行业做业务的，刚开始时心态也跟您一样，可是经过深入了解之后，他们发现自己找到了真正想做的事业。不知道您是礼拜三方便还是礼拜四方便？

张小姐：哦，是这样的。因为我有很多朋友都在做保险，而且做得并不是很好，所以我不太想做保险。

陈林：嗯，我想在任何一个行业里都有很多人成功，也有许多人失败，而且失败的人比成功的人多。当然，如果想要事业成功，一定要接近成功的人。我们公司是中国最早成立的保险公司，各项制度已经非常完善。最近还特别从国外引进了一套新的训练模式，所以有很多新同事发现我们公司的做法跟他以前的公司完全不一样。我向您保证，只要您给我20分钟的时间，我一定会给您提供一个前景辉煌的事业，不知道您礼拜三方便还是礼拜四方便？

张小姐：哦，你这个人真的很厉害啊。既然如此，那你就礼拜三来好了。

陈林：好的，那我们就约在后天早上十点，我将专程登门拜访，我相信我将会成为您值得结交的朋友的。那就礼拜三见！

张小姐：礼拜三见！再见！

分析：

案例中，保险销售员陈林之所以能成功让张小姐答应约见，并最终确定了约见的日期，是因为他在回答完对方的问题后，始终不忘这样提问："不知道您礼拜三方便还是礼拜四方便？"而且，他接连提问了三次，而这种选择式提问法的妙处在于把客户的选择范围限制在你给的选项中，无论客户怎样回答，答案对于我们来说都是有利的。这类提问的方法就是"选择式提问法"，它能给我们留出更大的余地。

当然，在询问客户约见时间时，即便使用了"选择式提问法"，也一定不能让对方有被压迫感，否则会引起对方的反感。对此，我们需要注意以下几点。

1. 先取得对方的信任

生意场上相互间的信任是达成交易的前提。作为销售人员，要想将商品推销出去，最基本的条件就是先取得对方的信任。电话预约客户不像面对面交谈，客户可以凭借对我们的外在印象来做判断，在电话中则没有一个实体可作为判断的依据，只能凭借声音来猜测，因此，最应该注意的就是自

己的表达方式,要注意说话的语气要客气,语言要简洁明了,不能让对方有受到压迫的感觉。

2. 说话速度不宜太快

我们都知道,电话沟通是需要计费的,因此人们在使用电话与人沟通的时候,语速通常会比日常生活中稍微快些。如若交谈的对方是亲朋好友或是熟识的人,以这种语速进行沟通是不会产生沟通障碍的。但要记住,对于陌生的客户而言,他们并不熟悉你的语调和用词,如果说话速度太快,往往会使对方听不清楚你所讲的内容,也容易给对方留下被强迫接受你的观点的感觉。

3. 强调"不强迫……"

我们给客户打电话是为了约见客户,而最终目的是推销产品,也就是说成功约见客户是前提,为此,我们应当再三强调绝不会强迫客户做什么,以低姿态达到约见的目的。

如果我们能注意以上几点,很好地利用"选择式提问法",一再让客户自己做出选择,最终能成功敲定会面的具体时间。

客户借口路途太远,该如何扭转

在销售过程中,当我们给客户打电话预约时,客户往往会找一些借口拒绝,比如:你们公司太远了,还是算了吧。其实,这只是客户的一个借口,聪明的销售员千万不要因客户的这个借口而就此放弃。实际上,客户拒绝是因为你没有给客户一个很好的约见理由。此时,如果能对症下药,告诉客户你可以为其创造超值服务,并解决其路途太远的假异议,那么,客户自然会收回这个拒绝的理由。

销售情景:

秦虹是一个办公用品推销员。最近,公司新推出了一款打印机。为此,她拨通了客户的电话。

秦虹:"王总,我们这款打印机是目前市场上最先进的了,您看,您最近有时间来我们公司看一下吧。"

王总:"小秦哪,谢谢你的好意。不过,你们公司太远了,过去一趟太费

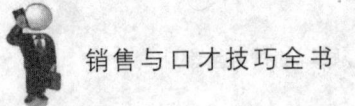

时费力了。"

秦虹:"哦,原来是这样啊,这个我可以理解,您每天工作那么忙,也没有那么多时间。正好我们今天会过去拜访您那边附近的一家客户,我可以顺便去您那里,不用花费您很长时间,我想就打印机的选用和技术方面给贵公司一些建议和资料,这些都是完全免费的服务……"

王总:"可是,我们现在的打印机用得很好啊,不需要那么先进的吧。"

秦虹:"贵公司每天的打印量很大,估计普通的打印机如果继续这样使用下去的话,使用寿命就会降低三年左右。而我们这款打印机不光具有普通打印机的所有功能,在承载量上远远大于普通打印机,而且它还有红外和蓝牙接口,轻而易举就可以帮您打印相机和手机中的相片,这可以省去您跑洗印店的时间啊。而最重要的是,相对于市场上其他同类产品,我们的这款打印机是最物美价廉的了。您看,您什么时候有时间,我把打印机送过去给您看看……"

王总:"小秦啊,你可真会说话,那就今天下午吧,我在办公室等你。"

秦虹:"好的,谢谢王总啊。"

分析:

很明显,刚开始客户一直拒绝销售员秦虹,并以"路途太远"为借口。但聪明的秦虹在客户以此为理由拒绝时并没有反驳,而是首先肯定客户的意见,但接下来,她便告诉客户:"我们今天会过去拜访您那边附近的一家客户,我可以顺便去您那里",这样,客户的借口便不攻自破。在这种情况下,客户自然会道出自己拒绝的真实原因——现在的产品用得很好,不需要更新。针对这一点,秦虹再次将自己的产品与客户的老产品进行对比,这才让客户产生了兴趣,答应见面。

在销售中,有很多客户都是如此,不好直接拒绝销售员,就以"路途太远"为借口。实际上这是因为我们没有挖掘出客户的真实需求,不知道客户需要的是什么,客户认为没有见面的必要,而聪明的推销员会在客户的行为和言语中抓住他真正关心的点,进行有的放矢的说明,才不会白费力气。

那么,针对这种情况,销售员该如何成功扭转局面呢?

1. 仔细倾听,听出客户的真实意图

在预约客户的过程中,倾听不仅仅是一种尊重别人的体现,更是一种获取信息的重要方式。当客户在与你沟通时,尤其是交谈开始出现危机的时

候,你更应该集中精力仔细倾听,因为那其中隐藏的玄机可以有效帮助你解决难题。

在倾听的过程中,应该对信息作出一些筛选,比如,有时客户会提出一些与产品关系不大的问题,譬如:"现在市场上的产品谁敢买啊,假冒伪劣的太多……"。针对这些问题,你可以默不作声等客户说完,再用自己的真诚和热情引导客户进入愉快的沟通氛围中。而有些客户说的话却是十分具体且有针对性的,他们需要销售员给予明确的答复。这时,就需要销售员运用平时积累的知识和经验予以应答了。

2.善于观察,留意客户听完解答后的反应

当你回答完客户的某些问题后,一定要留心客户的反应,如果他还是支支吾吾,不能下决心购买,那么通常有两种可能:一是客户根本就不想买,二是你的解答没有对他起到作用。此时,你就需要对症下药了,针对第一种情况,需要付出更多的真诚和耐心;而对第二种情况,销售员则要从自己身上找原因,寻找一种适合客户的解答方法。

总之,在预约客户的过程中,当客户以"路途太远"为借口拒绝时,我们一定要找到客户的真实意图,给客户一个充足的约见理由,让客户无法拒绝我们!

不给客户留太多的可能性

作为销售员,我们每个人都知道电话约访在行销中的重要性。电话约访的功效每提升10%,就能提升5倍销售绩效。而实际上,在电话约访中,很多销售员常会产生这样的苦恼:我已经用热情礼貌的声音给他们打了几次电话,但他们就不肯见面,这是为什么呢? 实际上,约访客户并不是预约的次数多,客户就会答应见面。要知道,成功约访客户是有一定技巧的,如果我们能掌握这些技巧,那么,约访客户成功的概率会大大提高。

销售情景:

王伟是一名保险公司的业务员,最近,他想约访一位以前的老客户,希望老客户能为自己介绍一些新的客户,但又不知道如何进行约访。思索之后,他想出一个办法,那就是以提供服务的名义。于是,他拨通了电话。

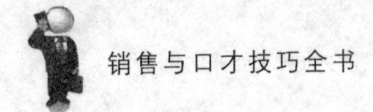

王伟：您好，王先生。我是××保险公司的王伟，您还记得我吧？您是我们××保险的老客户了，最近我们公司有没有业务员为您提供保险服务呢？

客户：没有呀！

王伟：是这样的，最近公司组织为客户免费提供保险服务，您看要不要我们派专人上门为您做保险服务，同时还有小礼品赠送！

客户：可以啊！

王伟：那您看是周三下午还是周四上午更方便些？

客户：那就周四吧！

王伟：要不，我们定在周四上午十点？

客户：下午两点吧！

王伟：好的，那是去您家里还是……

客户：家里吧！

王伟：王先生，您的家庭地址是……

客户：……

王伟：（重复地址）对吗？好的，王先生，我们周四下午两点钟在您家里见！

细心的王伟在挂完电话后，为了让客户加深印象和敲定面谈的事，他又给客户发了一条短信："王先生，您好！非常感谢您能在百忙之中接听我的电话，祝您工作顺利，心情愉快！顺便确认一下您的地址：××小区17楼1701室；见面的时间是：周四下午两点。××保险公司王伟敬上"

分析：

这段销售情景中，保险推销员王伟之所以避免了很多约访客户过程中可能出现的问题，让客户很爽快地答应约见事宜，是因为巧妙地实施了一个小小的策略，那就是以为客户提供服务的名义进行约访。因为一般情况下，客户是不会拒绝销售员为其提供免费的售后服务的。客户没有拒绝的理由，约访成功也就顺其自然了。在约访的最后，王伟还给客户发了一条善后短信，这条短信看似简单，却敲定了约见事宜，也避免了客户反悔。

而事实上，尽量避免客户习惯性地拒绝，我们就不要给客户留太多的可能性，对于这一点，不妨从以下几个方面努力。

1. 巧妙开场，让客户感觉亲切自然

毋庸置疑，约访的最终目的是为了销售，所以，一般情况下很多销售员

为了达到销售目的,一拿起电话就开始推销,而客户一听到这些,也很自然地产生一些规避甚至反感厌恶的情绪,因此,往往都以没时间为借口,接下来,无论销售员怎样挽回,都很难改变客户的这种负面印象。

而实际上,我们在开场时一定要简洁大方,让客户感觉亲切自然。比如,我们可以这样开场:"某某先生(女士)您好!"另外,这一问候也起到了确认对方身份的作用。

2. 与众不同的自我介绍

通常情况下,人们在进行自我介绍的时候总是遵循一定的惯性思维——"我叫什么,是哪个公司的",而案例中的王伟则是先报上公司的名称,以公司为背景无疑给自己的身份"镀了一层金",客户自然也愿意与一个可信的销售员交谈。同时,这种介绍方式也是谦虚的表现,稍微细心的客户都会对你留下良好的印象。

3. 注意"善后"

案例中的王伟就是采用短信的方式"善后"的,这样做,有效地避免了客户会爽约的可能性。

现代社会,每个人都忙于工作和生活,生活节奏之快足以让刚与我们通过电话的客户将约见事宜抛之脑后。另外,即使客户记得,也很容易与其他销售员打过的电话相混淆,哪里还记得具体是哪个销售员。因此,如果我们能像案例中的王伟一样,在约访电话之后给客户发送一条短信,就能将此事板上钉钉,既加深了客户的印象,也主动留下了联系方式。

总之,电话约访是有一定技巧的,掌握了这些技巧能有效避免约访过程中遇到的很多问题。

用语言"太极术"应对客户的各种推辞

销售过程中,当我们对客户进行电话预约时,出于各种原因,客户总是能找出各种理由来拒绝我们。面对这些推托理由,可能有时候我们会显得束手无策,甚至会退居二线,甘于放弃。而实际上,如果我们能摆正心态,与客户打好语言"太极术",无论客户以什么样的理由拒绝,我们都采取有针对性的语言加以应对,这样,客户的理由就会不攻自破。它的高妙之处就在于

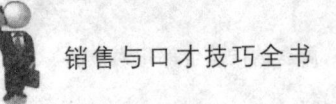

虚虚实实,让客户在不经意间答应约访事宜。

销售情景:

推销员小林紧张地对着话筒机械地说:"陈先生吗?您好!我姓林,是××公司的业务代表。您是成功人士,我想向您介绍……"

电话那头的陈先生直率地说:"对不起,林先生。你过誉了,我正忙,对此不感兴趣。"说着就挂断了电话。小林放下电话,硬着头皮又打了半个小时,每次和客户刚讲上三两句,客户都会挂断电话。

分析:

案例中,推销员之所以总是不能成功约访客户,都是因为他不能成功地回应客户的拒绝。要知道,电话是方便我们约见客人的,像小林这样在电话里就介绍产品是不合时宜的。因为隔着电线,有些事是说不透的。

电话约见客户为买卖双方都带来了便捷,约见事宜通过电话来解决,使得销售员免除了奔波之苦,也为客户节约了时间。但电话预约是否能成功,还需要销售员掌握一定的技巧,其中最重要的技巧之一就是掌握语言"太极术",然后针对客户具体的推辞进行解决,具体来说,包括以下情况。

1. 当客户说:我很忙,没时间

大多数情况下,客户都会以"没时间"这一理由来拒绝推销,稍有经验的销售员都能听出来客户是在推托。因此,在听到这句话的时候,一般都做足了心理准备。接下来,要做的是:首先,让客户明白,他的拜访不会花费太多的时间;其次,是保证为客户创造超值的服务。

此时,我们可以准备这样的话术:"这个我很理解,您工作也挺忙的。正是考虑到这一点,我们准备近两天去您附近那家公司谈合同的时候顺便去您的公司,不用花费您很长时间。我们想为您就××这一技术问题以及维修问题提供一些资料,这些是完全免费的服务,而且对于贵公司的产品来说,这一块的服务远远要高出您给我们的时间,星期一或者星期二我们过来看您,您看行吗?"

2. 当客户说:现在暂时不需要,有需要时再联系吧

客户之所以这样说,一般有两个可能,一是真的不需要,二是让推销员好下台。但无论是哪个原因,我们都不能轻言放弃,而要知难而进。要把你能带给他们的可以让他们第一时间无偿获得的好处说出来,一是满足人们想尝试的心理,二是让人们觉得的确是有帮助的。

在这次谈话中,可以这样回应:"先生,可能您觉得暂时与原先的厂商合

作很好,也没想过更换合作伙伴,但我还是很乐意让您了解,这样,您也可以多一个选择,要是您能给我10分钟的时间会对您和贵公司的产品产生很大的效益!"

3. 当客户说:你把资料寄(传真)给我好了

此时可以这样回应客户:"是的,黄先生,是这样的,正因为您的时间很宝贵,所以如果您愿意抽出10分钟来让我为您讲解一下资料应该比您亲自看长达十页纸的资料要快得多。您放心,我不会超过10分钟的,不知道黄先生您是星期三晚上还是星期四晚上方便呢?"

4. 当客户说:说来说去,还不是要推销

这句话着实让销售员们感到很尴尬,因为这一句话的确说中了我们的最终目的,可能有些销售员还有种被客户看穿的感觉,因此,销售信心大受打击。其实,那些金牌销售员则不会有这样的心理,他们反倒觉得,既然客户已经主动把话题上升到了本质问题,那么,沟通起来也就顺利得多。于是,他们会说:"我当然是希望您能买我们的东西,不过我们的产品和服务不好的话,没有给您带来超值的产品价值时,您也不会做考虑,我们希望能带给您需要的东西。即使不买,您也会有很多的收获。有关这一点,我们一起讨论研究看看?星期一或者星期二过来看您,行吗?"

一般来说,客户推托的理由不外乎以上几种,如果我们能针对以上几种情况用好语言"太极术",做出有针对性的应对,那么,就能成功化解客户的拒绝,进而让客户答应约见!

◆第 11 章◆

拜访有方,面对客户轻松自如谈到点儿上

从事销售行业的许多人总是羡慕那些成功者,认为他们是太幸运了,而自己则总是不幸。然而事实证明——好运气是有的,但好运气却偏爱那些会说话的人!要知道,"只要肯干活,就能卖出去"的观念已经过时了!取而代之的是"周详的计划加上口才",这一点在拜访客户时体现得尤为明显。拜访客户是营销活动中很重要的一个环节。只有在拜访客户的过程中获得客户的认可,才能有下一步推销的可能。拜访时,我们除了具备智慧、经验以及足够的实践经验外,还必须掌握一套必备的说话策略。掌握这些说话策略,成功拜访的可能性将大大增加。

话说得自然,让拜访顺理成章不显突兀

拜访客户是营销活动中很重要的一个环节。只有在拜访客户的过程中获得客户的认可,才能有下一步推销的可能。因此,营销人员要在思想上高度重视客户拜访工作。但现实的拜访工作中,很多销售员都有这样的感慨:为什么无论我怎么努力,都消除不了客户的抵触情绪呢?其实,面对推销员的拜访,多数客户因为知道你的最终目的是推销,都会心存芥蒂。而此时,如果你的拜访显得过于直接和突兀,那么,则会加重客户的这种心理。相反,如果能在拜访时把话说得自然得体,则能有效拉近与客户间的距离。

销售情景:

某天,推销员陈某来到某小区,准备向他事先了解过的某个准客户推销吸尘器。于是,他敲开了客户的家门。开门的是一位温婉的女士。

销售员:"太太,您好,我是××公司的销售代表陈××,是这样的,我这周一已经和您先生预约过了……"

客户:"我们现在不需要。"

销售员:"看得出您很忙!有您这样的人持家,您的家人一定十分幸福!"

客户:"噢,谢谢!今天我丈夫不在家。"

销售员:"我听说了,我知道您先生是一位事业成功在业界有影响力的优秀人士。那句话说得没错,'每一个成功的男人背后都有一个伟大的女人'。"

客户:"呵呵,哪里。我听我丈夫说过购买吸尘器的事儿,我们对你的产品还是挺感兴趣的,这样,你先等一会儿吧,他马上就要回来了。"

销售员:"好,谢谢……"

分析:

案例中,销售员陈某在拜访客户时,尽管得到了客户的预约,但还是遭到了这位客户妻子的习惯性拒绝,因为他在拜访之初就直接道明了自己的目的,不免显得过于唐突。但值得庆幸的是在接下来的谈话中,他保持了良好的态度和自然的语气,并对客户说了一些"动情"的话,从而获得了客户的认可,挽救了销售局面。

可见,在销售中,销售员不要以为自己的用语合乎逻辑就可以让推销工作顺利开展了,真正打动人的是自然贴切并带有情感的话。成功的销售员都会极其注意自己的销售语言,因此,他们即使拜访陌生的客户,也能做到自然得体、顺理成章。

那么,在拜访客户的过程中,我们该如何表现自己自然的说话态度呢?

1. 拜访客户前要设定拜访目标,对客户进行分析

这一点,需要销售员在正式拜访客户前了解,比如,通过电话沟通。前期与对方的电话沟通并不是仅仅联络销售,而是了解对方,建立一个鲜活的客户形象,所谓"知己知彼,百战百胜"。如果你了解客户越多,那么成功得到订单的机会就越大。因此,你需要了解对方,知道对方的一些习惯、可接受的语气、喜欢的表达方式、着重用词部分等。

2. 交谈中,要善于制造气氛

营销的最终目的是实现销售,满足客户的需求。但在与客户交谈中,还要善于营造融洽的会谈气氛。沟通才能创造价值,只有让客户愿意与你沟通,才有可能达成销售目的。

对此,销售人员要主动向客户问候,想办法拉近与客户的距离。这里,最关键的就是客户的情绪问题,我们要有针对性地对客户的情绪进行引导、强化。也就是说,要想办法把与客户的关系转化为朋友关系,这就是对客户情绪的正确引导,同时与客户关系得到了强化。

3. 谈客户感兴趣的话题,来突破双方的不协调

在谈话过程中应尽量以客户为中心,摆事实讲道理。同时还要善于不断找到新的话题,形成一个完整的拜访过程。这个过程包括如下方面。

找到适合此次拜访的"开场白";用对方感兴趣的话语跟他沟通;找出好话题,引导对方;让对方对此次要解决的问题做出评估;用恰到好处的赞美或表态式的结论加以总结。

4. 拜访中的交谈需做到:坦诚、微笑、自然、不卑不亢

其实,在日常生活中与人沟通,做到这几点并不难,但面对客户时,可能会很难做到,因为我们有所求。

因此,在与客户沟通前必须调整好自己的心态,不要给自己施加压力,对此,不妨这样告诉自己:拜访客户只是为了建立与客户之间的信任,给客户留下良好的印象,并不一定要在第一次约访的时候就达到销售目的。如

此一想,我们自然就轻松了许多。这样,我们在与客户交谈时就能做到如下几点。

①坦诚:坦诚是与客户建立信任的第一步。拜访客户的过程中,如果我们所说之话并不属实,虽然能暂时蒙混过去,但一旦被客户知晓,将会直接失去客户,且没有挽回的余地。这里的坦诚有几个方面,包括做人的诚信,如实地介绍产品情况,不可掩盖产品的某些缺点。

②微笑:俗话说,伸手不打笑脸人。充满善意和友好的微笑最能拉近人与人之间的距离。而且,对任何一个销售员来说,淡淡的微笑是专业素质和个人素养的最好体现。

③自然:我们都希望客户能对我们的产品满意,有购买的需求,希望从客户的腰包里顺利掏出支付货款的现金,但正是因为有这种想法,会让我们显得很不自然。而如果我们能淡化这种想法,把客户当做朋友来沟通,那么,交谈的时候必然会自然得多。

④不卑不亢:拜访过程中,因一些销售员害怕得罪客户,而让自己的位置显得卑微。其实,根本不需要这样做,订单不是靠这样的方式得到的,也不可能这样取得。只有做到交谈时不卑不亢,并敢于说"不",才能真正得到客户的尊重。

拜访客户时,哪些话必不可少

很多销售人员认为,拜访客户只要能说会道,对产品足够了解就可以打动客户,实际上你会发现无论怎么能言善辩,你的拜访结果一直维持在一个不太令人满意的标准上。这是为什么呢?其实,拜访的技术掌握程度是决定销售成败的最关键因素,我们除了具备智慧、经验以及足够的实践经验外,还必须掌握一套必备的说话策略,而且有些话必不可少。如果能将这些话都说到位,那么,成功拜访的可能性将会大大增加。

销售情景:

高文是一名销售经验丰富的销售主管。他传授给手下的销售员们很多销售经验。

一个星期一的早晨,高文刚上班,正在开例行会议,安排本周的工作计

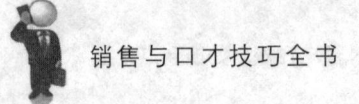

划和布置重点工作。但此时,突然有人敲门,原来是一家文具用品公司的人上门推销。

"对不起,我是某某文化用品公司的……"没等对方说完,正在开会的一些下属们就不耐烦地说:"你没看见我们正在开会吗?"

对方一看这些开会的人都没有笑脸便悻悻地走了。

高文对这些开会的下属们说:"被他这么一打扰,我都不记得我说到哪里了。"心里对这位不速之客更反感了。

接下来,他说:"昨天,我们刚讲到拜访客户的一些相关事宜,你们看,这位小伙子就给大家做了一个反面教材,我们在拜访客户的时候……"

分析:

案例中,这位不速之客之所以会让开会的人们心生反感,主要是因为以下几点。首先,他选错了拜访的时机,在对方忙碌时拜访无异于撞在枪口上。其次,他推门进入一开始就自报家门,开始推销。没有寒暄,没有铺垫,太过直接,对方自然无法接受。再次,在被拒后,他的态度是悻悻离去,没有一个专业的销售人员应有的良好心理素质。

的确,在拜访客户的过程中任何一个过程都不可遗漏,否则,就显得有失礼仪,这其中,就包括一些必须要说的话。

1. 开场白

开场白一定要在进入客户大门前就要想好。因为开场白的设计是否得当,关系到后面的销售能否顺利进行,必须要慎重对待。这里包括以下几个步骤。

步骤一:称呼对方的姓名

叫出对方的姓名及职称——每个人都喜欢自己的名字从别人的嘴里说出来。

步骤二:自我介绍

清晰地说出自己的名字和企业名称以及经营产品。

步骤三:感谢对方的接见

如:"非常感谢陈总经理在百忙之中抽出时间与我见面,我一定要把握住这么好的机会。"

步骤四:寒暄

寒暄在销售工作中是必不可少的部分,根据事前对客户的资料准备,表达对客户的赞美或者能配合客户的状况选择一些能引起对方兴趣的话题。

2. 陈述拜访理由

这里，我们可以这样表达：

"××先生,您好,我是某某公司小陈,就是上周拜访您的那位。"这种表达适合于有预约的情况下。而对于没有预约的情况,则可以这样表达："××先生,是这样的,今天我来拜访呢,是因为我从您的好朋友××那里得知,您最近需要购买一批××,他和我们合作很多年了,相信我们的产品,所以让我上门来和您谈谈……"在有了开场白的情况下,客户对这些信息的接受会容易得多,也不会有多少逆反情绪。

3. 告辞时不忘礼节用语

俗话说：去时要比来时美。只有这样,你才能给客户留下深刻而又美好的印象。拜访结束后,无论是否取得积极的拜访结果,我们都要彬彬有礼。

拜访客户告辞时与进门时的寒暄同样重要,我们不可忽视告辞时的礼节用语。特别是在被客户拒绝的情况下,你的表现更能体现出你的个人素养,此时,你的举止应该更沉稳,比如一边收拾资料,一边向客户道歉："对不起,打扰您了！"或"在您方便的时候,我再来拜访您！"等,然后鞠躬告退。你越是彬彬有礼,越是能让客户感受到你的良好修养,甚至让客户产生内疚的感觉。而相反,如果在告辞时,你的脸拉长得像张马脸,出去关门时把门关得"哐哐"作响,那实际上也就意味着你掐断了身后那根连接你与客户的无形"红线"。总之,在被客户拒绝后,一定要争取给自己留条后路,以便下次再来拜访。

的确,我们不可能与拜访的每一位客户都达成交易,但应当努力去拜访更多的客户来提高成交的百分比。而要达到这一目的,以上任何一个细节性的话语都必不可少,将这些话说得得体、到位,才会给客户留下良好的印象,从而有助于我们的推销工作。

留出拜访的话茬儿,为下次拜访做好铺垫

作为销售员,拜访客户的最终目的是为了推销产品。为此,一些销售员在拜访目的没有达成的情况下就垂头丧气,认为销售已经失败。其实,任何一次拜访都是有作用的。我们应当信奉的一个原则是"即使跌倒也要抓一

把沙",意思是销售代表不能空手而归。即使拜访的客户暂时没有需求,不能成交,也不要与之失去联系,而应该适时的安排好下次拜访的理由,以备下次能顺理成章的完成拜访。

销售情景:

保险推销员小陈某天来到某客户办公室。

销售员:"××先生,您好,我是某某公司小陈,就是上周预约您的那位。"

客户:"哦,小陈啊,你有什么事情吗?"表面上客户故意装作不知销售员小陈来拜访的目的,但他心里却想,原来是那个卖××产品的小陈啊,我就知道不联络他,他会很快联络催我购买的,但我还没有想好是否购买。

推销员:"××先生,这次是有件事情想麻烦您一下,不知道您能否帮忙?"

客户:"哦?有事情找我帮忙,是什么事?"

推销员:"记得上次见到您的时候,看到您戴的××牌手表给我留下的印象很深。我的男朋友最近也想买,我建议他买您的这款,可惜我不知道具体的型号和使用情况,也不清楚在哪里买比较优惠,所以想问问您。"

客户:"哦,这表是不错的,是今年的新款,我用得很满意,我是在××商厦购买的……"

就这样,两人关于这块手表聊了很久……

销售员:"今天,耽误了您许多宝贵时间,非常抱歉!我在和您的交谈中学到了很多关于钟表方面的知识,受益匪浅。不过,要是您不嫌麻烦的话,我下次还要来打扰您。请您到时一定要多多传授一些知识!再次感谢您的热情接待。"

客户:"和你交谈我也很愉快,欢迎你下次再来。"

虽然这次拜访小陈完全没有提及推销保险的事情,但接下来的几个月里,她和这位客户一直保持着联系,在几次拜访客户时,客户都很高兴,最终,该公司的保险业务被小陈一举拿下。

分析:

案例中的保险推销员小陈在拜访客户上有自己独到的一套。她并不急于推销,而是在客户心存抗拒的时候选择夸赞客户,这样就让客户的心理获得了满足。同时找到双方共同的话题,聊得很尽兴,客户对推销员的抵触心理自然也就消失了。而在拜访的最后,她又适时提出还要麻烦对方传授更

多的知识,这就为下一次的拜访找到了"借口",在这样的你来我往中,当销售员与客户的感情由利益关系上升到朋友关系时,销售成功自然是理所当然。

由此可见,如果我们能为下一次的拜访做好铺垫,那么,销售成功的可能性就会大大增加。具体来说,我们该怎么说呢?

1. 交谈中善用谈话的间隙

如何对客户进行第二次拜访?应该找什么样的理由?很多销售员为此感到苦恼。可能有些销售员会先打电话问询客户的最近状况,并告知客户有某新款产品上市,或者以邀请函的方式邀请客户参加某个活动。但大多数情况下,这些做法都不会奏效,因为这些借口和开场白客户已见得很多,他们知道随后一定会过渡到产品和再次上门的要求上。因此他们一般不太会配合你。而如果我们在交谈过程中能注意多了解客户的细节的话,那么就能利用谈话的间隙分析出客户需要什么,喜欢什么,进而完成对客户的诱导。比如,当你无意中得知客户喜欢吃某种食物时,可以在拜访结束时告诉客户:"前两天朋友从××地方帮我带了很多这种新鲜的××,我回头给您送些来,也不是什么贵重的东西……"这样,下次拜访的理由自然就找到了。

2. 善于掌控谈话的时间,不要一次性把话说完

很多销售员认为交谈的时间应由客户控制,主动叫停,很可能会得罪客户。而实际上,如果我们主动提出结束谈话,为客户节约时间,不仅会让客户觉得你很贴心,还能为下次谈话找到很好的借口。对此,我们可以这样说:"王总,今天已经和您聊了两个小时了,真不好意思,打扰您这么久,我看咱们今天就聊到这儿吧,不过我过几天可还要来请教您啊,您不会不欢迎吧?"这样说,客户一般都会觉得你是个不卑不亢有主见的销售员,也就乐意接受你下次的拜访。

总之,作为销售人员一定要多留心,为下一次拜访客户留下话题。在交谈的过程中一定要问出并记下客户的联系方式,在闲暇时可给客户发一条感谢留言。只要我们能够灵活运用上面所学的知识,绝对会成为优秀的销售高手。

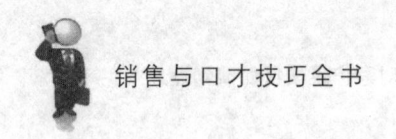

拜访中的销售语言不要太露骨

与客户做生意,我们最终要与客户接触,因此拜访客户的过程就必不可免。但出于要将产品推销出去的根本目的,一些销售员在拜访客户的时候显得很盲目,见了面不知道该说什么,该怎样说,只是很简单地介绍下自己,然后就极力向客户推销产品,结果还没开口就被客户拒绝了,只得灰溜溜地逃走,销售业绩也不尽如人意。甚至到最后还弄不明白,为什么现在的社会客户这么难开发?客户关系这么难维护?其实不然,不是客户难搞定,是我们销售员自己存在问题,这其中有许多细节是否注意到了?有许多方面是否做到了?如果能够多去思考,善于复制别人成功的方法,善于行动,善于总结,那么成功推销也就变得轻松了。

要知道,客户在接受销售员拜访时压力也是非常大的,他会担心受销售员欺骗,担心买的产品不适合等。这时,最忌讳的方式就是硬推产品,因为这样往往使客户感觉压力过大而最后放弃购买。也就是说,我们在拜访客户时关于销售的语言不可太露骨。

销售情景:

周五的早上,小周来到某公司进行保险推销。

"邹经理,您好!我姓周。我们以前没见过面,现在可以和你谈一分钟吗?"他有意停了停,等待对方理解说话内容并做出反应。

邹经理说:"我马上要去开会!"

小周马上说:"那么半个小时后我再来找您好吗?"

对方毫不犹豫地答应了。半个小时后,小周再次出现在邹经理的接待室:"邹先生,您好!我姓周。您叫我半个小时后来找您……"

"你是做什么的?"

"我是保险公司的业务主管,是为客人设计一些保险理财投资计划……"

邹经理接口说:"我不需要做保险。"

小周说:"我今天来只是给您提供一些资料,今后您有什么需要服务的,再找我啊!"

邹经理笑了笑,没说什么。

接下来,小周就公司的一些业务进行了简要介绍,在介绍的过程中并没有提及让客户购买的事情。介绍完之后,小周对邹经理说:"等您以后有这方面的需要时再找我吧,感谢您今天百忙之中抽出时间来接待我。"礼貌地道别后,小周就离开了。

但没想到的是,第二天,邹经理居然主动给小周打来电话,约小周去谈购买保险的事情。原来,小周和其他来推销保险的销售员不同,他并没有反复劝说客户购买,客户拒绝后,还是以良好的态度为客户介绍,而正是这一点让客户所欣赏。

分析:

案例中,保险推销员推销产品的结果可谓是出人意料,而这得益于他在拜访过程中得体的说话方式。在现实销售过程中,一些销售员为了能尽快将产品推销出去,在说话的时候过于急躁、露骨,未免显得过于功利化,甚至引发客户的反感。其实,我们在拜访前首先应该调整好心态,初次拜访就可以拿到订单的情况很少,往往需要重复拜访,需要不断影响客户,并影响其价值观。

那么,我们在运用销售语言时,该如何做到不急不躁、不露骨呢?

1. 选定目标,不做无用功

在登门拜访前,我们要对约访的对象进行分析,并进行筛选,以提高拜访时进行交易洽谈的成功率。因为有时候无论我们如何努力,客户就是不购买,此时很有可能是客户真的不需要。换言之,如果我们不做分析、筛选,可能就会多做很多无用功。

2. 事先做好拜访客户的准备工作

任何一项销售进程都必须要做足准备工作,登门拜访客户也是如此。需要准备好一套如何引起客户注意,如何给客户留下好印象,如何让客户信任我们,积极进行约访的说辞。其中包括选择拜访的时机、见面之初该说什么、怎么介绍产品的卖点、了解对方哪些情况等。有了这样的计划,在销售中就可以有的放矢、从容不迫。

3. 讲话热情、彬彬有礼

热情的讲话能带动客户谈话的情绪,让客户乐于与我们交谈下去。而礼貌则能体现良好的专业素质和个人素养,为此,销售员要把诸如"您好"、"打扰您了"、"如您不介意的话"等礼貌用语当成口头禅。

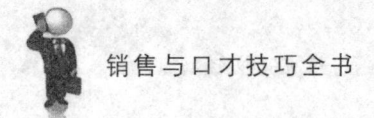

同样,开门见山也是较受欢迎的一种说话方式,拿腔拿调、故意卖关子、吞吞吐吐都易招致对方的反感。

4. 不能急于推销产品

一般应以介绍产品信息、了解对方情况为主。降低销售意味,反而易于获得约访机会。

5. 留下对方的联系方式、地址等资料,并做好记录

这样做的好处在于即使客户这次拒绝了,也可以事后多联系客户,关心客户,与客户加深感情。总之,这样做有助于下一步销售的筹划,也可借此建立客户档案。

拜访客户只有做到准备充分、有勇有谋、多留后路,才能把握整个拜访的进程,并运筹帷幄,进而减少急躁、急功近利的情况。

发现客户家的特点,用点心机说销售语

上门拜访顾客尤其是第一次上门拜访,客户难免存有一些戒心,不容易放松心情。因此销售人员要特别重视用心说话,善于发现客户感兴趣的话题,从而让拜访在轻松愉快的环境中进行。通常来说,一个聪明的销售员会同时具有敏锐的观察力,他们很善于发现交谈的场所——客户家的特点,然后引导客户继续谈下去,进而自然地把话题引导到销售上,使销售顺利进行!

销售情景:

一个周六的早上,老年保健仪器推销员小林敲开了某客户吴先生的家门。开门的正是吴先生。

进门以后,小林扫视了一下客厅,整个客厅都有种古色古香的感觉。他看着满客厅的字画,很快就找到了与吴先生交谈的话题。

"哎哟,这字写得——我真不知道怎么形容好,吴先生,这是您从哪里弄来的墨宝啊?是市里哪位书法家的真迹吧?"

吴先生一听,顿时笑了起来,说:"真是见笑了,这是我父亲写的,他比较爱好这些,平时没事就舞文弄墨……"

"看来我今天还真是来对了,令尊现在在家吗?"

"这几天他去省城的姐姐家了,估计过几天才会回来。"

"真是可惜了,要是令尊在家的话,我还想向他老人家讨要点他的字画呢!"

"哦,原来是这样啊,这个你可以放心,我可以做主,送你几幅。"

"太谢谢您了……"

就这样,吴先生与小林就中国字画的问题聊了起来。聊到尽兴的时候,小林突然装作乍醒的样子说:"吴先生,您看,我和您一聊到这些就忘了我今天来原本是想……不过,您不购买也没关系,我今天可是收获颇丰啊。"

"你说的是老年保健仪器吧?现在老爷子的身体越来越不好了,我也没时间陪他锻炼,要不,你回头送一台过来吧。"

"好的,谢谢吴先生!"

分析:

案例中的客户吴先生为什么会如此爽快?很简单,这得益于销售员小林在提出销售问题上进行了一番语言的铺垫。在小林进门之后,他没有直接对产品进行推销,而是对客户家的一些特点进行了仔细观察,难道他真的不知道这些字画出自客户父亲之手?当然知道!他这样问,只不过是让自己的赞美显得更真实可信。于是,针对客户家的这些与众不同的"风景",小林与客户展开了深入的交谈,他很快便获得了客户的好感。此时,小林再提出自己拜访的真正目的,客户的抵触情自然少得多。而在这种情况下的小林依然不忘提及自己"今天拜访收获颇丰",这就更加深了客户对他的良好印象。这时,客户再从自己的角度考虑,就很爽快地表明自己有购买需求。

从这一案例中可以发现,一个出色的销售员一定是有敏锐观察力的,他们的销售进程简单、容易,很大程度上得益于这种观察力。那么,我们在拜访客户的时候如何发现客户家的特点,进而引出交谈的话题呢?

1. 掌握观察六要素

观察六要素包括:客户房屋门前的干净程度,进门处鞋子排放的情况,室内装修以及家具的摆放状况,表示家庭关系的合照数量,宠物、花、鸟、书画等爱好状况,屋中杂物摆放状况。

2. 根据客户家的装饰判断客户的经济状况

如果客户房屋的面积较小,室内家具摆放拥挤,房间不干净,子女住在一起,则可以说明这位客户不是一个经济充裕的人。

如果客户的室内装修很考究,房屋面积很大,甚至还有专门打扫房间的佣人、保姆等，可以确定这位客户是一个经济充裕的人。

如果客户的房屋装饰是古色古香的，可以说明这位客户是一个很有修养的人，素质较高，文化底蕴丰富。

3. 根据客户家的特点进行赞美

比如可以这样赞美客户："阿姨，墙上是您儿子的照片吧，看上去真英俊，一定是个知识分子，相信阿姨一定是位教育有方的好妈妈。"

但同时要注意，赞美是一个非常好的沟通方式，但不能夸张的赞美，夸张的赞美只能给人留下不好的印象。

总之，销售人员是靠嘴巴来推销产品的，凡是优秀的销售人员都拥有一副伶牙俐齿，但"顾客不开口，神仙难下手"。我们观察客户家的目的是为了找到沟通的话题，让客户主动讲话，和我们进行有效沟通。

第12章

创意开场，第一时间令顾客心潮澎湃

开场白是销售人员与客户见面时前两分钟要说的话。任何销售话术都是由开场白开始的,俗话说,好的开始是成功的一半。当代世界最富权威的推销专家戈德曼博士强调,在面对面的推销中,说好第一句话是十分重要的。因为客户会根据我们所说的第一句话来决定是否要继续听下去。因此,我们的开场白一定要别出心裁,尽量让我们所说的话具有感染力,并尽快抓住顾客的注意力,保证销售访问能够顺利进行。

别出心裁的开场白,客户听到即动心

任何一次销售过程都少不了开场白。而俗话说,好的开始是成功的一半。开场白是销售人员与客户见面时前两分钟要说的话。我们若想成功推销,一定要明白创意开场是行销的第一法宝。一个幽默、吸引人、有创意的开场白往往会起到意想不到的作用。

销售情景:

日本有一位寿险推销员,他有一套别出心裁的推销方法。

有一天,他拜访一位客户,他把印着"76 600"的数字的名片递到客户手里。

顾客看到名片,很诧异,就问:"这个数字是什么意思?"

推销员反问道:"您一生中吃多少顿饭?"客户听后,还是不明白,推销员接着说:"76 600 顿嘛?假定退休年龄是 55 岁,按照日本人的平均寿命计算,您还剩下 19 年的饭,即 20 805 顿……"。

分析:

案例中,这位推销员的开场白的特别之处——用一张印有数字"76 600"的名片吸引了客户的注意力。然后反问客户,等吊足了客户的胃口后,再告知客户这个数字的意思,让客户认识到生命的短暂,进而逐渐把话题引向人寿保险。

的确,在我们向客户推销前,客户的心就像一扇上了锁的大门,如果我们的话能够引起客户的注意和兴趣,那么,这扇门就会被我们打开。相反,如果我们的话毫无新意,那么,这扇门也将会锁得更紧。

有时候,当我们信心百倍昂首进入陌生市场时,可能会听到一些人说:"推销员又来了。"这个时候你千万不要尴尬和紧张,而是要调整心态,越是这种时候,越要表现出色,要努力创造新的推销方法与推销风格,用新奇的方式来引起顾客的注意。

一个顶尖的业务员都有自己独特的开场白。那么,我们该怎样开场,才能让客户立即动心呢?

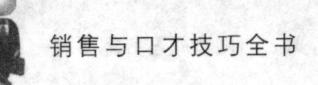

1. 幽默法

"先生,您好!今天我专程来拜访您,想了解一下上帝对保险的看法。"

"什么上帝?"

"因为您是上帝,客户都是我们的上帝,所以我今天专程来拜访上帝。"

客户笑了,"上帝"也笑了……

人们常说,客户是我们的上帝,这位推销员就是从这一点入手,以一句幽默的话博得了客户的一笑。

2. 利用好奇心

我们先来看看下面的两个例子。

案例一:

某地毯推销员对顾客说:"您知道吗?您每天只花一毛六分钱就可以使您的卧室铺上地毯。"顾客对此感到惊奇:"什么意思?"

推销员慢慢讲道:"您的卧室是 12 平方米,而我们公司的地毯每平方米为 24.80 元,这样需要 297.60 元。我厂地毯可使用 5 年,每年 365 天,这样平均每天的花费只有一角六分钱。"

案例二:

一位推销员对顾客说:"老李,您知道世界上最懒的东西是什么吗?"顾客感到迷惑,但也很好奇。

这位推销员继续说,"就是您藏起来不用的钱。它们本来可以购买我们的空调,让您度过一个凉爽的夏天。"

以上两个案例中的推销员都很善于制造神秘气氛,以引起对方的好奇。在挑起了客户想知道的欲望后,他们再将产品推荐给客户,这比开门见山介绍的效果要好得多。这表明,好奇是人类行为的基本动机之一。人们对于那些自己不知道、不了解或者觉得特别的东西都会充满好奇心,并有继续了解的欲望。

3. 利益引诱法

几乎没有人会拒绝那些能为自己节约消耗,提升效益,也就是通俗意义上的赚钱和省钱的方法,那么,他们自然也就不会拒绝为他们"出谋划策"的销售员,如:

"陈厂长,其实,您的工厂每月的生产额还可以再增加 10 万元。"

"张经理,您不觉得贵公司每月的电费太多了吗?"

"王厂长,可能您还不知道吧,您隔壁的工厂因为生产量大,现在的产品

都已经开始出口了。"

4. 提出问题

有问就有答,销售员向客户提出问题有利于引起客户的注意和兴趣,如:

"张总,您觉得影响你们产品生产量的原因是什么?"产量自然是身为厂长的客户最关心的问题之一。这一问题也就自然引导客户逐步进入交谈。

当然,我们在提出问题的时候,一定要注意所提出的问题要明确、具体,语言清晰,而且必须是客户最关心的问题,否则很难引起顾客的注意。

5. 向顾客求教法

生活中,总是有一些人好为人师,喜欢以师长的姿态教育、指导别人。对于这些客户,可以利用向其请教问题的方法来引起客户的注意。比如,可以找一些不懂的问题,或装作不懂向客户请教一些事情。一般客户是不会拒绝虚心讨教的推销员的。如:

"王总,我听说您以前是学机械的,是机械制造方面的专家。这是我公司研制的新型机械图纸,请您指导,在设计方面还存在什么问题?"受到这番抬举,对方自然乐意接受我们的请教。

从现在起,销售员们不妨思索一下你的开场白,是不是有创意,是不是有自己的特色,如果没有,就从现在开始改变,小小的改变,大大的不同!

面对中老年人,不妨用家长里短来开场

我们都知道开场在销售过程中的重要性,但在现实的销售中,我们有时候会发现,对于中老年顾客精心设置的开场方法似乎根本不起作用。其实,这与中老年顾客特殊的消费心理有关系:价格较平时购买要相对便宜,最好伴随一些促销活动;最近比较流行的养生方面的产品,老年人对健康保健方面比较看重;产品使用上一定要简单易操作;产品的后期维护一定要易于保管和收藏;产品一定要正规……因此,对于中老年顾客来说,他们对于那些花样繁杂的开场白并不会有多大的兴趣,而对于那些简单、平易近人的开场,比如家长里短,似乎更能激发他们的交谈欲望。

因此,对于中老年人,我们不妨以家长里短来开场。

销售情景：

一天，一个健康推广员来到某小区，他准备敲开一位客户的家门，开门的是一位阿姨。开门时，阿姨手上还在择菜，这位推销员就顺口问："阿姨，今儿这芹菜是什么价儿啊？"

"都××元一斤了，又涨价了，一到冬天就这样，你说我这点退休工资，都不够养活我自己了。"

"是啊，我们这些年轻人不爱自己做饭，所以这菜价儿还真不知道，不过自己做饭比在外面吃健康多了。"

"这倒不假，我也经常跟我儿子媳妇说回家来吃饭，他们不愿意回来，说是耽误时间，但外面吃哪里有家里干净啊……"

"阿姨，这墙上挂的是您儿子的照片吧？看上去文质彬彬的，一定很有学问，您真是一个教育有方的好妈妈。"

"我儿子在××大学当教授，他从小就爱学习，到现在还是不忘读书，平时都在学校，只有周末才回来……"

就这样，这位推销员和客户关于教育孩子的一些问题谈了很长时间。过后，推销员说："阿姨，您看，和您聊了这么久，我居然忘了今天来这儿的目的，不知道您还记不记得，上周六在中山公园您填了一张健康卡？"

"对呀。""您真是很幸运，几百人中抽中了您，所以您将免费获得一张价值100元的健康检测卡，您好像在卡片上填了您有高血压，我们的仪器也主要是检测心脑血管情况的。经常检查，做好预防，不但可以省去很多的治疗费用，更可以给您的儿子省去很多麻烦。您要是有时间的话，这几天就去我们公司看看，检测一下身体状况，您看怎么样？"

"嗯，你说得对，我一定要注意健康，不然我儿子在外面工作也不省心啊，我这周末就去。"

分析：

案例中，这位推销员很懂得见机行事，当他敲开门后，发现开门的是一位择菜的阿姨时，他就从菜价入手，与客户进行适当寒暄，并随机把话题转到客户最关心的问题——教育子女上。当与客户建立了一定感情之后，再谈及销售，客户接受起来也就容易得多。

作为中老年人，他们对一些家长里短的问题的关注度远比年轻人大，他们关心柴米油盐、关心健康、关心子女。可见，面对中老年人，用家长里短来开场，更容易引起他们的兴趣。

具体来说，我们可以从这些方面进行开场。

1. 气候、季节

比如我们可以说："这几天热的出奇，去年……"

2. 家庭、子女

"我听说您家女儿是……"当然，这需要我们事先了解客户的家庭关系是否良好。

3. 乡土、老家

"听您口音是湖北人吧！我也是……"销售人员可以这种提问方式拉近彼此的关系。

4. 住宅、摆设、邻居

"我觉得您家里布置得特别有品位，您以前从事的职业和家居设计有关系吗？"这样问，不仅能帮我们了解客户以前的工作性质还能确定是不是目标客户，更能起到有效开场的目的。

5. 健康问题

这里，需要注意：中老年客户一般都有比较强的保健意识，所以可能会具备比较多的保健知识，我们的专业知识及相关知识如果不是很前沿、很丰富，将很难吸引客户。另外，我们的表述不能夸张，要实事求是，并要备有大量客户的鉴证。

6. 饮食、习惯

"阿姨，您是不是在做饭啊，这么香，做的什么菜啊？"

7. 仪表、服装

"阿姨，您这件衣服料子真好，您是在哪里买的？我也想给我妈妈买一件。"

8. 兴趣、爱好

"阿姨，您家里这么多舞曲的光碟，您以前是市文艺联盟的吧，我以前好像看过您的演出……"

另外，因为客户是中老年人，我们还必须考虑到他们的生存状态和价值观，以及两代人甚至隔代人之间的沟通技巧。在与中老年客户交谈的时候，一定要尊重他们，年轻人和中老年人会因所处年代的不同，阅历深浅的不同，而在看待某些事物或处理某些事情上有不同的看法。如果你尊重他们，做到有理有利有节，言之有物，语气诚恳，这样他们就会被你的真诚、谦虚所打动，从而对你产生良好的印象，这对于接下来的销售工作是极为有利的。

掌握常用开场话术，应对不同销售情景

任何销售话术都是由开场白开始的，一段精彩的开场白不但可以引起客户对你的重视，而且还能使客户对你接下来的言谈举止产生兴趣。而那种千篇一律毫无新意的开场白——"先生，您需要……吗？"或者"先生，你需要……"十有八九会遭到拒绝。在与客户交往之初，需要有一个吸引对方注意力的开场白，才能引起客户的兴趣，使客户乐于与你继续交谈下去。为此，我们应该学习一些有效的常用开场话术，掌握这些话术能帮助我们成功应对不同的销售情景。

销售情景：

陈怡是一名保险推销员，从事保险行业已经有一段时间了，但始终没有任何进展。几个月来，她发现客户似乎对保险推销员有着一种与生俱来的厌恶感，一般情况下还没等自己开口，就被客户拒绝了。现在，陈怡产生了放弃推销工作的想法。

这时，她的一个前辈看出了陈怡的心思，对她说："你知道吗？其实，推销保险和推销其他任何一件产品一样，只要我们做好了开头的工作，下面就好办了。"

"我知道，可是怎么才能说好开场白呢？"

"实际上，开场的话术，公司在培训的时候，培训主管都说过了，那时候你该好好学学的。这样吧，今天回去我给你发个邮件，你再将这些话术好好看一遍。"

"嗯，谢谢王姐！"

分析：

的确，现实销售中很多销售员和案例中的陈怡一样，因为无法说好开场白，而被客户拒绝，业绩毫无进展。对于这些销售员而言，学习常用的开场话术就显得尤为重要。

下面介绍三种容易被客户接受的开场话术。

1. 赞美式开场

每个人都长着一双爱听赞美之言的耳朵，客户自然也不例外。可以

说,运用赞美法是接近客户的一个良方。但赞美客户也不是无据可循的,只有找准客户值得赞美的点,赞美才显得真诚,否则就有奉承之嫌,甚至招致客户的厌恶。打个简单的比方,当我们想赞美客户的住房漂亮时,如果说:"王总,您这房子真漂亮。"这话让人听起来就像在拍马屁,而如果说:"王总,您这房子的客厅设计得真别致。"这句赞美的话就显得有诚意、有新意多了。

2. 寒暄式开场

寒暄是开场中最常见的一种,销售员在与客户第一次打交道时,第一礼节就是要问候对方,然后才能进行下面的交谈。寒暄作为交谈的导语,具有抛砖引玉的作用,得体的寒暄可以赢得客户的好感,让沟通顺利进行下去。

例如:

"您是孙经理吧?您好,您好!"

"王经理,见到您很高兴!"

"听口音,孙经理是山西人吧?"

"今天天气真不错呀!"

见面时的几句寒暄,其实是一种礼貌,也是在与客户接触中一个比较重要的问题。寒暄能让销售员了解到客户的身份、性格、籍贯、爱好等基本信息,这对销售员接下来的销售工作大有帮助。但是,销售员要注意在问候客户时话语要委婉,恰到好处,用语不宜过多,能一言以蔽之的绝不啰唆。

3. 切入第三者法

我们可以告诉客户之所以会冒昧拜访,是因为有第三者介绍。一般来说,这里的第三者都与客户有一定交情,所以,大多数人对第三者介绍来的推销员都很客气。如:"何先生,您好,打扰您,今天来拜访您是因为您的大学同学张俊先生要我来找您,他告诉我您最近需要购买一批最先进的印刷机。他之所以会帮我这个忙,是因为我们公司的产品也为他的公司带来很多好处与方便。"

利用切入第三者法,虽然能帮助我们扫除一些与客户沟通的障碍,但要注意,一定要确有其人其事,绝不可自己杜撰,否则,客户一旦查对起来,就要露出马脚了。若能出示引荐人的名片或介绍信,效果则更佳。

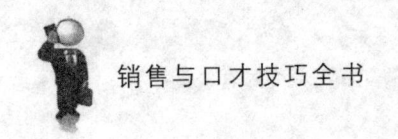

开诚布公的开场,用真诚打动客户

每个销售员都希望自己拥有一副好口才,口才好可能会为你减少销售的时间,但这并不是成功最关键的部分。销售过程中口才固然重要,但诚恳的态度是你和客户沟通的基础。

与客户沟通,贵在一个"诚"字。只有诚心诚意,才能打动客户的心,使他们愉快地与你合作。开场白也是如此,而以诚相待,就必须开诚布公。在销售的过程中,销售员应该主动向客户提供自己的情况及表明意图。只有你首先表现出诚意,才能引导客户采用同样的态度。

销售情景:

萧晨在大学期间学习的是土木工程,毕业后,他在某事业单位按部就班地工作了六年,但后来他萌生了自己出去闯闯的想法。于是,他放弃了稳定的工作,从销售开始做起。毕业第十年,也就是他从事销售第四个年头的时候,大学同学聚会上,大家听说萧晨从事了销售行业并做到了经理的位置,都觉得不可思议,原因是大学期间直到后来工作,萧晨都是一个很木讷、不善说话的人。那么,是什么让木讷的萧晨获得了今天的成就呢?萧晨的回答是"坦诚"。他这样陈述自己的经历:

"我刚转行的时候,完全是从头开始,并且面临很大的挑战,加上原本就比较内向,不怎么能说会道,不过我坚信可以从其他方面弥补自己的不足之处。你们知道吗?万事开头难,做销售也是如此,要想说服那些客户,我们首先就要准备一个能打动客户的开场。但据我所知,很多前辈们经常花样百出地开场,却并未得到客户的认可,此时,我就想,与其挖空心思,还不如开诚布公地开场。于是,我用心收集客户和产品的各种信息,整理所有潜在客户的资料,认真去打每一个电话。与客户沟通的时候,我也不会拐弯抹角地说话……"

分析:

一个不善言辞的人要成为一名销售高手,真诚是取得机会的第一步。案例中,木讷的萧晨之所以能成为一名优秀的销售经理,就是因为他凭着自己以诚待人、认真做事的态度取得了很多客户的信任和支持。正如他说的

"与其挖空心思,还不如开诚布公地开场"。很明显,他的这种开场方式是有效的。

的确,作为一名销售员,要想顺利接近客户,让客户接受我们、愿意与我们沟通,首先就要讲好开场白。但要说好开场的简单的一句话也并非易事,这其中,我们要营造良好的谈话氛围,还要在言语间察言观色,洞察客户的内心世界,进而让推销活动有的放矢。而一位专业销售员总会准备好适宜的开场白,以收到成功的效果。他们最常采用的方法就是开诚布公的开场。因为这样能有效地消除客户的戒备心,获取客户的信任。那么,我们该如何以真诚的开场白打动客户呢?

1. 诚挚友好,建立和谐的洽谈气氛

任何沟通都只有在和谐的气氛中才可能开诚布公地进行,在销售中也是如此。为此,我们在与客户沟通时,要建立和谐的洽谈气氛,这能为正式洽谈铺平道路。

为建立和谐的洽谈气氛,销售员要做到以下几点。

①注重仪表

良好的仪表不仅是对客户的尊重,也是专业素质的体现。

②选择合适的开场话题

开场可选的话题很广泛,可以是轻松的、风趣的、非业务性的,例如天气、身体、股票行情等,也可以是客户最关心的问题,比如其孩子、父母的身体状况,甚至可以介绍自己有趣的经历等。

这些话题都可使双方迅速找到共同语言,让交谈继续下去,为心理沟通做好准备。但注意不宜过长,以免浪费时间或使顾客反感,应尽快引入正题。

2. 自然适时,切入销售正题

当我们与客户间建立了和谐的洽谈关系时,就该开诚布公地进入正题了。但在转入正题时,我们要努力做到以下方面。

①适时

虽说开场白应开诚布公,但不合时机的切入正题则会适得其反,甚至让客户产生反感的情绪。如果入题太早,会显得突兀,客户对你所推销的产品也自然不会产生好感;如果入题太晚,说明开场白时间太长,会使客户不耐烦,也会对你的推销失去兴趣。

那么,什么是合适的入题时机呢?一般在对方对你产生好感,乐意或愿

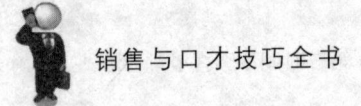

意与你交谈时入题最好。

②自然

即自然地将闲题扯入正题。我们可以就当下的交谈环境适时切入,比如,天气炎热,你可以说:"今天的天气真热,如果在您的办公室里安上空调,将会过一个清凉的夏天。"这种得体自然的入题容易引起客户的购买兴趣。

③轻松

入题的话应使客户感到轻松愉快,无拘无束,不会无形中使客户产生成交压迫感,怀疑销售人员是"硬要我买下他的产品"。

另外,当我们切入正题后,有些客户可能会认真倾听,然后客气地婉言拒绝;也有的客户听完说明后,会欣然同意购买;还有的……对以上种种情况,销售员应冷静对待,只有沉着冷静,才能表现出自己真诚的态度,才能竭尽全力争取最好的结果。

开场要火热,话怎么说才显热情

热情是一个优秀的销售员不可或缺的素质,可以这么说,如果没有热忱的态度,销售成功的概率也就十分渺茫了。热忱,是指一种精神状态,一种对工作、对事业、对顾客的炽热感情。美国著名女企业家玫琳·凯说:"对每个推销人员来说,热情是无往不利的,当你用心灵、灵魂信赖你所推销的东西时,其他人必定也能感受得到。"热情在销售开场中尤为重要,一场火热的开场白能迅速抓住客户的神经,让客户的思想跟着我们的语言走。

销售情景:

在日本东京的一条偏僻小巷里,人们拥挤得水泄不通。原来情况是这样的。

有一位50多岁的男人,拿出一瓶强力胶水,然后拿出一枚金币,他在金币的背后轻轻地涂上一层薄薄的胶水,然后将金币贴到墙上。"各位朋友,大家看到了,这是一枚500法郎的金币,我是用一种新型的强力胶水粘住的,看谁能揭下这块500法郎的金币,谁揭下来,金币就归谁。"不久,一个接一个的人都来碰运气,看谁能揭下墙上那枚价值500法郎的金币。

小巷里的人来来往往,最终没有任何一个人能拿下那枚金币,金币被牢

牢地粘在了墙上。

"各位,大家都看到了,也试过了,没有人能够把金币揭下来,是吗?"

"是的。"大家同声说。

"是什么原因呢?不是大家力气不够大,而是胶水粘力够强,这是我厂最新研制成功的××胶水。"

原来,那男人是个老板,由于他的商店位置偏僻,生意不景气,他便想出了上面这个奇妙的推销办法。那天,虽然没有一个人拿下那枚金币,但是大家认识了一种新的强力胶水。从此,那家商店的胶水供不应求。

分析:

案例中,这位老板之所以能让商店的生意红火起来,就在于他别具一格又火热的开场方式。这里,人们虽然对沾了胶水的硬币感兴趣,但他的一番话更能激发人们积极参与到"揭硬币"的队伍中。可见,开场白中火热的语言的确能带动人们的思绪,引发人们进一步了解产品的欲望。

其实,不管什么样的事业,要想获得成功,首先需要的就是工作热情。

热情之所以重要,不仅是因为它可以使销售员激发出本身的潜能,也是因为客户有这种需要。客户总是喜欢和热情开朗的销售员谈交易,因为客户认为,拥有热忱态度的销售员总是能带给他们快乐的感受和周到的服务。所以说,要想成为一个优秀的销售员,在开场中就要在语言上表现出自己的这种热情,用热情去打动客户,唤起客户对你的信任和好感。这样,交易才能顺利完成。

那么,我们该怎样在开场语言中体现自己的热情呢?

1. 事前鼓舞自己

"没有知识的业务员是浪费时间,没有激情的业务员是浪费生命"。要知道,热忱与笨拙的虚情假意会带来两种截然不同的结果。前者是搭起沟通的桥梁,后者却要毁掉这座桥梁。所以,为了能以高度的热忱与客户对话,不妨在进行销售之前先给自己来一段精神讲话,或说些鼓舞的话。虽然自己对自己来一段精神讲话这种方式并不普遍,但是却极为有效,其效果就像教练对球员讲话一样。当你去见客户之前先给自己来一段精神讲话,推销的时候就会讲得更好,也会更成功。

2. 态度诚恳,声音响亮

在与客户沟通的过程中,要让客户感到销售员是诚实的,客户是不愿意和一个虚伪狡诈的人沟通的。因此,销售人员说话一定要恰如其分,符合双方的身份，不然，就会引起客户的反感。

另外，销售员一定要不卑不亢，声音响亮、亲切地与客户交谈，这样才能使客户感到愉快，从而对销售人员产生信任。热情的语言也决定了态度的热忱。

3. 保持微笑

销售开场中，要设法避免重复、机械式的手势或回答，否则，这将是一次生硬、冷淡的销售开场。"伸手不打笑脸人"，这是千百年来流传的一句谚语，只要我们经常锻炼脸部肌肉，随时保持微笑，学会微笑，就能用真诚的微笑去感染他人。

销售开场中确实需要好口才，但真正的好口才来自于对客户热忱的态度。只有用热情的语言，才能表现出对客户的尊重，让客户有亲切感，从而产生对销售员的信任。

第 13 章

推介卖点，激发客户购买欲

销售人员面对客户的时候，对自己所推销的产品进行介绍，是一个必不可少的环节。销售员如何介绍自己的产品直接关系到客户的最终抉择。对此，我们要明白，任何一件产品只有在充分展现其卖点，并与客户的需求结合起来的时候，才能真正打动客户。为此，销售人员一定要熟悉、了解产品的相关知识，掌握介绍产品的方法，以专业、简单的语言向客户解说产品的卖点，不论客户问什么都能够给予完美的解释与回答。只有这样，才有可能说服客户做出购买的决定。

挖掘产品卖点，不为介绍而介绍

销售过程中，我们通常会遇到这样的情况，无论怎么陈述产品的优点，引导客户购买，但客户似乎总是提不起兴趣，最终还是放弃购买。这时，很多经验尚浅的销售员会选择放弃推销或者继续喋喋不休地向客户推销产品。而实际上，这两种做法往往都是无效的。原因是什么呢？主要是销售员只是为了介绍产品而介绍，而这样的介绍无异于产品说明书。此时，如果能转换一下介绍产品的方法，尽量向客户陈述产品的卖点，用产品的卖点打动客户，那么，情况可能会截然不同。

销售情景：

小李是某通信公司的销售代表。最近他要推销公司的宽带，这天，他给一位潜在客户打电话。

"您好，我是××通信公司的小李，听说您最近买了新房子，您有安装宽带方面的需求吗？"

"哦，不好意思，我大部分时间都不在家里，所以宽带基本上用不着。"

"没关系的。对了，听您的说话声音真是动听啊，和您通话我真的感觉很舒服，请问您是在电视台工作吗？"

"你怎么知道的？我就是在电视台担任播音员，所以每天都很忙。"

"刚听到小姐的声音就觉得很动听，与您说话真是一种享受。请问小姐是跟家人一起住吗？"

"我爸爸跟我住……"

"原来是这样啊，那我建议小姐可以安装我们的宽带，因为您想，把一个老人单独放在家里，他会孤独，而且现在老人上网已经是一种流行趋势。最重要的是我们的宽带最大的优点就是年费很便宜，您只需要一个月花费八十元就行了。"

"是吗？这还挺便宜的，要不，你周末来我家安一个吧。"

"好的……"

分析：

案例中，当客户表明自己并不需要宽带服务的时候，小李并没有就此放

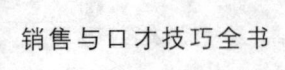

弃,而是继续与客户通话,并利用真诚的赞美获得了客户的好感。此时,小李再询问客户是否和家人一起住,已经消除戒心的客户自然会真实回答,而聪明的小李正是抓住这个契机,找出了客户的购买需求,然后,他再强调宽带服务费便宜的最大卖点,于是,客户就欣然接受了。

可见,我们在推销的时候一定要学会变通,不要单纯为了介绍产品而介绍。要知道,我们的最终目的是满足客户的需求,如果背离这一点,销售业绩只能停步不前。

这则案例同样给我们一个启示:只有充分向客户展示产品的卖点,并挖掘出客户的需求,才有可能令客户动心,最终达成购买协议。那么,具体来说,我们该怎么做呢?

1. 提问法可以帮助我们了解客户的需求

在介绍产品时,如果发现客户对介绍不感兴趣,我们就要思索:产品是不是不能满足客户的需求?此时,不妨通过提问来获取答案。这里提问的方式有两种:开放性提问和限制性提问。开放性提问可以获得大量的信息,但同时也容易偏离谈话的方向;限制性提问可以引导谈话的方向,但是会产生被盘问的感觉。

准确了解客户对产品的需求之后,再围绕客户所需要的产品展开介绍和宣传。了解客户的基本需求是销售人员与客户第一次接触首先要明确的问题。

2. 突出产品的特点与个性

随着市场经济的发展,人们对产品的要求也逐渐提高,并逐渐钟情于那些另类、个性、具有特殊卖点的产品。一旦他们认识到我们的产品具有这些特点,则会难以割舍,他们可能会认为再也找不到这样的产品了,从而产生很好的情感归属。因此要想留住客户,不让客户被竞争对手抢走,首要的问题是必须学会满足客户的需求。增添产品个性化的语言是提高市场竞争力的主要手段。

3. 引导客户对产品服务产生认同

在销售当中,谁是产品专家?应该是销售人员,产品是他们每天都在接触的对象,他们对于自己产品优缺点的了解胜于客户的了解。案例中的销售员小李就很会巧妙过渡,将客户家人的需求很快过渡到自己的产品服务上,从而让客户对自己的产品服务产生认同。

总之,无论我们的产品质量如何,高科技含量多么高,经营的策略多么

先进,都需要以最恰当的方式传达给客户,而不是单纯为了介绍产品而介绍,否则,我们的介绍和产品说明书就没什么不同了。要想真正留住客户,就要满足客户个性化的心理需求。

语言专业,客户才会深信于你

介绍产品是销售中的必经阶段,也是让客户拿主意的关键阶段。销售员在介绍产品的过程中语言表达能力如何也直接关系到客户的最终抉择。任何一个客户都希望与一个专业素质高的推销员合作,因为只有专业才能提供更多的保障。如果我们在产品介绍的过程中语言过于冗杂,势必会让客户没有耐心进行信息的筛选。因此,销售人员向客户介绍产品一定要采用专业、精练的话语,使自己的营销活动尽可能高质量、高效率地展开。

销售情景:

小秋来现在的投资公司担任市场推广员已经有一段时间了,可是,她似乎还是和刚来的时候一样,业务没什么进展,她自己也不知道问题出在什么地方。于是,公司找了一位前辈指导她的工作。

这天,小秋和前辈一起来到某公司。

小秋开始进行推销工作:"陈先生吗?您好!您现在有时间吗?很不好意思打扰您。我姓张,是××投资公司的业务推广代表,我想向您介绍……"

而这位陈先生直率地说:"对不起,我正忙,对此不感兴趣。"说着就告诉秘书:"送客。"

小秋只好离开,就这样连续拜访了几家公司,都是这样的结果。

在小秋连续受到打击之后,这位前辈开始问小秋:"小秋,你知道为什么客户总是在你说了几句话之后便不假思索地拒绝你吗?"

小秋想,现在的客户难搞定是大家公认的事情,我搞不定客户也没什么稀奇。

前辈见她不吱声,便解释起来。

"首先,你应该说明来意,而不是直接问对方有没有时间。哪位客户会说自己现在很闲?另外,你发现没有,你在正式介绍产品前的表达是:'我想

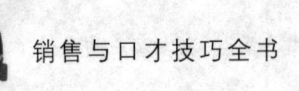

向您介绍……'这样说,一点也不专业,也显得自己很没信心。总结起来,你在和客户沟通的时候,虽然话说得很多,但没切中要害,显得毫无章法。"

分析:

案例中,这位前辈的话是有道理的。向客户介绍产品的语言一定要专业,而不能显得内容冗杂、没有自信。否则,客户是不会取信于你的。

所以,对于销售人员来说,要想在介绍产品时让客户相信你,就需要掌握娴熟、专业、精练的语言表达及技巧。具体来说,销售员需要做到以下方面。

1. 未雨绸缪,介绍产品前要做好各方面的准备工作

我们都有这样的经历,在与某陌生人交谈前,常会因为紧张而词不达意甚至语无伦次。销售过程中同样如此,毫无准备的销售往往会使我们显得局促、紧张乃至说话没有条理,这样不仅不能让我们把握要点地介绍产品,还会因为耽误客户的时间而引起客户的反感。

另外,对于那些疑心较重的客户,销售员在专业语言方面的准备尤为重要。因为这些客户为了证明自己选择的正确性,减少购买风险,常常会向销售员提出各种问题。此时,我们凝练的专业语言就能派上用场,帮助你在面对客户提问时为客户提供满意的答案,而良好的销售技巧则有助于你在销售过程中能够更加适时适度地说服客户。

2. 为客户节约时间,与销售目标无关的话尽量少说

销售人员在介绍产品的过程中千万不要为了与客户套近乎而啰啰唆唆地说一些无关紧要的话,这不仅会使时间白白浪费掉,而且还会令客户感到厌烦——客户的时间也是相当宝贵的。因此,产品介绍一定要紧紧围绕自己的销售目标展开,才能在有效的时间内把产品的卖点传达给客户。

3. 修饰自己的专业语言

对此,销售员需要做到如下方面。

① 结合专业,运用文明、标准的销售语言

例如:"您好!我是北京瑞凯的小张,有一个非常好的资讯要传递给您,现在与您通话方便吗?谢谢您能接听我的电话……"等。

② 面带微笑,使用训练有素的语音、语速和语调

这是通话过程中传达给客户的第一感觉——信任感。增加客户在电话交流时的愉悦感,乐意与你沟通下去。

另外,在介绍产品时还应注意,如果客户是个"门外汉",也就是对产品

不是很了解，要尽量使用通俗的语言介绍，因为太多的专业术语会造成双方沟通障碍。而如果对方对产品比较了解，则应该适当地运用一些专业术语，才能让客户看到我们的专业水准。

怎样说才能突出产品最特别的卖点

销售人员在面对客户的时候，对自己所推销的产品进行介绍，是一个必不可少的环节。但很多销售员在面对客户的最终拒绝时，常会产生这样的疑问：难道是我们的产品不够好？诚然，没有产品是完美的，客户也知道这个道理，但为什么还是有很多销售员能让客户接受那些并不完美的产品呢？为什么还是会不断产生销售冠军呢？原因很简单，因为这些销售员在介绍产品的时候总是能从产品的独特卖点入手，尽量让客户接受产品的优势，弱化其劣势。当然，这也要求销售人员一定要熟悉、了解自己产品的相关知识，掌握介绍产品的方法，不论客户提什么问题都能给予完美的解释与回答，这样才有可能说服客户做出购买决定。

销售情景：

某家庭主妇来到电器商场，准备购买一台冰箱。逛了一圈后，她停留在了某品牌的专柜前。这时，一名销售人员走过来开始介绍自己的产品。

一番介绍之后，客户突然产生这样的疑问：

"小姐，这台冰箱为什么比那一台贵那么多钱？"

"因为这台比那一台要好一些。"销售员答道。

"这个我清楚，可是我想知道的是究竟好在哪里？它有什么突出的优点要值那么多的钱？"客户不依不饶。

"嗯，这个我不清楚，我只是负责卖的。"

客户一听销售员这样说，掉头就走了。

分析：

案例中，客户最终放弃了购买冰箱，原因很简单，是因为销售员不能回答出其中一台冰箱好在哪里，也就是不能说出产品的卖点，客户自然会对她的专业能力乃至产品产生怀疑，放弃购买也是情理之中的事。

可见，销售员要在介绍产品时突出产品的优势与卖点，就必须对自己所

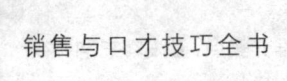

推销的产品相当熟悉和了解，要做产品的专家，要弄明白哪些是产品的物理特性，哪些是能对客户产生价值的部分。只有了解了这些，才能发现产品最特别的卖点。

那么，在介绍产品的过程中，我们该如何说才能突出产品最特别的卖点呢？

1.联系客户的需求介绍产品卖点

销售员在介绍产品的时候要懂得联系客户的需求，因为如果这些产品的卖点不能与客户的需求联系在一起的话，客户是无法对这些卖点留下深刻印象的，那么，介绍也就不能产生任何效用。而相反，如果我们能有的放矢，针对客户的需求强化产品的益处，那么，客户自然会被说服。这就要求我们在推销前必须对客户进行了解，比如客户的工作、兴趣、爱好、家庭状况、生活习惯等。了解了这些之后，向客户推销才能游刃有余，介绍产品才能根据客户的情况有的放矢，并且让客户感到被尊重。

2.突出产品的卖点与优势，弱化无法实现的需求

在客户心里都有理想产品的模式，显然，没有产品是十全十美的，因此，销售员在知晓客户的需求后，要尽量将所销售的产品与客户心中的理想产品进行对比，将那些相似点尽量突显出来，而对于那些无法实现的需求则应尽量弱化。

①突出产品的卖点与优势

每个产品都有自己的优点与卖点，这是毋庸置疑的。产品可能有很多卖点，有的客户喜欢名牌，有的客户喜欢实惠，有的客户喜欢方便，有的客户喜欢好玩……比如，我们可以这样说："您提出的产品功能和售后服务等，我们都可以满足您。另外，我们产品的最大优点是……"在强化产品优势时，销售员一定要确保自己的介绍实事求是，而不是夸大其词的，这样才能得到客户的信任。

②弱化那些无法实现的需求

客户也会知道，世界上没有哪一件产品是完美无缺的，推销的产品在某些方面达不到理想要求也是不可避免的。对此，销售员要采取只提差价和贴近生活的比较这两种方式来弱化那些无法实现的需求。

其一，只提差价，弱化付出。这种方法适用于很多产品的推销。如："只要多付×元，您就可以让孩子享受到轻松便捷、效率高的学习方式。"

其二，贴近生活，弱化付出。销售员可以从大多数人的生活习惯出发，

如："您只要每周少抽一包烟,购买这个产品的钱就出来了。"

对于销售人员来说,仅仅博得客户的好感是不够的,更重要的是赢得客户的信任,使其购买你的商品才是最终的目的。而客户对产品的优缺点有了全面的把握后,才会对产品更放心。因此,销售员把自己产品的缺点对客户坦诚相告反而会取得客户的信任,同时销售员也要注意将客户的着眼点引向产品的优势。这样,客户才能坦然地接受产品的缺点。

因此,我们要想成功地打动客户,突出产品的卖点,就要将产品的优越性以最吸引人的方式或语言展示给顾客。

用数据说话,客户体会更深刻

销售过程中,我们经常听到有些销售人员反映:为什么热情为客户介绍产品,客户似乎总是疑虑重重,对产品不感兴趣?为什么那些客户总是那么理性,始终无法打动他?实际上,这说明销售员对产品的介绍并未对客户起到作用。此时,我们不妨用一组数据说明产品,正如一家公司员工手册上的内容所言:"如果能用小数点以后的两位数字说明问题,那就尽可能不要用整数;如果能用精确的数字说明情况,那最好不要用一个模模糊糊的大约数来应付别人。"的确,销售员在向客户介绍产品的时候,如果能用精确、权威的数字进行说明,能显示出销售人员的专业水平,从而增加产品的可信度。

销售情景：

卡耐基的一次经历可以说是用数字说话的一个典范。他是这样说服一家旅馆经理打消增加租金的念头的。

卡耐基每个季度都要花费1 000美元在纽约的某家大旅馆租用大礼堂20个晚上,用以讲授社交训练课程。

有一个季度,卡耐基刚开始授课时忽然接到通知,要他付比原来多3倍的租金。而接到这个通知以前,入场券已经发出去了,其他准备开课的事宜也都办妥,应该怎样去与旅馆经理交涉呢?经过仔细考虑,两天以后,卡耐基去找经理了。

卡耐基对经理说:"我接到你的通知时有点震惊,不过这不怪你。假如我处在你的位置,或许也会写出同样的通知。你是这家旅馆的经理,你的责

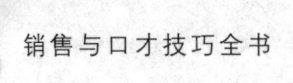

任是让旅馆尽可能多地赢利。你不这么做的话,你的经理职位很难保住,假如你坚持要增加租金,那么让我们来合计一下这样对你有利还是不利。"

"先讲有利的一面。"卡耐基说,"大礼堂不出租给讲课的而是出租给办舞会、晚会的,那你可以获大利了。因为举行这类活动的时间不长,每天一次,每次可以付200美元,20个晚上就是4 000美元。哦!租给我,显然你吃大亏了。"

"现在,来考虑一下'不利'的一面。首先,你增加我的租金,也是降低了收入。因为实际上等于你把我撵跑了。由于我付不起你所要的租金,我势必要再找别的地方举办训练班。"

"还有一件对你不利的事实。这个训练班将吸引成千的有文化、受过教育的中上层管理人员到你的旅馆来听课,对你来说,这难道不是起了不花钱的广告作用吗?事实上,假如你花5 000美元在报纸上刊登广告,也不可能邀请这么多人亲自到你的旅馆来参观,可我的训练班给你邀请来了,这难道不合算吗?"讲完后,卡耐基告辞了,"请仔细考虑后再答复我。"当然,最后经理让步了。

分析:

卡耐基之所以获得成功,只是因为他站在经理的角度想问题,把增加租金与保持租金的好处用数字一个个清楚地表达出来。

的确,在介绍产品的时候,一定要显示出自己的专业素质,尽量权威、精确地介绍产品的各个方面,越是精确、越是权威的数字,越能让客户感受到你的专业性,也就越能获得客户的信任。现在,很多商家都意识到了这种方法的重要性,所以在广告宣传中很多商家都运用数据来说话。比如:

××沐浴露:"经过连续28天的使用,您的肌肤可以……"

"科学证明,我们的电池能待机15天……"

××牙膏:"只需要14天,你的牙齿就可以……"

"我们的洗衣粉能去除99%的污渍……"

"我们已经对全国超过1 000名的使用者进行了连续1个月的跟踪调查,没有出现任何的质量问题。"

那么,销售人员应该从哪些方面用数字说话呢?

1. 产品的性能和指标

比如,冰箱销售员在介绍产品的时候可以这样告知顾客所卖冰箱的省电量:"你知道吗?即使这款冰箱二十四小时都在使用中,相比其他品牌的

冰箱,可以节省××度电。"这样说不仅能体现出销售人员的专业,更为重要的是该冰箱的优越性能立竿见影。

2. 产品的普及程度

比如,销售员可以告诉客户所销售的彩电已经在全国多少个省市畅销,获得多少消费者的好评等,如此一来,产品的质量也就有了一个很好的证明。

3. 购买产品会给客户带来多少好处

客户最关心的是利益问题,而真切的数字会让客户更信服。比如,推销机器的销售员可以这样告诉客户:"假如从现在开始使用我们的机器,那么,在一个月以内,贵厂的产品出产量将会增加××,收益会增加××。"

用数据和事实来说服客户同很多销售技巧一样,虽然具有很好的作用,能增强产品的可信度,但如果数据本身的可信度有问题,比如数字不准确或者虚假、夸张等,都会引起和客户之间的信任危机。因为一旦客户发现这些数据有问题,就会对销售员本人乃至整个公司的产品产生质疑,这样无论对销售者还是企业来说,都会产生无法估量的恶劣影响。

总之,如果我们能使用一些真实、准确的数据,并做到适时使用,那么,客户对产品一定会有更为深刻的认识。

利用比较,巧说产品的与众不同

在介绍产品的过程中,客户免不了会有一些反馈意见。但有时候,我们会发现,客户总是觉得我们的产品不够好,这也正是让很多销售员头疼的问题。对此,销售员对客户的意见不能轻视,更不能心存芥蒂。因为俗话说得好,对你的销售没有意见或者不嫌货的人往往是走马观花的看客,他们是不会把精力浪费在你身上的。其实,客户嫌货,是因为客户没有对同类产品的价格或者对同等价格的产品有比较系统全面的了解,只要我们善于比较,自然会消除客户对价格的疑虑。

销售情景:

客户:"听你这么说,我觉得你们的产品挺好的,但我还是觉得M公司的设备比较符合我们的要求,而且他们的价格比你们的要低得多……"

销售员："的确,他们公司的产品价格比较低,而且他们的设备也不错。但是我们的产品更适合你们。这是因为,首先贵公司每年的维修费就是一笔巨大的开支,产品的使用寿命是贵公司需要考虑的关键问题,再加上贵公司的生产方式需要一种高性能、高效率的设备,且要考虑设备长久的资源利用率,我们公司的产品刚好可以与贵公司的旧设备共同作业。您觉得呢?"

客户："嗯,你说得也有道理。可是你们公司产品的价格与他们公司产品的价格相差甚远,而他们公司的设备质量也不错。"

销售员："他们的质量确实不错,这是一份产品故障调查报告,我们的设备故障率只有1.2%,不知道对方有没有这样一份故障调查报告。据我所知,他们的故障率一直都在5%左右。这样算下来,贵厂将会为此多付出几万元钱。"

分析:

情景中的销售员运用的就是比较的方法,让客户看出了产品的优势,综合考虑后的客户必然会做出正确的选择。

世界上没有完全相同的两片叶子,自然也没有完全相同的产品,这样就有了优劣之分。因此,在介绍产品的过程中,销售员运用比较的方法则能突出产品的特点和优势,对于说服客户有很大的作用。

比较的方式有很多种,一般来说,有横向对比、纵向对比、同类产品对比、不同类产品对比等几种方法。而通常情况下,最常见的两种方式是向客户对比不同种类产品的优势,或者将竞争对手的产品与自己的产品进行对比。另外,我们除了对比产品的价格外,还可以对比产品的性能、服务等,但无论运用哪种对比方法,对比产品的哪些方面,都是在传递同一个信息,那就是产品的优势。通过对比让客户找到最满意、最适合的产品,从而激发客户的购买欲。

总的来说,有以下几种对比。

1. 价格对比

这种对比方法可以说是最常见的,是销售人员用所推销的产品与同类产品进行比较,用较高的同类产品价格与所谈的产品价格作对比,从而让客户明显感觉出便宜的方法。很明显,所谈的产品价格显得低了些。但运用这一策略时,我们还需要注意以下几点。

①销售人员手中至少要掌握一种较高价格的同类产品,当然,掌握得越多越好,这样才更有可比性。

②对自己的产品要有信心。

这就要求销售员在客户批评自己或者自己的产品时做到耐心倾听，相信自己的产品，等客户批评完之后，再予以解释，巧用价格比较。这也体现了一个销售员的修养问题，然而，很多销售员在介绍产品时，一听到客户抱怨产品，就按耐不住心中的怒火，有的甚至和客户理论起来，这是万万不可行的。

③把握客户心理，让客户自己在内心作比较。

销售员在做价格对比的时候，最重要的还是要把握客户的心理。"对比出效益"，当我们就产品的价格进行对比之后，并不需要过多地进行进一步的解释，而是要让客户自己在内心作对比，并得出结论，这远比我们来告知他们妙得多！

2. 价值对比

客户：我觉得你们的设备挺符合我们的要求，只是在质量方面我还是有点担心。因此，我觉得有些贵。

销售员：这个您完全可以放心，国家质检部门已经做过多次检验了，我们所有设备的合格率是90%以上，而且这个型号的设备质量比其他的都好，它的合格率达到了95%，而其他公司的产品才85%。

客户：是吗？

销售员：是的，您看，这是产品相关的质量合格证、质检部门的检测报告……

客户：是这样啊。

销售员：目前这款设备已经在全国20多个城市销售了100多万台，重要的是直到现在我们仍然没有接到任何关于这款设备的退货要求。所以，您大可放心。

这段案例中的销售员就是利用人们最关心产品质量的这一心理，将自己的产品与行业内的其他产品进行对比，使客户消除了对产品质量的疑虑。

总之，介绍产品的过程中，在客户有购买需求的前提下，只要巧用对比，让客户感觉到物有所值，客户是一定会购买的。

◆第 14 章◆

消除疑虑,客户的心结全靠你来解开

销售过程中,客户对产品总会存在着这样那样的疑虑。你向客户讲解具体的产品性能,客户却因为成见而不置可否;你向客户报出最实惠的价格,客户却以为你在漫天要价;你真诚地对待客户,客户却以为你包藏祸心、小心提防……这些疑虑正是阻碍成交的最大障碍,无形中也给我们的销售工作带来了难度。此时,我们要想成功推销,就必须解开客户的心结,探明客户的真实意图,并做到有的放矢,针对客户的不同疑虑采取不同的措施加以解决。

先给客户一颗定心丸,防止客户疑虑过多

在销售过程中,客户总会存在这样那样的疑虑,而这正是阻碍成交的最大障碍。其实这也是有原因的,有些销售员为了尽善尽美地展现产品,总是报喜不报忧,甚至把产品吹嘘得趋于完美,并刻意隐瞒产品或服务的缺陷;交货日期明明需要一个月,却说只要二十天;所销售的电脑明明辐射较大,却说此电脑的辐射是行业里最小的……即使你这样说,也未必会取得客户的信任,相反,客户迟早会发现你的"伎俩",给销售造成更大的障碍。而实际上,客户的一些疑虑我们完全是可以预防的,比如,主动说明产品的某些无关紧要的缺点,或者主动提出客户的疑虑并予以解答,这样反而会使客户对我们产生信任。

销售情景:

小齐是一名供暖设备推销员。一次,他要将一批供暖设备推销给某假日酒店,客户对他的产品很感兴趣,但到最后,却没有如预料中那样顺利成交。小齐知道问题是出在价格上,于是,他主动提出:"王总,我明白,可能您觉得我们的产品贵了些,这一点我也承认,但在刚才我给您演示的产品过程中,您也看到了,我们的设备完全是一套节能环保型设备,甚至可以变废为宝,这是其他任何供暖设备所不能做到的,也会为贵酒店带来很多可观的收益……"小齐说完后,对方连连点头,最后顺利签了约。

分析:

这则销售案例中,销售员小齐之所以能成功说服客户购买,就在于他能在客户提出价格异议前主动告诉客户产品"贵"的原因。这样,客户就会打消"购买价高产品会吃亏"的疑虑,自然会选择购买。

而在实际销售中,有很多销售员认为,关于产品,客户知道的越少越好,甚至认为有时候歪曲一下事实是"聪明"的表现,是自己口才好的重要体现,因为客户相信了。但是客户在使用产品的过程中迟早是会发现问题的,一旦发现了,也就对销售员失去了信任。

所以,每一个销售员都应该明白诚信是维持友好客户关系的根本,只有以诚实的态度和恳切的心情去与客户打交道,才能拥有更多客户,销售工作

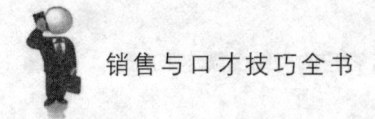

才能更好地进行下去。

那么,在销售中为了防止客户疑虑过多,我们该怎样取得客户的信任呢?

1. 使客户主动说"是",承认我们产品的优点

销售过程中最具有说服力的劝服技巧无非是让客户自己承认产品的优良、服务的到位等,让客户在拒绝之前先说"是",就能有效将客户的拒绝遏制住。比如,你可以对客户说:"××先生,您应该知道向来我们的产品都比A公司的产品价位低一些吧?"

当然,销售员在让客户肯定某些销售情况时,必须要实事求是并对该情况有十足的把握,不能让客户抓住把柄。

2. 自曝其短,主动说出一些小问题

现实销售中,我们可能经常对一些销售前辈们的做法感到不解。为什么他们会主动向客户透露一些产品的缺点?这样做不等于赶走生意吗?其实,并不是如此,这些销售前辈们的做法是正确的。因为任何一个客户都明白,没有产品是完美无缺的,如果我们一味地只提产品的优势,掩盖产品的不足,反而会引起客户的更多疑虑甚至反感。"不打自招"则会打消客户的疑虑。

但同时也要注意,在说这些问题的时候态度一定要认真,让客户觉得你足够诚恳,而这些问题又一定是无碍大局的,不影响产品给客户的整体印象。例如某些技术型的产品外观不是特别美观,如果你能先提出,反而会使那些理智型或挑剔型的客户更快对你产生好感,这样接下来的沟通也会更加通畅。

3. 巧妙地告诉客户真相

我们告诉客户某些产品的缺陷和不足也是讲究技巧的。告诉客户产品的真实情况并不是说销售员要将所售产品的问题简单地罗列在客户面前。如果销售员冒冒失失地将产品的某些缺陷告诉客户,客户可能会因为接受不了这些缺陷而放弃购买。如果销售员掌握一定的技巧,不仅可以赢得客户的信赖,而且还可以更有效地说服客户,使客户产生更加积极的反应。比如,可以转移话题,告诉客户产品其他方面的优点,许多时候当你运用恰当的技巧诚恳地解释清楚了个中的原委时,明理的客户不但不会产生不良情绪,反倒会被销售的诚实可信所打动。

总之,销售员必须明白,真正的销售技巧就是要让客户长期信任你,为

此，销售员有时候不妨主动自曝其短，主动告诉客户产品的某些真实情况，以获得客户的信任，打消客户的疑虑。

探明客户表面疑虑后的真实意图

客户存在疑虑，这毋庸置疑，但若客户是为了提防销售人员，或为了掩盖自己的真实意图表现出的假疑虑，这无形中就给我们的销售工作带来了难度。此时，我们要想成功推销，就必须探明客户的真实意图。

销售情景：

某化妆品店内来了一位年轻的小姐，她在店内转悠了半天，在一款化妆品面前停了下来，并试用了一些产品。

销售员："小姐，这款化妆品是我们专卖店内目前销量最好的产品。您用起来感觉怎么样？"

客户："是吗？我还是觉得不适合我的皮肤。"这位小姐一边说，一边看产品标签，脸上完全没有了刚才试用产品时的笑容。这让聪明的销售人员马上看了出来。

销售员："小姐，这是我们今年限量款的主打产品，适合任何肤质的皮肤，所以您可以放心使用，这也是为什么我们的化妆品比其他产品稍微贵点的原因。"

客户："的确，这套产品价格真的太贵了！"

销售员："小姐，那您认为贵了多少钱呢？"

客户："至少是贵了400元吧。"

销售员："小姐，那您觉得如果选用我们的产品的话，可以用多久呢？"

客户："这个嘛，我比较省，怎么也要用半年吧。"

销售员："那么，使用您以前用的那种化妆品呢？"

客户："原来那个两个月要买一套吧，因为效果不太明显。"

销售员："这就对了，您看，您原来那个牌子的化妆品是200元一套，可以用两三个月，我们按照三个月计算，半年您需要花400元，但是小姐，实不相瞒，我们这种化妆品如果您用得比较省，至少可以用一年，这是所有客户共同得出的经验，由于它富含的营养成分比较多，所以只要稍微用一点就可

以了。"

客户："真的是这样吗?"

销售员："这是我的客户共同的见证。您看看我们的意见反馈表……"

客户："这样啊,好,我相信其他女孩子的眼力……"

分析:

这则案例中的化妆品销售员是非常聪明的。当客户提出化妆品不适合自己时,她通过观察客户的动作发现了客户可能是另有其他原因。于是,她采取试探的方式,对客户说:"这也是为什么我们的化妆品比其他产品稍微贵点的原因。"对于这一说法,客户立即表示赞同,也就是说销售员的猜测是正确的。接下来,销售员把工作重心放到了如何解决客户的价格疑虑上,从而达到了有的放矢说服客户的目的。

在实际销售中,客户的真实意图和借口是比较难区分的,因为这两者之间不存在一个确定的界限,两者是随时随地在发生变化的。销售员如果想有效区分开这两者,除了具备丰富的产品知识外,还要善于在销售中总结经验,提升自己的辨别能力。那么,销售中,我们该如何探明客户表面疑虑后的真实意图呢?

1. 观察客户的非语言

人们对待他人的态度在语言上可能会有欺骗性,但在神态、表情和动作上是很难隐藏的,所以销售员要善于观察和分析,然后准确地判断出客户在眼神眉宇间透露出的不同信息,这样便很容易了解客户表达的异议是否真实了。比如,当客户说:"这件衣服是很早以前流行的款式,现在早就过时了!"或者"这种照相机的功能我很喜欢,但是它的样子太丑了。"但客户的眼神却始终不肯离开产品,这就说明他所说的并不是他真正想法,而是借这种假象来取得销售员的让步。

2. 看客户提出的异议与产品的关系是否密切

当销售员向客户介绍关于产品的某些情况时,客户却突然问起与这毫无关系的问题,而这个问题多半是客户不想购买的借口。比如:

销售员："太太,我们这种美容按摩器可以有效促进面部的血液循环……您看过××明星为我们产品做的代言吗? 其实××已经50多岁了,但看起来却像是30岁的人……"

客户："广告都是经过后期制作才出现那么好的效果的,你亲自在拍摄现场看到××了吗?"

3. 观察客户听完异议解释后的态度

客户提出异议,当你对这些异议一一作答后,如果客户还表现出漫不经心的态度,甚至继续问些不着边际的问题,那么,说明销售员还没有找出他的真实意图。

在实际销售中,客户很可能会隐藏自己的真实意图,甚至会表达出各种各样的借口,判断出真假异议之后,针对真的异议,销售员要采用相应的解决方式;而对假的异议,销售员则应该通过提问或旁敲侧击的方式来判断出客户的真实意图,从而更好地应对,做到有的放矢。

不要直接否定客户的异议,委婉侧击更好

销售过程中,客户难免会对产品产生异议,甚至对产品存在某些误会。但无论客户说出什么样的话,销售员都不能直接反驳,那样会让客户很没面子,甚至与你大动肝火。如果客户所说的话是无关紧要的,销售员可以置之不理,继续交谈;如果客户对于产品或服务有误解,则应该采取先肯定后否定的谈话方式委婉回应,如"您说的没错,但是……",也就是先同意对方的观点,然后再以一种合作的态度来阐明自己的观点。

销售情景:

某保健用品公司的销售员正在与客户沟通保健仪器的事。

销售员:"先生,您好!我是××保健仪器公司的销售员。您看,这是我们公司新研制的保健仪器,目前刚刚投入市场,非常受欢迎。它对腰椎、颈椎、肩膀都有很好的保健功效,特别适合有颈椎病的患者使用……"

客户:"请你等一下,你是哪个公司的?"

销售员:"我是××保健仪器公司的。原来您知道我们的牌子,那就更好了。您以前一定接触过吧?"

客户:"听说过,没敢接触。你们的产品谁敢接触啊!"

销售员:"您这话是什么意思?"

客户:"听说你们的产品质量经常出现问题,还出过一些事故呢,而且听你的介绍,价格也不便宜,我可不买这样的产品。"

销售员:"谁说的,我们的产品从来没有出过质量问题,我们的产品还出

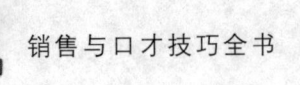

口呢,怎么可能有问题,真是的!"

客户:"谁不说自己的'瓜'甜,质量再差的产品在你们的嘴里也能成为优质产品。你们的产品我不需要。"

销售员:"怎么会?您不能随便相信外面的传言啊。我们公司的产品是有质量保证的,您看这是产品质量鉴定书,还有获奖的宣传册……"

客户:"不用看了,用不着你来教育我,自己的产品有问题就不要到别人身上找原因。你还是走吧。"

销售员:"你这个人怎么这样不讲道理!"

分析:

案例中,这位销售员犯的最大的错误就在于直接反驳客户,与客户发生争执。假如他能以实事求是的态度倾听,用婉转迂回的方式沟通,销售结果恐怕大相径庭。的确,对于客户的异议,若销售员直接否定客户,就如同用一把大刀将销售工作拦腰切断。一旦对客户直接反驳,销售工作将很难再开展下去,销售员再努力也无济于事。

在销售过程中,客户提出异议,这是很正常的,任何人在购买产品或服务的时候都希望能质优价廉,这也是阻碍我们销售进程的主要原因。对于客户的异议,有时候是真实存在的,但也有一些来自于客户对产品的不了解。特别是对于后者,一些不够理智的销售员和销售新手们很可能会直接反驳客户,表面上看这样直截了当地反驳客户是维护产品的信誉,纠正客户的观点,但实际上这样做无疑会流失掉客户。所以,销售员都应该借鉴上面例子中的教训,拿出耐心和诚意心平气和地与客户沟通,才能让销售变得顺利。

那么,我们该如何温婉地否定客户的异议呢?

1. 先肯定客户的异议

使用先肯定后否定的迂回战术,销售员既表达了自己的观点又不伤害与客户之间的关系,销售工作自然能够继续开展下去,这也是优秀销售员在面对客户提出异议时经常使用的方法。比如:

客户:"现在的学生根本不认真读书,连学校的课本都不愿读,哪里会看课外读物?"

销售员:"是啊,现在的孩子是不怎么喜欢读书,正是考虑到这点,我们在策划图书的时候也就是从这点出发,力图形式新颖,内容丰富,孩子们一见就会喜欢上它……"

对客户提出的反对意见先给予肯定,这种方式比较适用于那些客户并不十分坚持的反对意见,这些意见大多是客户作为拒绝的借口,或者产品上的一点小问题等。

2. 保持良好态度

"客户永远是上帝",这是每个销售人员应该遵循的信条。的确,有时候可能客户的异议让我们感到为难甚至不悦,但无论如何,我们都不要直截了当地否定,更不能与客户发生争执,而是要拿出销售员应有的热情和诚恳,耐心地与客户沟通,尽量在言语间表达自己的良好态度。语言组织得完整,更易于被人接受。

3. 用事实说话

很多时候,客户有异议,大多是因为听信了某些不实的传言,或者是一些自身认识上的原因。销售员对于这样的客户,最好的方法就是用事实来说话,用真实、准确、全面的知识和数据来说服客户,从而纠正客户的错误观点。

总之,不管客户存在什么样的异议,不管发生什么样的事情,销售员都不能直接反驳客户,而要使用正确的方法加以处理,体现出一名销售员应有的素质。

利用其他客户巧堵客户异议

在销售过程中,无论是否最终购买,客户似乎总是会有这样那样的异议,甚至有时候洽谈伊始,销售人员就要遭受一盆冷水。其实,这是因为客户对我们心存戒心,对我们不信任,认为销售员是为销售而销售。此时,如果有第三者出现并支持我们的产品,为我们说话,那么,客户对我们的信任度也会大大提高。所以,不妨利用"第三者介入"的方法来扭转客户拒绝的局面。

销售情景:

杰克是一家燃气公司的推销员。一天,他来到某小区,准备向准客户詹先生推销自己的产品。简单的介绍之后,詹先生的回答很让人失望。

"我没用过你们公司的产品,不敢相信你们,万一有个好歹,后悔都来

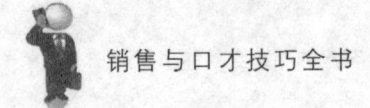

不及。"

"詹先生,您多虑了,如果我们公司的产品真的出过事故,那么,我还会站在这里与您交谈吗?而且,产品的质量是我们推销最有力的武器。"

"这倒也是,不过口说无凭,我还是不敢相信你。"

"詹先生,您看,这是上半年我们公司的销售情况表……"说着,杰克便把一本销售目录拿出来给客户看。

詹先生一看,他所在的小区居然有一半以上的用户都是用的杰克推销的燃气。为了确定杰克的推销目录的真实性,詹先生还拨通了这些邻居家的电话,证明杰克所说属实。后来,詹先生二话不说,购买了杰克的燃气。

分析:

从案例中,我们看到,杰克之所以能打消詹先生对产品质量的疑虑,说服詹先生购买自己的燃气,就是因为杰克出示了最有力的证据——销售目录表,其他客户的购买就是产品质量的最好证明。从这则案例中,我们可以发现巧借第三者的介入在消除客户拒绝中的重要作用。

研究表明,客户虽然有千万个借口对销售人员的推荐做出拒绝反应,但根源往往归结为习惯性使然。客户对产品存在异议,并不是因为客户真的对产品不满意,而是因为他们与生俱来的对新事物的防备心理,此时,只要我们主动采取措施,利用第三者的介入改变客户的态度,让客户信任我们,从而使客户产生购买欲望。

具体说来,我们可以这样做。

1. 让第三者帮你说话

如果有"第三者"为我们说话,客户的这些疑虑很容易就能打消,因为在客户看来,"第三者"的利益和很多客户的利益是一致的。

在销售过程中,当客户对产品提出异议后,我们可以临场发挥,让销售现场的客户帮我们说话,比如,你可以这样询问其他客户:"请问您对我们的产品还满意吗?"

当然,在选择其他客户的时候,要尽量选择那些情绪佳、满载而归的客户,这样,他们才会给我们所要的答案。

2. 向客户表明产品的畅销度

比如,在向客户推销产品时,客户对产品和销售员的话心存质疑,你可以拿出产品的销售业绩表,对客户说:"这是我们上个月的销售一览表,我们的产品效果是获得了很多客户认可的。"

3. 向客户展示产品的权威性

我们除了可以表明产品的畅销度以外,还可以向客户展示产品的权威性。我们可以举出一些有影响力的实例来说明,比如,销售人员对客户说:"我们的产品你大可放心地去使用,××公司一向对产品质量的要求非常严格,我们公司就是他们的供货商。××公司是经过很长一段时间的考察最终选择了与我们公司合作的。现在,我们已经与这家公司合作了整整5年,从来没有出现过任何差错。虽然今天是第一次与贵公司合作,不过我相信我们一定能保持长期合作。"

但对于那些追求个性的客户,我们不要试图用其他客户来影响他们,他们对销售人员所举的例子不屑一顾,即使再大的客户,再有影响力,再权威,他都不会效仿。

当然,第三者介入法的运用在解决客户的拒绝上的确能起到有效的作用,但是也要注意讲究职业道德,不能靠拉帮结伙欺骗客户,否则会适得其反。

◆第 15 章◆

电话销售，传来的声音一样能促成销售

电话约见客户为买卖双方都带来了便捷，约见事宜通过电话来解决使得销售员免除了奔波之苦，也为客户节约了时间。成功地给客户打电话需要掌握一定的技巧。可能很多销售人员都在给客户打电话的时候吃了"闭门羹"，实际上，客户并不是对电话销售这种模式反感，而是对拨打电话的人不满。同一个公司的电话销售，不同的销售人员拨打可能就会有截然不同的效果，销售人员的能力起着举足轻重的作用。电话销售人员掌握娴熟的销售技巧一样能让客户接受，从而促成销售。

电话销售的语言流程怎样才合理

随着通讯行业的兴起,电话为销售人员的工作带来了便捷,通过电话与客户展开沟通也成为每一位销售人员每天的日常工作中必不可少的一项工作。对于这种销售方式,一些经验尚浅的销售人员可能会简单地以为电话销售不就是打电话,向客户表明自己的身份以及推销目的,再向客户介绍产品,但实际情况并非如此,如我们不谙合理的电话销售语言流程,就会出现这些情况:当我们还未道明致电目的的时候,就会遭到客户毫不留情的拒绝,甚至干脆挂断电话不再给销售人员以任何推销的机会。

销售情景:

小周毕业后在一家弱电系统公司担任销售员。有一次,他准备向某大型房地产公司推销自己的产品。

他拿起电话很快拨通了一串电话号码,等听到另一端的人拿起电话之后,这位销售人员便热情地打招呼说:"喂,您好!请问是张经理吗?"

客户那端的电话很快便回答说:"您好,我就是,请问您是哪里,找我有什么事?"

听到对方承认自己就是张经理,小周就表明自己打电话的来意:"张经理呀,我是××公司的周××,是这样的……"小周本想继续介绍自己公司的产品,但却被客户十分懊恼地打断了:"你是不是搞错了,我们公司不是开发××住宅小区的公司,同时我也告诉你,我们公司根本就不是房地产开发公司,从来就不曾开发过任何一个住宅小区,而且以后也不会涉足房地产开发领域。"听到客户这样说,小周很吃惊,不过他仍然不失耐心地问道:"请问您不是张经理吗?"然后他便听到客户非常生气地说:"我是姓张,可是姓张的就一定是你们公司的客户吗?不一定吧,对不起,我很忙,请你不要打扰了。"说着,这位客户就已经挂断了电话。

挂了电话后,小周再仔细查看自己的电话记录时才发现,原来之前打的这个号码是另一家客户公司的电话,那家公司的相关负责人同样姓张,但该客户公司是一家大型连锁超市,而并非房地产开发公司。

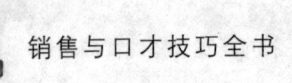

分析：

案例中，销售员小周之所以会出现张冠李戴的情况，是因为他的准备工作没做充分，在电话伊始时也没有对准客户进行确认，结果不但大大浪费了自己及客户的宝贵时间，而且还引起了客户的不满。假如他能事先弄清楚情况再打电话给这位客户，恐怕也会顺利取得良好的效果。

实际上，电话营销中的话术是有一定流程的，需要销售人员掌握相应的步骤与程序，尤其是对于刚刚进入电话营销这一领域的销售人员来说，着实有必要在开展具体的电话营销工作之前了解电话营销工作的一些基本程序与步骤。

那么，具体来说，我们该怎样掌握电话销售的流程呢？

1. 做足准备工作

销售员在拨出电话前要对所推销的客户进行一系列的了解和分析，应当首先准备相关的客户信息与资料，并且要将这些相关的信息与资料进行认真整理，这样一方面可以使自己在打电话之前更加充分地了解客户的相关信息，另一方面也能够帮助自己更加准确地找到目标客户。

2. 确认客户身份

在开展具体的电话营销活动当中，尤其是电话拜访陌生客户的时候，销售人员一定要在礼貌打完招呼之后认真确认客户的身份以避免出现案例中的情况，同时这还有助于销售人员更加快捷地找到目标客户。

比如在拨通电话之时，首先要热情而不失礼貌地询问："您好，请问这是××公司吗？"而如果直接问"您是××经理吗？"就很容易搞错对象。

3. 开场白

一般来说，在电话营销中有效的开场白时间只有20秒钟。也就是说，当你拨通电话进入实质性的沟通阶段后，只有20秒钟的时间让客户对你的介绍产生兴趣从而产生进一步沟通的愿望。

充分利用这20秒钟，就要做到使客户对你的谈话产生兴趣和认同感，从而购买你的产品。同时，尽量以情动人，淡化你的利益。

4. 确认需求

没有需求的推销最终是失败的，因此，在电话拨通后，销售员依然不能忘记确认客户的需求。

销售员在确认客户需求的时候，要从以下几个方面努力。

①在产品介绍的过程中要多介绍产品能给客户带来的利益。

②要注意倾听。真正的沟通是听与说并存的。销售员只有认真倾听，才能倾听出客户的需求。

③多动手记。好记性不如烂笔头，记录好谈话内容与客户购买情况等才能找出问题所在。因此，销售员每打完一个电话，不要急着打下一个电话，花一点时间回顾电话过程，总结这一次电话的经验。

5. 处理异议

这个过程是电话销售中最为关键也是难度最大的过程，考验的是销售员的耐心。一些销售员在听到客户说不需要后，就放弃推销，也有一些销售员甚至与客户发生争执，这都是错误的做法，真正优秀的销售员从异议中看到的不是销售的失败而是希望和机会。客户购买产品肯定有这样那样的疑虑，我们的工作任务也就是要消除客户的这些异议，当然，除了耐心外，还需要我们实施一些销售技巧。

6. 结束时的礼貌用语

挂电话前，我们绝不能忽视礼貌用语的"对不起，耽误您不少时间"的作用，看似多此一举的话却体现了我们的自身素质和涵养，给我们的电话推销画上一个圆满的句号。

如果能在电话销售中遵循以上几个步骤，会对我们成功推销产品大有帮助！

让客户拿起电话的一瞬间就被你吸引

可能很多销售人员都发现在每天的电话营销过程中都可能会遇到客户的"闭门羹"。在这种现实情况面前，如果我们能在电话拨通前就对自己的开场进行充分准备，尽可能地让客户在拿起电话的一瞬间就被吸引，从而使自己更多地赢得客户的好感，为今后能够更好地突破客户拒绝提供有利机会。

销售情景：

"张经理，我听说贵公司每年花在电能消耗上面的钱都是一大笔开支，今天我正是想告诉您可以有一种方式帮助贵公司节省一半电费……"

这是某品牌节能装备销售员小王在为自己的产品作电话销售，很快，她

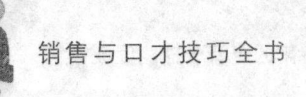

就受到该公司的邀请。

分析:

很明显,我们发现,销售员小王的开场话术是有效的,因为这段话引起了客户的兴趣。一般来说,电话开场中最重要的是前20秒钟,销售人员如能把握住这20秒钟做到有效开场,就能让客户在一瞬间就被你的话吸引,产生继续听下去的愿望。

为此,我们需从以下几个方面努力。

1. 唤起客户的兴趣

与人沟通,人们都希望谈及自己最关心的问题。相反,对于那些自己不感兴趣的事物,客户一般会搁下话筒。因此,销售员打出电话后最重要的任务就是尽快提起客户的兴趣。为此,销售员必须精心准备,通过声音、语言和技巧等打动客户,从而引起客户注意,让客户产生兴趣。那么,我们该如何唤起客户的兴趣呢?

①提问

以提问的方式开场能引发客户的思考,有利于交谈继续下去。当然,这需要我们对客户进行多方面的了解,才能提出有效的问题。

②为客户指出存在的问题及其严重性

例如:"张先生,您知道,每年我市这种娱乐场都会发生程度不同的火灾,我们不能预测灾难,但一旦灾难发生的话,就没有办法挽回了,因此我建议您能了解一下我们推出的……"

③赞美

"我在××报纸上读到了您的一篇文章,您的计划可以说是非常成功的。我对您的计划非常好奇,您是怎样先人一步想到这个计划并加以实施的呢?"赞美是有技巧可言的,有时候赞美不仅能赞美客户,还能提高自己。

2. 巧妙表明致电目的

①由第三方引荐。例如:"您好,在您百忙之中给您致电主要是因为我从我们都认识的周先生那儿得知,您最近急需一批办公用品,是吗?我想我可以帮您这个忙。"

②提及客户最近的状况。例如:"贵公司最近曾经组织员工进行了一次旅游活动,那么……"

③销售过程跟进。例如:"我来电是想了解一下,我们按您的要求寄出的公司介绍是否就是您感兴趣的内容……"

3. 站在客户的角度说话

通常来说,客户对于陌生的销售电话都会本能地心存戒备,认为销售员是为推销而推销,而如果我们能站在客户的角度说话,多考虑其利益,那么,他们的戒备心会消减很多。

①强调产品卖点

如果你所销售的产品有某种特殊的功能,能解决其他产品不能解决的问题,那么就要强调这一卖点,比如:"现在的手机最大的问题之一就是待机时间不够长,经常给我们的生活和工作带来不便,为此,我们新推出的这一款手机已经解决了这一问题。一般情况下,它的待机时间可达一个多星期……"

②表达产品给客户带来的利益

现代人购买产品更注重产品能带来的利益,作为销售员可以抓住这一点,尽可能帮助客户更多地了解产品带来的利益。例如:"如果我能向您展示一下如何将贵厂的工人效率提高30%,您会有兴趣和我讨论吗?"

因此,总的来说,在电话开场的过程中销售员要做的就是先向客户介绍自己与公司,然后逐渐将精力放在如何引起客户的兴趣和注意力上。销售人员做好了这些,可以说已经突破了障碍,向成功迈进了一步。

接线人为难你时,该怎么说才能让准客户接电话

销售员在正式与客户成交之前,出于生意上的往来很多时候需要和客户通电话联系,但挡在销售员和客户之间的还有接线员、秘书的询问和盘查,稍有不慎就会被他们回绝,掐断与客户的联系。我们要想直接和客户通话并非易事,销售员要想把电话打进决策层和客户顺利沟通,就必须绕过这些障碍。

销售情景:

销售员:您好,请帮我找一下老李。

秘书:请问您是哪位,您有预约吗?

销售员:我是陈路,我有私人问题要找老李,帮我转接一下。

秘书:请问是什么事,我帮您及时转告。

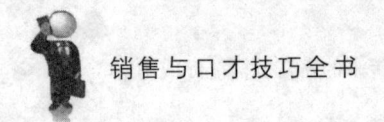

销售员：如果您能解决老李的私人问题我就告诉您，否则请帮我转接老李。

秘书：那请您稍等一下。

分析：

情景中，我们可以看出，这位电话营销人员抓住了接线人员不敢过问领导私人问题的心理，用领导熟人的口吻与身份要求接线人员转接电话，从而顺利把电话打到客户那里。

的确，一般情况下，许多公司和单位经常会被一些推销人员困扰，导致了他们对推销似乎形成了一种条件反射性的拒绝，许多公司负责人都规定秘书或总机不能将推销电话转接给自己。销售员想通过层层关卡并不容易。但如果我们能和案例中的电话营销员一样，用熟人的口吻以私事为名要求接线员转接电话，接线员一般不敢阻拦，比如，销售员可以这样说："小姐，麻烦您帮我转接一下李伟，也就是你们的李经理。我是他老家的亲戚，这是长途，麻烦快一点，谢谢！"

那么，销售人员究竟该如何去顺利突破这些障碍呢？

1. 尊重接线人员

作为销售员，如果想和决策者顺利通话的话，就绝不能得罪这些接线人员。为此，在电话接通的时候，销售员一定要给足秘书面子，最重要的是尊重他们，赢得接线人员的信任和好感。我们不仅要在电话中保持应有的礼貌和尊重，学会礼貌的寒暄、速度不紧不慢、结构的条理性等，必要时还可以同接线人员发展良好的友谊，以增加成交几率，切不可因为秘书不是决策者而敷衍了事。

2. 回电避开关卡

一般来说，接线人员与决策者之间不可能事事沟通，为此，我们就可以利用这一缺陷，利用回电法避开接线人员的盘查。如：

秘书：您是哪位，请问您有预约吗？

销售员：不好意思，我是王林，刚才李总给我打电话了，我没接到，可能有什么重要的事情，您帮我转接一下，谢谢！

3. 选择接线人员工作之余的时间致电决策者

接线人员也需要休息，而作为决策者的公司负责人往往会比他们更多地待在办公室。所以，销售员可以趁接线人员不在的情况下直接与客户取得联系。

4.私事法

一般而言,接线人员只负责公司的工作事务,对于决策者的私事他们无权过问和干涉。销售员可以利用私事作为借口,避开接线人员的障碍。如:

销售员:小姐,麻烦您帮我转接一下李伟,也就是你们的李经理。我是他老家的亲戚,这是长途,麻烦快一点,谢谢!

"帮我转接一下李伟。"销售员这样直接称呼负责人的名字,接线人就会认为可能××真的是你的亲戚,也就不会过多怀疑和阻拦。或许你根本不认识负责人。

5.灵活赞美法

每个人都长着爱听赞美语言的耳朵。没有人会拒绝他人真诚的赞美。销售中也是如此,学会赞美让我们赢得支持者。与接线人员套套近乎,赞美一番,有利于我们获得对方的好感。例如:

销售员:您工作多久了,听起来可真是训练有素啊!您这么认真负责,公司一定很器重您吧?

销售员:您的声音真好听,你们是不是经过专门的训练啊?声音好听,人应该也长得很漂亮吧……

6."死缠烂打"法

如果我们稍微留意一下就会发现,无论哪个行业接线人员和秘书一般都是女性,而女性最大的特点就是心软。因此只要销售员坚持给秘书打电话,晓之以理,动之以情,不妨死缠烂打,随着电话次数的增多,和秘书关系越来越熟,她便会被你打动,为你转接电话,甚至为你以后的销售工作带来很多益处。

总之,因为真正能决策是否购买、能承担购买责任的是对方的负责人,只有找到负责人,才算是沟通的开始。因此,我们需要掌握以上几条小小的计策,从而顺利绕开接线人员的为难。

电话销售言语精练,时间把握好

作为营销人员都知道,电话销售与一般形式上的营销模式不同,电话营销时间有限,每秒钟都很宝贵,这就要求我们时时刻刻都要精练自己的语

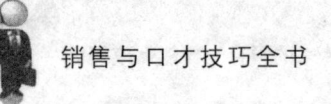

言,让自己的语言能打动人,有吸引力。只有清晰、有重点地表达,才能把握好时间。

销售情景:

销售员:"××先生,您好!我是××公司的坐席代表,为了感谢您对我们公司的一贯支持,最近,我们推出了一项新的业务套餐,这项套餐中有很多功能很适合您这样的成功人士。第一项功能是'隐藏电话号码',第二项功能是'来电转移',第三项功能是'打长途优惠',第四项功能是'语音留言',第五项功能是'一卡多号'。您只要通过我们的系统申请一个ID号码,月租10元,就可以同时拥有以上五大功能了。我现在就给您注册,好吗?"这位销售员还没说完,客户就挂断了电话。

分析:

可能很多销售员会产生疑问:这位坐席代表的销售话术并没有什么问题啊,为什么会遭到客户拒绝?其实原因很简单,因为他的话术太过繁杂,只顾自己滔滔不绝地说个不停,中间没有任何停顿,也没有给客户互动的机会,这会让客户觉得自己的时间被占用外,还认为自己没有受到重视,自然就挂电话了。可见,在电话营销的过程中,销售员在讲话时不要太啰嗦,一定要突出重点,否则就抓不住对方的注意力,另外,要注意与对方互动,不可自顾自说个不停,让对方没有表达的机会。

细心的销售员可能还会发现,当客户接通电话后通常都会以"很忙"为借口拒绝,而实际上客户是不希望自己的宝贵时间被占用,此时,如果我们能向客户保证只需要五分钟,那么,一般来说他都会抽出这五分钟时间听你说明。而在这五分钟的时间内如何向客户陈述销售情况,就需要做到语言精练。

销售人员要想与客户顺利进行电话沟通,首先要了解与他们通话的最佳时间。另外,还需注意通话时的时间分配问题。电话销售沟通中的几个时间管理原则如下。

1. 事先预约,不打无准备之战

现代社会,人们都处于紧张忙碌的生活中,尤其对于那些业务繁忙的客户,每天的工作更是被安排得满满当当,因此,作为销售员要尽量与客户预约,这不仅节省人力和劳力,也是能有效避免吃闭门羹的方式。重要的电话销售员一定要和客户约定时间,准时进行联系。

2. 珍惜客户的时间

客户的时间是宝贵的,没有一个客户愿意与说话不着边际没有时间观念的人交谈。而如果我们能珍惜客户时间,尽量在最短的时间内向客户传达信息,则能给客户留下好印象,愿意与我们继续交谈。

通常,在销售界有这样一个的经验,问候性电话不超过 1 分钟,约访电话最多不能超过 3 分钟,解说电话不要超过 8 分钟。客户要求处理问题的电话最长时间通常不要超过 15 分钟,超过 15 分钟客户就感觉不如跟他面谈。

当然,具体多长时间才是合适的时间并没有一定的规定,只要你能满足客户心中的理想模式,那么,这个时间就是合适的。

3. 控制自己的情绪,语气自然

电话营销人员在电话拨通前一定要事先调整好自己的情绪,避免紧张情绪的出现,也不能太过激动,因为紧张激动的情绪常常会造成在说话时结结巴巴。结巴容易导致表达不清,也会让客户听起来非常不舒服,从而产生想要尽快结束通话的想法。这样的话,无论你之前准备得多么充分,你的产品多么符合客户的需求都没有用。

4. 掌握合适的说话语速

如果销售人员在进行电话营销的过程当中语速太快的话,客户不容易听清楚你要表达的内容,而且太快的语速还会给客户一种紧张感和压迫感。可是如果语速太慢的话,会给客户以啰嗦、拖沓的感觉。语速太快或者太慢都不容易激发客户参与到说话当中去的积极性,这样将大大不利于电话营销人员与客户之间的电话沟通。

5. 电话销售中的 20/80 法则

20/80 法则是一个普遍性的法则,在电话营销中同样也适用。沟通和说服的关键在于怎么让客户多说、多讲、多谈、多行动。电话销售的 20/80 法则是在电话沟通时,80% 为倾听,20% 为解说;在解说中,80% 是提各种合适的问题,20% 是解说客户感兴趣的事或客户关心的事。

在电话销售中,如果能掌握以上几条原则,珍惜客户的时间,尽量以最精练的销售语言与客户沟通,让客户看到我们的专业素质,那么就能让客户乐意与我们沟通。

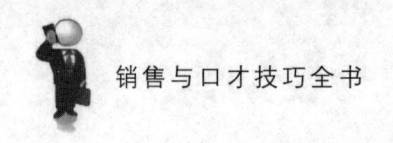

电话即将结束时要为销售做好精心铺垫

现代社会随着电话营销的兴起，我们再也不需要挨家挨户盲目地推销自己的产品，一通电话会为我们解决很多问题。但电话很多时候也只是为了方便我们约见客户，很多交易并不能通过电话来达成。因此，在电话即将结束时我们一定要懂得"言归正传"，为销售做好精心铺垫，成功约见客户并达成交易。

销售情景：

电暖推销员小林在拨通电话后和客户聊得很尽兴。

销售员："周总，我是阳光电器公司的销售员麦克，您还记得不？您最近身体好不，您上月寄来的用户调查表已经收到，非常感谢你们的大力支持。"

客户："这只是举手之劳，你不用感谢的。我最近身体还好。"

销售员："目前我公司新推出系列家电产品，质量和效果都比过去的产品有较大的改进，售价也比同类厂家的产品低一些，因此想尽早介绍你们单位试用。您看，明天或者后天您哪天有时间，我带上产品和您见一下吧。"

客户："你明天上午过来吧。"

销售员："好的。"

分析：

从这段对话中，我们可以看出这位销售员的聪明之处就在于他善于利用上次推销的契机。他并不是直入推销主题，而是先从关心客户的角度出发，并感谢客户对其工作的支持，在得到客户的情感认同之后，再推广新投产的产品并要求对方约见，这样交谈起来就显得顺理成章，并强调新产品较以前在价格和质量上对客户更有益，这样的介绍很快就得到了客户的感激，自然很乐意接受销售员的意见，同意约见。

的确，如果在沟通之初就提出销售问题，对方可能会立刻产生一种反感。但同时，销售员不要忘记电话沟通的目的是为了方便推销，而不是单纯地聊家常。因此，如果你要介绍产品，见面是最佳途径。隔着电话线，有些事是说不透的。

那么，在电话即将结束时，我们该如何为销售做好精心准备促成成交呢？

1. 不忘礼仪,表达感谢

在结束电话时,多用感谢与赞美的语言,客户会感到非常开心,愿意与你继续展开进一步的交流。比如,销售人员可以在结束电话时这样说:

"真的很感谢您给我这么长的时间,和您说话我感觉非常有趣,您真是一位幽默开朗的人,希望您每天都能保持好心情!"

2. 主动询问客户的需求

在结束电话的时候,销售人员要特别注意一点,那就是一定要询问客户是否还有其他问题,或者主动询问客户还有哪些需要与要求等等。比如:"我刚才说的不知道清不清楚,您看还有什么问题需要问的吗?"

3. 掌握约见的主动权

在这一问题上销售员要掌握主动权,不可将约定时间交给客户,因为出于抵触心理,客户一般都会说:"我最近没空,过几天再说吧!"所以,在这里销售人员一定要提封闭式的问题,用问题引导客户,让客户接受你的建议。

主动约见客户可以采用这样的话术:"王先生,通过我刚才的讲解,我们都发现解决这个问题已经成为迫不及待的事了。既然这样的话,我们是否能在明天或者后天约个时间见面,我再仔细地向您说明。"当对方决定与你见面时,电话销售就算完成。

4. 电话中也可及时提出成交要求

如果销售员在电话沟通中能顺利解决客户存在的很多疑虑,那么,在电话中就达成成交协议也不是不可能。这种情况下,销售人员不妨直接要求对方下订单、签协议,而不要继续询问客户还有哪些问题和意见。因为那些难以下决心购买的客户几乎在任何时候都能提出问题和意见,只有在你及时地提出成交要求的时候,他们才会下定决心。

比如,销售人员可以采取这种方式提出成交要求:

"李女士,我们这里有一份合同的样本,我先发给您看看,如果没有什么问题就签好字、盖好章给我,好吗?"

总之,电话约见客户为买卖双方都带来了便捷,约见事宜通过电话来解决使得销售员免除了奔波之苦,也为客户节约了时间。但销售员在电话即将结束之时一定要把话题重新回归到销售上,为成功销售做好铺垫,因为偏离销售的通话始终只是在做无用功。

第 16 章

打消拒绝，化解顾客的借口有所准备

现实销售中，我们发现当客户不愿购买的时候总是有各种各样的理由，诸如"考虑看看"、"和家人商量"、"只认名牌"等。诚然，也许这是顾客拒绝的真实原因，但大多数情况下，这只不过是顾客为了顾及销售人员的面子的借口，聪明的销售员切不可被客户的理由所蒙蔽，而应该有所准备，积极应对，努力化解顾客的拒绝，进而留住顾客的脚步！

客户说想去别家再看看,说什么挽留客户脚步

俗话说:"货比三家不吃亏",任何一个客户都知道这个道理。因此,他们在挑选产品的时候总是希望有更多的余地。而正是因为这一心理的存在给销售人员带来很多困扰。无论怎么给顾客介绍产品,客户总是一副可买可不买的态度,然后对销售员说:"我想再去别家看看。"客户之所以会有这样的态度,无非有两个可能,一方面是因为你推荐的产品品种实在无法满足客户的挑选要求,但大多数情况下,则是因为客户这种"货比三家不吃亏"的心理在起作用。对此,导购员想要留住顾客,就需要掌握一定的沟通方法,以独特的卖点吸引顾客。

销售情景:

陈小姐发了薪水后,准备买一套时装。她进了一家时装店。在店内逛了一圈后,她摇了摇头,说:"哎,我还是去别家看看吧。"

站在她身旁的销售员立即说:"小姐,您先留步,请问小姐您是觉得我们店的时装种类太少,选择的余地不大吗?"

顾客:"是啊,就这几件衣服,顾客怎么选?"

销售员:"的确,您说得很有道理,开时装店首先就要吸引客户的眼球,不过我们老板非常喜欢有特色、经典的时装,款式不落伍又不落俗套。"

顾客:"你这么一说,我还真发现你们店的东西不一样。"

销售员:"是啊,产品贵在精而不在多嘛。我看小姐的装扮也是很注重品位的人。时装虽然容易过时,但只要搭配得好,总是能穿出永不过时的感觉。"

顾客:"这看法我很同意,您看,我身上这条裙子,别人都以为我是新买的,实际上两年前我就买了,只是我喜欢以不同的方式搭配,因此穿出来总是有不一样的感觉。"

销售员:"是啊,您再注意一下我们店的衣服,最大的优点就是容易搭配,而不是追求新奇!"

顾客:"是的,那你觉得我适合什么样的衣服呢?"

销售员:"我看这件就不错,小姐身材很有曲线美,这条裙子的设计正是

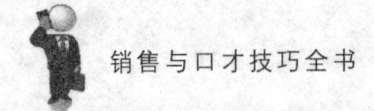

走的复古路线,肯定能凸显小姐的身材。"

顾客:"是吗?我相信你的眼光,我去试试看。"

最后,陈小姐兴高采烈地买了这条裙子。

分析:

这则销售案例中,在顾客称自己要去别家看看时,销售员并没有放弃推销,而是主动承认了客户的想法——产品种类太少,接下来她也并没有以"新货过两天就到了""已经卖得差不多了"等借口推脱,而是承认客户的观点,然后再向顾客表明虽然种类少,但款式经典、有特色等,进而让顾客有这样的感叹:"你这么一说,我还真发现你们店的东西不一样。"接下来,她再对客户的品位进行了一番夸赞,更是让顾客对自己产生了信任感,最终促成了购买。

那么,针对这种情况,具体来说,我们该怎么应对呢?

1. 先稳住顾客

当顾客说:"我想再去别家看看。"我们就要明白,这只不过是客户的一种托词而已,你不要认为客户还会再回来光临你,因此要做的就是先稳住顾客,不要让顾客流失。

而要想留住顾客,就要和案例中的销售员一样用产品其他方面的卖点吸引住客户,进而转移话题,比如,你可以告诉客户:"我们店里的产品在进货时都是经过精心挑选的,虽然种类不多,但都是经过精心挑选款式经典又畅销的产品。"但是需要注意的是导购员所说的话一定要与事实相符,如果店里的产品并非如此,导购员却硬是这样说,那么丢掉的可能就不仅是顾客,还有店铺的信誉。

2. 服务至上,让客户满意

现代社会,随着竞争的日益激烈,在产品质量与功能大同小异的基础上,人们在购买时也逐步带有情感因素,更关注的是销售方的服务态度,谁的服务好,就购买谁的产品。可见,销售员做好服务也是赢取顾客非常关键的一环。如果照顾得不周到很有可能让顾客感觉受到冷落,从而影响到成交量。

3. 用特色跑赢对手

在追求时尚与个性的今天,人们也越来越注重产品的个性化。我们在购物的时候也会不经意地发现那些面积小但却很有特色的店面。例如专门经营民族服饰的店铺、专门经营水晶饰品的店铺等,这些店铺虽然看起来不

大，却往往内有乾坤。而如果这些店铺的导购不善言辞，顾客还是会觉得产品种类不足，故而去别家看看。

所以，作为销售员，当客户说想去别家看看时，如果想留住顾客，就要让顾客感受到产品的特别之处，或者具有某种特殊的含义，让顾客改变原有观点，以特色勾起顾客的兴趣和购买欲望，实现销售目的。

客户说要再考虑一下，如何说让客户有紧迫感

销售过程中，很多时候无论销售员怎么热情地介绍产品，客户似乎都觉得产品可有可无，通常他们会告诉销售人员"再考虑一下"，而实际上，这只不过是他们习惯性拒绝的借口。这种情况下，销售工作该怎样进行下去呢？客户没有很强烈的购买欲望是因为没有急需产品的紧迫感。此时，当常规销售方法不起作用的时候，可以运用另一种方法来争取客户。我们不妨主动出击，为顾客制造点难题，从而让顾客自己感知到产品的必需性。

销售情景：

小刘是一名生产设备销售员，他有个"老顽固型"客户，这位客户工厂里的机器已经陈旧得几乎无法再继续使用了，但他就是不愿更换，任凭小刘苦口婆心地分析更新设备带来的利弊得失，他就是不为所动。无奈之下的小刘决定亲自去客户工厂看一看。

来到工厂后，小刘在客户经理的带领下决定参观一下生产车间。看着那些陈旧、难看的机器，小刘突发奇想，对客户经理说："您知道隔壁工厂这月的生产量吗？"

客户："我知道，我也一直为这事儿纳闷儿呢，以前我们两家的生产量差不多，但最近他们不知道为什么，生产量突飞猛进。"

销售员："其实很简单，他们购买了我们公司新研发的××牌生产设备，生产效率大大提高。实际上，不仅是他们一家工厂，全市大部分同行业的工厂都购买了我们的设备，我想您也不希望自己落后吧。"

客户很尴尬，之后在同小刘的交谈当中他一度陷入沉思。最后，当小刘即将离开时，他主动提出想购买一套新的生产设备。

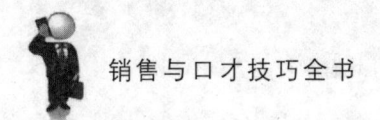

分析：

这则销售案例中，销售员小刘之所以能让顽固的客户最终决定购买新的生产设备，是由于他利用对比的方法让客户认识到如果自己不购买产品将会落后于同行和竞争对手，迫使客户心理失衡。

为顾客制造些难题，让顾客感到产品的必需性，是销售过程中常用的方法。对于那些对产品没有急切的需求，强调要再考虑一下的客户，我们也要积极争取主动出击用最有效的方式走进客户，引起顾客注意，利用"问题制造法"一举拿下，从而保证销售工作顺利完成。

那么，在销售过程中，我们该如何让客户产生购买产品的紧迫感呢？

1. 暗示客户如果不购买可能会造成某种利益上的损失

销售过程中，经常会遇到这样一些顾客，他们似乎总是很冷静，但如果我们能从反面说服，暗示客户如果不购买产品可能造成的某种损失，那么，客户是不会眼睁睁看着自己面临损失或者利益的丧失而无动于衷的。为此，我们便可以这样刺激他们：

"这批是我们厂最后一批 A 型号经典设备，我们现在生产的所有设备都采用了新的工艺和技术，像这样经典的老设备可就是最后一批了，而且价格如此优惠，如果贵厂不加快行动，指不定哪个厂家就买去了。"

"酒吧和 KTV 是火灾安全隐患最严重的地方，而且这些地方经常会发生打架斗殴等事情，必然会使贵公司遭受损失，所以我建议您了解一下我们这份保险业务。"

可见，只要我们能主动出击，为顾客制造点难题，掌握销售的主动权，顾客一般都会向我们敞开大门或是立即成交。

2. 本着为客户考虑的本意

现实销售中，很多销售员表现出来的是为了销售而销售，这无疑会加重客户的种种疑虑，不愿购买。而客户只有在认为现在做出成交决定可以获得最大利益的前提下才会真正决定成交。所以，销售人员要更多地站在客户的立场上考虑问题，要让客户明白你是在诚心诚意地替他们着想。

3. 不可威胁客户

销售员在让客户产生购买产品的紧迫感的同时，一定要注意说话方式和态度，不可让客户觉得受到威胁。而事实上，一些销售员常常事与愿违，原本是希望激发客户对产品的购买欲望，但却造成完全相反的结果，赶走了客户。

另外,我们在给顾客制造难题的时候,最好先把握住顾客关注的焦点。从焦点入手,让他们了解拒绝可能会导致关注点的损失,从而一举击破对方,让对方俯首就擒。

面对客户直接否定产品的功效,说什么来应对

任何客户在购买产品的时候都希望产品能物美价廉且趋于完美。但作为销售人员,我们都清楚,没有任何一件产品是完美的。而正是因为这样导致了很多客户在购买产品的时候对产品百般挑剔,甚至对产品的功效直接否定:"这件衣服的做工也太差了吧,这样的衣服你们也敢挂出来卖?!""这冰箱怎么制冷效果这么差啊?"面对这种情况,一些导购新手会变得紧张,很多经验尚浅的导购员会变得支支吾吾、语无伦次,并作出顾客已经拒绝购买的判断。

其实,导购员完全没有必要紧张,因为顾客也深知世界上没有绝对完美的产品这一道理,只要我们能保持镇定,耐心地向顾客解释,突出产品的长处,就能以此来淡化产品的劣势。即便顾客直接指出产品的缺点,也不要慌张,要耐心向顾客解释,打消其心中的疑虑。

销售情景:
一位小姐来到某化妆品专柜购买化妆品。
顾客:"我可以试用一下这款眼影吗?"
销售员拿出试用装:"好的,您试试吧!"
顾客边试用边说:"这眼影怎么感觉就像次品啊。"
销售员:"谢谢您的建议,我们在生产技术上一定会尽力提高的。您能否对我们的产品提些具体的建议,比如,哪些方面不够档次呢?"
顾客:"它的颜色不均匀。"
销售员说:"好的,谢谢您,那么,您觉得这款眼影还有其他的问题吗?"
顾客:"这个,我还是觉得颜色不太好啊。"说此话时,顾客的眼睛从没离开过产品,并且流露出喜欢的目光。
销售员:"小姐,实不相瞒,您看上的这款眼影现在就剩下一套了,厂家也不会生产了,如果不及时购买的话,恐怕就买不到了。"

顾客："这倒是,那既然是最后一款,你们能不能给我打个折?"
销售员："这请您放心,凡是购买我们产品的都有八折优惠。"
最终,这位顾客购买了这款眼影。

分析:

这则案例中,我们可以看出这位顾客是精明的,看上了产品却并没有表现出来,相反,她却称产品不够档次,像次品。其实,她挑剔产品无非是希望销售人员能在价格上对其做一点让步。正是看出顾客对产品的喜爱,销售员首先肯定顾客所谓的"意见",然后引导顾客说出具体的不够档次的表现,但实际上,销售员并没有直接回答顾客的这些问题,而是抓住顾客想购买的心理,以限量生产的回答来激发顾客的购买欲。而最后,顾客终于说出自己的真实意图,而很明显,她的顾虑是多余的。

那么,具体来说,面对顾客否定产品的功效时,我们该如何处理呢?

1. 保持良好的服务态度,不要试图与顾客争吵

不管顾客出于什么目的而否定产品,我们都不能与之争吵。因为争吵解决不了任何问题,十之八九争论的结果会使双方比以前更相信自己绝对正确。你是赢不了争论的。要是输了,当然你就输了;如果赢了,你还是输了。因为客户已经丢了面子,不会再向你买东西了。不论争辩什么,你是得不到任何好处的。当客户直接否定产品功效时,我们一定要先认同客户,安抚好客户的情绪。以友好的态度来对待顾客,营造出一种公平、愉快的氛围,让客户感觉到自己的感受受到了重视,此时,他就会愿意与销售员沟通,从而可能有更多的机会购买产品。

当然,避免发生争执并不是说应该忍气吞声地放弃原则和利益,迁就客户的无理要求,事实上也根本用不着这样。

2. 辨析顾客的真假异议

很多时候,客户说我们的产品功效差并不是真的异议,而是希望得到优惠和降价或者为了达到其他目的,此时,如果我们不能辨别出客户的真假异议,就会在与客户沟通的时候南辕北辙,达不到真正的沟通效果。当然,这需要销售人员运用敏锐的观察力发现顾客的刁难并非真实的异议。通过对顾客言行举止进行认真观察来加深对客户的认识并把握交流方向是很多优秀的销售员经常使用的一种方法。

另外,积极地询问也是找出客户刁难我们的真实原因的一大良方,多问一些为什么,让客户自己说出原因。这样更有助于我们更好地做出判断。

3.产品本身的确存在问题时,要尽力为顾客解决

当然,客户否定我们的产品功效也可能的确是产品本身存在问题。此时,客户虽然指出了产品的确存在的某种劣势,我们也不要就让思绪跟着客户走,而应该继续强调产品的优势,并要学会扬长避短地回应顾客。例如,"太太,的确,我们的这款洗衣机操作起来是有点复杂,但正是因为这样,它有着很多其他洗衣机所没有的功能。"另外,如果你由于疏忽,推荐给客户的产品正好是存在瑕疵的产品,那么你要先向客户道歉,然后再拿一款完好的产品给客户重新试用。

总之,无论顾客对产品存在什么样的顾虑,我们都要加以重视,灵活应对,摸清顾客的真实意图并为顾客提供周到的服务!

客户要询问家人能不能决定购买时,你该如何开口

销售过程中经常会遇到这样的情况,我们满怀热情地为客户介绍产品,客户对产品也很满意,我们信心满满地会以为客户会购买,但到关键时刻,客户却说:"我得回去问问家人,我做不了这个主。"这句话犹如一盆冷水浇灭了销售员的热情。一些销售员以为客户这样说就等于拒绝购买,于是他们放弃了销售。而也有一些销售员太过急功近利,听到客户这样说,为了挽回客户,他们死马当活马医地回应顾客:"这样的事情还要问家里人啊,自己决定就行了。""不用商量了,这么超值的产品哪里还有啊?"而这两种回应方式无疑都会赶走顾客。

其实,客户称自己要询问家人,一般情况下有两种可能,第一种正如他所说,需要和家里人商量。第二种可能则是这只是一个借口,他不好直接拒绝销售人员。通常来说,在是否购买上如此犹豫不定的客户,一般性格多优柔寡断,没有主见,极易受外界环境的影响。所以,遇到这种顾客,销售员一定不要轻易让其走掉,而是抓住其犹豫不决的性格特点,尽量说服其购买。

销售情景:

某男士因为结婚纪念日要为妻子购买一枚戒指,这天,他来到某珠宝专柜看上了一枚镶钻的戒指,但最后,他却说:"我怕我妻子不喜欢,我还是回去和她商量一下吧。"

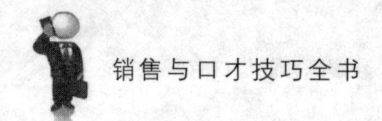

销售员："是的,您有这种想法我可以理解,毕竟一枚钻戒也不是小数目,想与妻子商量一下也是正常的,但先生,您知道吗?其实,作为妻子,如果自己的丈夫能记住结婚纪念日,并在当日给她一个惊喜,那么,她一定更高兴。而如果您与妻子商量的话,这种神秘感也就消失了。另外,今天刚好是我们十年店庆,会有返利活动。满一千就减一百。这个活动仅限今天一天。而且,您也看到了,我们这里的钻戒都只有一款,销量很好。这样好吗,我现在暂时给您保留起来,不过我真的保证下午之前这枚钻戒……所以,我真的希望您不要错过这枚钻戒……"

顾客："我看我还是先买了吧,万一下午过来的时候其他顾客已经买走了,那不就可惜了。"

分析:

案例中,这名销售员之所以能最终说服顾客购买,是因为他既保持了良好的态度,又对顾客适当施压。如果顾客现在不购买,执意要回去与妻子商量的话,不仅会失去给妻子惊喜的机会,还可能会导致他中意的戒指被其他客户买走,而同时他也会错过店庆返利的优惠。综合考虑之下,顾客自然会暂时放下与妻子商量的想法,选择购买。

那么,面对这种情况,具体来说,销售员该如何处理呢?

1. 认同顾客顾虑的合理性

和案例中销售员一样,如果我们能认同顾客的顾虑表达同理心,会让顾客觉得你是在为他考虑,就能争取到顾客的心理支持,继而会拉近和顾客间的距离。这样,即使顾客认为需要和家人商量,你也可以暂时把顾客留住,从而为接下来的说服工作奠定基础。

2. 帮顾客认识到不与家人商量的好处

案例中的销售员是聪明的,当顾客认为需要和妻子商量时,他却从惊喜这个角度让客户认识到与其与妻子商量,还不如给妻子一个惊喜。

让客户认识到不与家人商量的好处,我们可以挖掘产品背后的意义,可以恭维一下顾客。比如,你可以说:"其实,这不仅仅是一件产品,而是一种心意,是一种爱,不管它怎样,只要是你买的,你老公都会喜欢的。再说啦,如果他真有什么不满的地方,只要不影响再次销售,我们特别允许您在三天内都可以拿回来调换,您看这样成吗?"

3. 对顾客施以适当的压力,帮顾客做决定

顾客迟迟无法下定决心购买,销售员千万不要认为等待可以得到结果,

因为顾客权衡不出答案也许就此放弃购买也说不定。所以很多时候顾客下决定都需要销售员的参与,这就需要销售员主动出击,对顾客适当施加压力,甚至帮助客户做决定,这一招通常都很奏效。你可以这样说:"我这里的这种产品已经剩下最后一批了,而下次什么时候还能拿到这种货就说不定了",或者说"这种产品现在特别缺货,我们公司已经不生产了"等,如果顾客确实满意产品,一般来说,他们会立即做出购买决定。

另外,我们还可以掌握一些快速成交的方法。

①适当赞美顾客,鼓励顾客尽快成交。如:"您的眼光真好,您老公一定会喜欢的。"

②从众成交法,用人们的从众心理来刺激顾客购买。如:"现在的小女孩都喜欢这样的款式,我相信您的女儿一定会喜欢的。"

当然,运用这一方法不可急功近利,要给顾客考虑的空间,适当的时候也要退后一步,否则很容易令客户反感。

客户认牌子不认可你的产品,说什么打消其这种想法

当今社会,随着人们生活水平的提高和商品选择的多样性,人们的品牌意识越来越强,对品牌的热衷度越来越高,尤其是年轻的消费群体更是将品牌定义为时尚和品位的表现。更有甚者,非品牌不购买。正因为如此,对于那些非品牌的商家,销售难度无疑就会加大。我们经常会发现,任凭销售人员怎么介绍产品的优点,怎么劝客户购买,顾客还是会产生疑问:"我一向只买品牌产品,这种杂牌的产品没有保障,我可不敢买。"这类顾客常使得销售员陷入尴尬。面对顾客这种对品牌盲从的心理,有些经验尚浅的销售员会显得局促不安,并认为已经没有回旋的余地,只能放弃销售。而实际上,顾客信任品牌是因为品牌能带给顾客一种安全感,所以,如果我们能够运用技巧消除顾客疑虑,继而选择购买产品,也并非不可能。

销售情景:

一天,一位小姐来到某商场内衣销售区。

销售员:"小姐,你是想购买内衣吗?进来看看,款式多着呢!"

顾客:"这款挺漂亮的,是什么牌子的?"

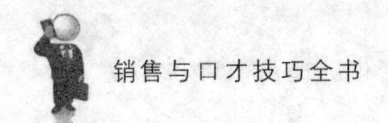

销售员:"小姐真有眼光,这是我们昨天刚进的货,是××牌的,它的透气性很好,最近我们这款产品卖得很火。"

顾客:"我没听说过这个牌子。"

销售员:"是的,可能您没听过这个牌子,这是因为我们的宣传力度还不够,真谢谢小姐您的提醒。实际上,我们这牌子已经上市七八年了。全国大中城市都有我们的专卖店。不过本市只有我们一家。小姐肯定知道奥斯兰黛这个品牌吧,这两年我们努力的目标就是要成为和奥斯兰黛一样知名的品牌。"

顾客:"真是这样吗?"

销售员:"是的,我们品牌的设计理念就是要让每一位穿戴它的女性感觉轻松舒服,起到保护身体的作用。毕竟,产品质量如何也直接关系到我们的销售量和信誉度,把产品做好是任何一个品牌形成的最根本原因。"

顾客:"这话倒不假。"

销售员:"您手上拿的只是其中一款,您看看这边的款式,这边还有一些设计新颖的款式……"

分析:

案例中,我们发现,这位销售员是聪明的,当顾客提出"没听说过这个牌子"时,他并没有直接否认顾客的观点,诸如这样回答:"怎么会没听过呢,我们可是全国知名品牌。""这个品牌推出好几年了,在这一行业很出名的。"因为这种解释未免显得很空洞无力,毫无说服力。他也没有直接承认客户的观点:"我们这牌子现在正在多家媒体上打广告。""不瞒您说这是个新牌子,刚刚上市。"因为这些回答无疑是验证了顾客的顾虑。这里,他先给自己的品牌找了个不为顾客知道的理由——"我们的宣传力度不够",然后他再把品牌的目标和发展趋势告知顾客,最后,他再将产品的主要优势介绍给顾客,进行一系列的分析后,顾客才打消了对这一陌生品牌的疑虑。

那么,针对客户只认牌子不认产品的情况,销售员该说些什么打消客户的这种想法呢?

1. 劝客户试用,让产品效果说话

客户不相信非品牌的产品是因为更相信品牌能带给他们安全感。为此,让顾客肯定你的产品,最有力的方法就是让顾客亲身体验,当顾客接受了这个新产品,让产品效果说话,客户也就会接受这个品牌。

2. 将产品与客户信任的品牌进行对比

我们可以这样向客户提问:"那么,您觉得哪个牌子的产品好呢?"当客户回答后,我们首先要认同客户的观点,然后再将自己品牌的产品和名牌产品进行比较。如果二者相同,则强调自己产品的优势,如果产品不一样,则强调产品的特性。

3. 出示关于产品的最有利的证据

有些时候如果我们的产品无法让客户试用或者为客户演示,不妨向顾客提供关于公司品牌的一些具有说服力的资料,或是承诺质量保证,或是证明公司优秀的经营管理和较强的进货能力,还可以向其介绍一些品牌的销售状况和品牌的发展前景等。

总之,顾客如果只认品牌不认产品,我们就要从产品质量方面给予保证,并强调产品的优势不仅在于产品本身,而且在价格方面也会让顾客感觉物超所值。同时,可以适时引导顾客体验产品,让其体验产品为其带来的好处,使顾客自然而然放弃对名牌产品的购买。

◆第 17 章◆

讲价有法，绝不让价格成为销售的阻碍

利润，始终是销售人员最关心的问题，而买到物美价廉的产品也是每个客户最希望看到的结果，于是价格问题也就永远成了销售过程中最难解决的问题之一。销售中，我们发现，不管我们报出的价格是多少，即使价格已经很合理了，客户还是会觉得"太贵了""别人比你卖得便宜"等。所以，如何报价、让谁报价、怎样说服客户接受现有价格等，都成了销售员们最头疼的问题。但如果我们掌握一定的方法，那么交易的达成率将大大增强，反之，生意失败率也将非常高。所以，我们只有消除价格障碍，才能赢来交易的成功！

报价不要太直接,换个方式客户更易接受

任何一位顾客都知道一分价钱一分货的道理,但在现实销售中,为什么当顾客听到我们报出的实心价时,却总是觉得价格太贵,无法接受呢？其实,如果能在报价的时候注意方式,比如采取分解价格或者由顾客自己报价,那么,顾客接受起来将会容易得多。

销售情景：

某超市要批发进一批牛奶,进货员与牛奶工厂老板就牛奶价格进行交涉起来。

客户:"你们厂的牛奶是什么价格?"

工厂老板:"是这样的,我们的牛奶每包算下来给你一个进价吧,两块二一包。我们调查了一下,这种牛奶的市场卖价可是三块,也就是说,一包牛奶你们可以赚八毛,一两包是小事,可是积少成多,你们就赚大了。"

客户:"可是,你们产品的质量如何,隔壁厂的牛奶才两块呢。"

工厂老板:"不知道您注意到没有,我们的牛奶采用的保鲜技术以及口感方面在业内做得算是最好的,我们坚持用质量和品质来赢得客户。质量上您绝对放心。"

客户:"好吧,我买下这批牛奶了。"

分析：

案例中,这位销售人员的精明之处就是在报价的时候并不是采取整体报价——也就是不报出一批货的价格,而是将这批货的价格分解,这样,客户从心理上就会感觉到便宜。而相反,假如他直接报出这批牛奶的价格,势必是一个相对庞大的数字,对方可能就会因为价格问题而产生异议,阻碍成交。

可见,在销售过程中的报价问题上,销售员不可太过直接,有时候换个方式报价,客户接受起来就会容易得多。

那么,具体来说,我们该怎样委婉报价呢？

1. 先谈价值再报价

这种方式的运用需要我们把握好沟通的进程,要在客户提出价格问题

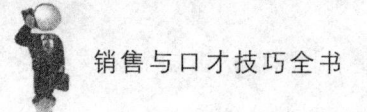

以前就让客户对产品的价值产生认同感。随着销售员对产品价值的一次次强化后,客户感觉物有所值,报价也就不再是问题了。

2. 价格分解法报价

这种方法是将整个产品的价格以小单位来报价。比如,如果客户购买一台空调需要花 5 000 元,可以这样告诉客户:"你这台空调的使用年限是 20 年,也就是一年才 250 元,一天才不到一元钱,非常划算"。如果是销售一瓶 30 毫升,价值 210 元的香水,可以做拆分计算,告诉客户只要喷上一毫升,仅仅需要 7 元钱,就能拥有持续一整天的香氛。

3. 模糊报价法

模糊性报价一般以整数的形式出现,它通常会比实际价格要低一些,主要是为了吸引客户的注意力,争取机会顺利进入谈判阶段。在谈判中随着产品价值等因素的一次次强化,客户也就非常容易接受实际价格。

4. 引导法报价

这种方法是利用一些先入为主的语言迎合客户力求低价的心理,引导顾客接受你的报价。如:您今天很幸运,我们做活动比平时便宜……价钱不贵……最近比较便宜……。此外,在报价时,声音要响亮清晰,态度坚决干脆,让对方感觉这就是最低价。

5. 选择合适的报价时机

销售中,选择合适的报价时机是成功销售的一大要素,但关键在于如何能找到这个报价时机。大量销售员的经验表明最佳的报价时机必须具备下列两个条件。

首先,客户对产品有充分的了解。其实每个客户都会对产品价格产生异议,这也是人们购买产品时普遍存在的心理。只有在客户了解产品的具体情况后,能够理性地看待产品价格了,这时候再报价效果会更好。

其次,客户对产品有急切购买的欲望和热情。如果客户的购买热情并不强烈,除非是价格很有吸引力,否则销售员主动报价,客户也会不为所动。倘若价位对客户来说比较贵,那么,这个客户肯定会流失。

利用这些技巧,相信我们的销售工作一定能顺利开展。要注意的是,无论生意是小是大,都要做长线生意,不能乱开价,也不能咬死不让,这样我们才能把产品卖出满意的价格,同时与客户保持良好的关系。

探明客户的价格底线，不能轻易松口还价

作为销售员都知道，业绩如何直接和产品的销售价格有关。因为产品一旦被生产出来，其成本价就已敲定，此时售价越高，利润也就越高。每一个销售员都希望自己销售的产品销路好，受到客户的欢迎，同时也希望产品能够卖个好价钱，多获得一点利润。而在现实销售中，有些销售员为了留住客户，一旦客户提出产品贵，就轻易动摇，为其降价，结果客户认为销售员让步后的价格依然有水分，于是他们会再次提出降低价格。到最后，结果往往是不尽如人意，销售员不是丢了客户，就是丢了利润。

实际上，在具体销售过程中总是会出现砍价的情况，价格的决定权也并不在我们手里，所以，当未探明客户的价格底线的时候，都不要轻易说定价格，多给自己留余地，才能有还价的空间。

销售情景：

小小是个聪明伶俐的女孩，毕业后，她自己经营了一家小店，店面虽小，但生意却一直很红火。这是因为她不仅眼光独特，而且还很会讲价，来她店内的顾客一般乐意接受她提出的价格。

这天，一个女孩来买衣服，在经过一番挑选之后，女孩把目光锁定在一件款式时尚的连衣裙上。

小小："小姐，您眼光真好，这件裙子是我们的镇店之宝，也是今年最流行的款式，不论是花色还是款式，都是非常时尚的。如果您喜欢可以试一下。"

客户试过衣服之后。

小小："这件连衣裙非常能衬托您的气质，特别是您今天穿的这双高跟鞋，看，搭配起来多漂亮。而且马上就能穿。"

客户："嗯，是不错。不知道价格怎么样。"

小小："这件衣服是新款上市，299元。"

客户："那么贵，只不过是一件夏天的裙子嘛。不能便宜几十块钱吗？"

小小："不知道您发现没，这件衣服虽然是流行时装，但却有个特点，简单大方，也属于经典款式，所以，如果保养得好，穿个两三年是没问题的。实

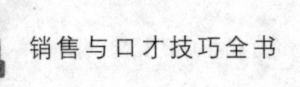

际上一般我都是很少打折的,难得你这么喜欢这件衣服,穿起来又这么漂亮,那给你打个9折吧。"

客户:"好吧,那就拿这件吧。"

分析:

案例中,店主小小之所以会成功卖出产品,是因为她在销售中活用了价格。在探明了客户的价格底线后,巧妙地把话锋一转,以打折让客户感觉获得了利益,这样商品不仅能够以较合理的价格成交,也不会造成客户的反感,相反还会让客户欢喜而归。

这给销售人员一个启示,一定要摸清客户的底线,那么,对于销售人员来说,应该怎么摸清客户的底线呢?

1. 编造出一个"第三者"

这种办法可以解除客户的警惕,他会跟你说些真心话,要是他知道你在卖这种商品,他就不这么做了。比如,你可以说:"我喜欢跟您做买卖,但是这件不是我的,是替朋友代卖的,以后我们再合作吧。"你以这种方式解除了他的武装,接着你说:"我很遗憾不能卖给您这件衣服,但就咱们俩说,到底多少钱您可以买?"他也许会说:"我觉得100元是最低的价格,但我想125元也是可以的。"

2. 推荐质量更好的产品,确定客户愿意给出的最高价格

如果客户想购买牛仔裤,但觉得现在你所报出的价格过高,可以这样试探他:"我们这里还有做工更精细的牛仔裤,而且是今天刚到的新款,但是每条170元。"如果客户对你说的质量更好的牛仔裤感兴趣,你就知道他愿意花更多的钱。

3. 通过提供一种质量较差的产品来判断他们的质量标准

"如果只付100元,我给您看质量稍微差一点点的牛仔裤行吗?"用这种方法,你或许能让他们承认价格不是他们唯一的考虑,他们确实关心质量。

总之,销售从很大程度上打的就是一场价格战。在价格谈判中,销售员在未探明客户的价格底线前一定要坚持自己的立场,不要轻易让步,因为一旦你让步,将会让客户觉得报价过高而一再压价,这样,你在谈判中就失去了主动的位置,使自己和企业蒙受损失。客户都有一个期望价,也有一个拒绝价。如果我们运用这些技巧,就很可能会摸清客户的拒绝价,从而做出下一步的价格决策。

如何巧言打消客户认为价格太贵的念头

销售中,我们发现,似乎客户对我们总是心存偏见,不管我们报出的价格是多少,即使价格已经很合理了,客户还是会觉得"太贵了""不合算""别人比你卖得便宜"等,如何打消客户认为产品贵的念头是困扰不少销售员的问题。

但无论客户对我们报出的价格持怎样的态度,切不可回击客户"'一分钱一分货'这个道理你不懂?""买不起算了""那你去买便宜的吧"等之类的话。因为这种话就像一把利剑很容易伤害客户的自尊心,甚至激怒客户,引起矛盾,从而对销售造成不利影响。而如果我们能积极面对,保持耐心,巧言劝说,帮助客户正确理解产品的价格,那么就能让客户觉得买得值,并实现成交。

销售情景:

某顾客来到家具城,准备为自己的书房添置一套书柜。来到某国际知名品牌家具店后,销售员小张跟了上来。

导购员:"先生,您好,有什么可以为您服务的吗?"

顾客:"这个多少钱?"

导购员:"是这样的,这套书柜价值××万元。"

顾客:"不会吧,这么贵?"顾客露出很吃惊的表情,转身要走。这时小张走上前去,对顾客说:"先生您说得很对,这套书柜真的不便宜,但我们这里都是国际高端的 A 品牌书柜,都是针对一些像您这种成功商务人士设计的,您可以先了解一下,不买没关系,这样您以后选择的时候也就有了更多的参照,您说是吗?"

"嗯,这倒是实话,那我随便看看。"顾客漫不经心的回答,但目光在一款书柜上停留了两三秒钟。

"先生有没有发现我们这款书柜和其他品牌哪里不一样?"小张抓住时机突然问道。

"有哪里不一样吗?"顾客自言自语,目光却没有离开这款书柜。

"您再仔细看看?"销售员很自信地提示着顾客。

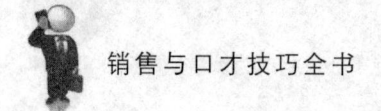

此时，小张拿来一款遥控器，轻轻按了一下，书柜的门就自动打开了。看到这一幕后，顾客很诧异。小张接着说："正如您看到的，这是一款全自动书柜。另外，您看到它的玻璃门没，我们的钢化玻璃是德国原装进口的××品牌，目前在国内只有我们一家采用，它使用了××技术，通过××工艺制作。"简单概要的阐述后，销售员拿出一个橡胶锤在一块样板玻璃上敲了又敲，又用一把刀子划了几下，然后对顾客说："您看，是不是一点伤痕都没有？"

最终，这位顾客毫不犹豫地买了这套高端书柜。

分析：

这段销售案例中，刚开始顾客在听到销售员的报价后觉得一套书柜却要价好几万元，实在太贵。面对不专业的顾客，销售员并没有说："你是外行，哪里知道？"而是先留住了顾客，告诉顾客买不买没关系，可以以此为参照等，缓和了顾客的情绪后，销售员再引导顾客展示其产品的其他独特卖点，从而进一步提升产品的价值。

在遇到以上情况的时候，或许一些销售员会认为销售无望，于是态度发生很大转变，销售热情也会消失。但这样做势必会让顾客更加坚定自己的观点，认为价格不符实。这时，即使再如何挽回顾客，都很难生效了。

实际上，我们更应该热情大方，巧妙地改变顾客的想法，积极地促成交易或是为下次成交做好铺垫。具体来说，我们要做到以下几点。

1. 认同顾客的看法

无论客户有任何顾虑，认同法都是解决问题的不二法则，只有认同客户，表达同理心，才能拉近与客户间的距离，进而挽留住客户。认同顾客后，你可以再认真听取顾客的意见，然后加以解释。

2. 帮助客户认识到他对产品的急切需求

我们都明白一个道理，一个人对某种产品的需求越大，他对产品的价格就越不在乎，再贵的产品也可能会下血本购买。越是觉得产品对其来说可有可无，就越关心产品的价格。所以，在沟通中，销售人员应多强调产品能给客户带来的利益，能解决哪些问题，满足什么需要，也就是多谈价值，以此淡化客户的价格意识。比如，我们可以这样对客户说："小姐这么高贵，肯定经常出入时尚派对，自然少不了晚装，这条黑色的裙子似乎就是为您量身定制的，至于价格，对您这样的时尚一族而言应该不算贵吧？"

3. 强调产品卖点

当然，除了激发客户的购买欲之外，还要极力塑造产品的卖点。产品有哪些特点是独一无二的，是其他同类产品无法提供的，这些都可以强调，正是因为产品的品质最高，所以它"贵"得不得了。比如，产品的服务最好，完整的全世界的保修服务都是其独特的卖点，另外，产品品种最齐全，或产品的功能最齐全，也是产品卖点，你强调这些，就等于在塑造产品价值了。

4. 让顾客亲自感受产品，认可产品

我们要和案例中的销售员一样尽量留住客户，然后让客户接触产品，看到产品的功效，顾客一旦认可产品，认为物有所值，也自然就能接受产品"贵"了。要知道，顾客听到价格就认为产品贵，并不是产品真的贵，而是由于其对产品性能、特征等了解和认识得不够清楚，此时，端正顾客对产品的认识就是我们的主要任务。

以上是打消顾客认为产品贵的顾虑的几个方法，当然，销售员应根据具体情况采取具体的应对策略！

客户开口出价，你要如何应答

价格问题永远是销售过程中最难解决的问题之一。我们都知道，在销售中谁先报价，谁就容易丧失控制价格的主动权。但我们发现，这一过程中，销售员先报出了价，接下来的谈判和交涉过程，价格也只能在这个限定的范围内，客户不可能以比这更高的价格买下产品。因此，为了避免这一弊端的出现，很多销售员把报价的主动权让给了客户，但问题又随之出现，客户开口先出价，这个价格倘若完全背离我们的价格底线，又该如何应对呢？改变顾客对产品价格的错误估计成为销售员必须要解决的问题。

销售情景：

一天，某顾客来到羊毛衫专卖店，左挑右选之后，她的眼光停留在了其中一件长款羊毛衫上。

顾客："这件羊毛衫多少钱？"

销售员觉得可以先让顾客出价，这样可以探出顾客的价格底线。于是，他问："您觉得这羊毛衫值多少呢，您要是喜欢的话，开个实心价，我给您带一件。"

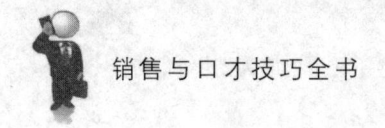

顾客:"我觉得也就值个百八十块吧,您觉得呢?"

销售员:"您是识货的人,您看上的东西能便宜吗?说实话,两百,是纯羊毛的……"

顾客:"行吧,那你给我拿一件。"

分析:

这位销售人员的应变能力着实让人佩服。让客户先开价的确有利于探清客户的底线,让自己有足够的空间与客户商讨价钱问题,但如果客户开出的价格与我们的期望价格相差太远也会让价格谈判陷入尴尬境地。此时,这位销售员的聪明之处就在于他把客户定位在"识货的人",称其"看上的东西不便宜",这样,客户受到一番赞美之后,即使觉得价格稍微贵点,也可以接受。

讨价还价在销售过程中不仅是至关重要的部分,还是不可忽视的一个环节,因为销售的核心问题就是利益。因此,如果我们不能巧妙应对价格问题,双方就会陷入谈判僵局,轻则谈判破裂,重则伤了和气,断了情义,给以后的往来带来困难甚至经济受损。

那么,总的来说,当销售员遇到客户先开口出价时,该如何应答呢?

1. 适当让步

顾名思义,就是说如果客户提出的价格与我们的期望价格相差不远的话,你可以站在客户的角度上说话,比如:"王小姐,我知道,您也想以最合理的价格买下这件裙子,不过您开出的价格实在比我们的进货价格还低,您看这样行吗?我们折中一下,我给您再打个九折?"此时,如果我们言辞诚恳,先做出让步,然后也请客户做出让步,那么僵持的局面很快就能得到缓解,问题的焦点也就会很快转移,实现由"不让"到"让多少"的转变,如果实现了转移,那么,对方让步的可能性至少存在一半。

但这样做也存在问题,那就是会让客户觉得你的让步是理所应当从而变得得寸进尺。因此,销售员即使让步,也要做出一副逼不得已的姿态,在最后关头才做出让步,这种选择能获得客户的理解从而见好就收。

2. 调节气氛

谈及利益,买卖双方很容易造成一种僵持局面,即使是朋友也有可能争得面红耳赤,但如果懂得调节气氛,一句幽默的话就能让双方化解矛盾,重新谈判甚至还能一笑了之,交到朋友,收到柳暗花明的效果。

3. 补偿措施

很多聪明的销售员懂得利用人们爱占便宜的心理，利用一些补偿措施来弥补客户在价格上的让步。同样，当我们不能满足客户提出的价格时，也可以采取补偿措施，如："小姐，您也知道，我们做小生意的也希望多多少少有点利润，您这价格实在让我无法接受，要不这样吧，我给您办一张我们的会员卡，下次您再来光临的时候，我直接给您打八折，您看行吗？"很多时候，客户都乐意接受这种补偿措施。的确，在经济活动中并非都是一手交钱一手交货的，而是一种"物物交换"，使用补偿措施能实现一种利益的互补、互惠、动态型的经济交往流程，从而让客户达到心理平衡。

的确，一个聪明的销售员不仅能掌握整个销售活动的主动权，还能排除各种不利于销售的因素，尤其是价格问题。即使客户主动出价，已经掌握了价格谈判的主动权，他依然能能轻松应对，可以说以上方法双方都可以利用且成功率均等，关键在于要主动利用和善于利用。

如何回答"别家有同样商品比你家便宜很多"

人们购买产品，都希望产品能物美价廉，因此，人们常常抱着"货比三家不吃亏"的心理，对于同类产品会进行价格、价值等各个方面的比较。而正是这一点导致了销售人员经常会遇到这种情况。当我们一报价，顾客就说："别家有同样商品比你家便宜很多。"面对这种情况，一些销售员为了为自己和产品辩护，会当即反驳客户："怎么会一样呢，一分价钱一分货，这你都不知道吗？"甚至会诋毁竞争对手："他们的产品怎么能和我们的比呢？"而结果只能是不但得不到顾客，还会让他们对产品产生怀疑，影响公司的形象，坚定了顾客离开的信念。那么，面对这种情况，我们该如何正确应对呢？

销售情景：

一天，某商场电器专区来了一位年轻的小姐，转悠半天后，她的脚步停在了一款小型冰箱面前。

导购员："小姐，请问我有什么可以为您服务的？"

顾客："听说，你们在小型冰箱这一块做得不错。"

导购员："是的，请问您是想买冰箱吗？"

顾客:"我随便看看。"

导购员:"哦,那您看看这款冰箱吧,这是我们今年刚从国外引进的冰箱,无论是家居还是车载,都很方便。"

顾客:"进口的?那一定很贵吧?"

导购员:"这是德国××品牌旗下最有名的产品,售价是2 500元。"

顾客:"不是吧,这么贵,这种小型车载冰箱一般最多卖到1 000元,网上也只卖几百元,我刚刚也看过几款,最高的也没超过1 500元的。"

导购员:"您看的质量怎么能和这种国际品牌比呢?一分钱一分货。"

这位顾客一听,头也不回地离开了。

分析:

这则案例中,我们可以看出,原本这位顾客对该品牌的小型冰箱很感兴趣,但最终却选择离开,这是为什么呢?原因很简单,顾客认为产品贵,这名销售员不但没有进行挽留,反倒说:"您看的质量怎么能和这种国际品牌比呢?一分钱一分货。"这样说,不仅否定了顾客的眼光和欣赏水准,还贬低了竞争对手的产品,让顾客觉得这位销售员素质不足,自然会选择离开。

任何一位顾客在购买产品的时候都会从价格上对产品进行对比,此时,如果我们采取诸如"那您去买便宜的吧""那家东西质量不行"之类的消极回应方式都会让顾客放弃购买。那么,面对这种情况,我们该如何应对呢?

1. 保持良好的服务态度,给客户关于产品"贵"的一个合理的解释

其实,当顾客听到我们报出的高于其期望的价格后都会觉得贵,此时,他们更希望得到的是一个关于产品"贵"的合理的解释,因为"一分钱一分货"的道理顾客也明白,但如果我们和案例中的销售员一样表达的话,则表现了销售员对同类产品的不屑和对竞争对手的诋毁,这样,顾客不但不会认可你的产品,还会对你的个人印象大打折扣。

此时,我们一定要注意自己的态度,一方面要承认同类产品便宜,另一方面也要为自己的产品贵做好解释工作,让顾客看到你的专业素质,并让顾客在"鱼"与"熊掌"之间做出明智的抉择。

2. 不要诋毁竞争对手

一般情况下,在听到客户说自己的产品比同类产品贵时,销售员都会本能地为自己的产品辩护,情绪易激动的销售员甚至会诋毁同类产品,他们认为这样能改变客户的看法,让客户购买,但实际上这样回应只会适得其反。因为客户也是有判断力和鉴别力的,这种目的性和攻击性过强的回应不仅

难以吸引顾客对你的产品加以注意,反而会使顾客对于销售员的态度产生厌烦情绪,甚至会转身离开。

所以,无论客户怎么不认可我们的产品,我们都不能诋毁其他品牌的产品。当然,我们在向客户介绍自己产品卖点的时候可以适当指出其他产品存在的一些不足之处,但也一定要注意分寸,不要有任何的针对性。

3. 引导客户正确看待价格差别

如果客户指出的"别家有同样商品比你家便宜很多"情况属实时,我们就要承认,然后从自己产品的优势,比如功能、性能、外观、技术指标、售后服务等方面引导顾客正确看待价格差别,强调产品的价格与产品所具有的差别与优势。另外,我们必须明确指明顾客购买产品后所得到的利益远远大于其所支付的货款,也就是让顾客自己感受到一分价钱一分货,而不是我们直接表达出来,这种情况下顾客就不会再斤斤计较。

当然,要做到游刃有余处理这一问题,不仅需要我们对自身产品有专业的认识和把握,还需要充分了解竞争对手的产品和销售情况。只有对竞争对手的销售情况及弱点有很好的了解,才能在争夺顾客时做到得心应手,抓住销售机会。

◆第 18 章◆

看人劝购，不同顾客需要不同的销售语言

　　销售就是与人打交道的行业。作为销售员每天都会遇到各种各样的客户。即使我们的销售经验再丰富，还是会因为这些难缠的客户而头疼。有些客户不言不语，无论我们说什么，似乎都与其无关，让人着实难以摸清。有些客户比销售员还专业，提出的问题让销售员哑口无言。有些客户似乎总是不愿相信销售人员，总是问题不断。无疑，我们最终的目的是要将产品推销出去，但面对不同的客户不能使用千篇一律的劝说方式，而应该对症下药，审时度势，巧妙地化解这些客户的疑问，才能顺利拿下客户，做成生意。

针对各种年龄段的顾客，劝购各有门道

作为销售员，我们都知道劝客户购买的一个前提是客户有购买意向，对产品有需求。如果没有购买意向，无论销售者如何费尽心机地劝说，也不可能达到让其购买的目的。当然，客户的购买意向与需求是可以从无到有的，只要销售员能做好说服工作，激发客户的购买欲望，那么也能让客户完成购买。但我们每天的客户群体并不是单一的，不同年龄段的顾客的消费心理与特点都是不同的，我们只有看菜下碟，才能对症下药，激发他们的购买欲。

销售情景：

萱萱是一名销售新手，没有工作经验的她似乎总是会遇到各种各样的问题。原来，他也不管对象是谁就胡乱推销。后来，经理决定让萱萱进行一段时间的销售培训。培训课上，萱萱第一次接触到"消费特点"这个词，原来不同年龄的消费者的消费特点是不同的。当天晚上，她就自己家庭的各个年龄段的成员进行了一些消费特点的分析。

我们家的成员分别是：父母亲、爷爷奶奶和我。

爷爷奶奶——老年人，很少有额外的消费，他们的退休金基本上已经够用。

父母亲——中年人，他们除了每天必要的生存需求之外，还有其他的一些开支，比如，爸爸每天要抽一包烟，每餐要喝点酒，所以对于父亲来说在酒与烟上的消费是必不可少的。偶尔要请朋友吃饭也需要一定的花费，还有交通费用。母亲在美容保养上面花费较大，偶尔会与朋友一起逛街给爸爸、我、还有她自己买衣服，此时也有一定的花费。此外还有交通花费，请朋友一起吃饭的费用。另外，父母亲都是教育工作者，经常会购买一些书籍、文化用品等。

在我毕业前，我的学费是家庭的主要开支。父母每个月还要给我生活费，偶尔买衣服还要另外加钱，在校期间的消费基本上比较稳定。节假日在家偶尔逛街，与同学一起聚会，会有一定的开支。我有台笔记本也是不小的开支。现在毕业了，我的开支也大了起来，与朋友应酬，买时装等。

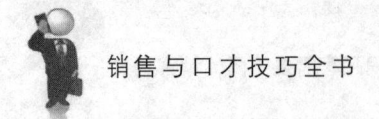

分析：

销售新手萱萱的这份关于家庭成员的分析报告在中国有一定的代表意义，反映了中国大部分家庭的销售情况，确实能帮助我们对不同年龄的消费者的消费情况有个大致了解。的确，任何一个家庭都是由不同年龄阶段的人组成，自然有不同的消费特点。正如萱萱所说："爷爷奶奶基本上很少有额外的消费"这正证明了人们常说的"年龄越大手越紧"——40岁以上年龄段消费者花钱都"比较仔细"，并且表现为年龄越大越仔细。其中60岁以上的消费者近乎"特别仔细"。

总体来说，我们可以根据年龄特点对客户做出以下归纳，并拟定出一些销售策略。

1. 青年的消费特征及销售策略

青年阶段是人生最富有创造性和追求独立性的阶段。在中国，目前大约有三亿多名青年消费者，约占全国总人口的四分之一多。青年消费者通常具有这样几点消费特征。

市场潜力大，消费能力很强。

自我意识强烈，消费时很具有时代感，不愿意落伍。

消费行为易于冲动，富有情感性。

比如，一些青年人在购物的时候会很关注产品的款式、颜色、包装等，甚至这些要素在某种程度上决定了他们是否购买该产品的第一要素。

另外，青年消费者的消费兴趣具有很大的随机性和波动性，一会儿喜欢这种商品，一会儿又喜欢另外一种。

因此，在劝说青年人购买的时候可以多强调商品的个性化特点，比如，我们可以这样说："看得出来，小姐是个注重时尚和品位的人，如果您穿上这双高跟鞋，一定有很多人成为你的粉丝，掀起一股时尚流。"

2. 中年人的消费特征及销售策略

一般来说，中年人在消费时比青年人要理智、稳重、有所节制。因为他们知道金钱来之不易。另外，他们一般都是家庭的经济支柱，身上肩负家庭的重任，所以更懂得储蓄。他们的消费特点如下。

①消费时多是理性的、计划性的，而不是情绪性的、冲动性的。

②消费时会综合考虑各方面的因素，更注重商品的实用性和性价比，而不是像青年人那样注重产品的包装、颜色、款式等。

③注重商品使用的便利性，倾向于购买能减轻家务劳动时间或提高工

作效率的产品。

④不盲目追赶潮流,对新产品缺乏足够的热情。

⑤消费需求稳定而集中,自我消费呈压抑状态。

因此,在劝说中年人购买的时候尽量要从产品自身出发,多介绍产品能给他们带来的益处,必要之时可以为他们介绍购买的成本,让其觉得产品质优价廉。

3.老年人的消费行为特征及销售策略

在我国,随着人们生活水平的日益提高,老年人的人口基数越来越庞大。另外,由于子女都已成家立业,老年人的家庭负担已大为减轻,他们有一定的储蓄可供消费支出。庞大的人口基数和一定的消费能力表明老年消费群体是一个潜力巨大的"银色市场"。一般来说,老年人的消费内容主要集中在饮食、医疗保健和文化娱乐方面,消费习惯比较确定,对产品的品牌忠实程度很高。

因此,在说服老年顾客购买时最好可以将产品的性能与其健康、饮食、医疗、娱乐等方面联系起来,另外,还要强调产品的安全性和实用性,尽量让他们放心购买。

以上关于不同年龄段的人群的消费特点和习惯的总结相信能在我们激发客户购买欲望的过程中起到帮助作用!

说什么能应对得了特别能"挑刺儿"的客户

任何一个销售员都明白"顾客就是上帝,而上帝永远是对的"这句话。这是成功推销产品的至理名言。但有时候,我们秉承这样的销售原则把客户当上帝,客户似乎还是始终会有一些反对意见,对销售员所推销的产品几乎处处挑剔,表现出指责或者不屑的态度。面对客户所持有的反对意见,一些销售员难免会感觉到失望和无奈,既然客户都反对了,还能怎样呢？其实不然,既然客户挑刺,说明还有没有解决的问题。如果我们能在与客户的交流中找到客户挑刺的真正原因,对这些重点问题加以阐述并解决,客户自然就不会挑刺了。

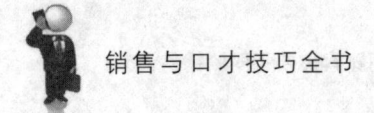

销售情景：

一家大型的服装商场正在举办一次大酬宾活动，顾客云集，都在挑选自己心爱的衣服。过了会儿，一位顾客拿起两件衣服，问销售员盈盈："这两件一共多少钱？"

销售员："全部打3折。这件衬衣折后价50元，这件T恤折后价45元。"

客户："真是便宜啊，这两件都要了。"

销售员："好，我帮您包起来。但因为这些衣服是特价商品，所以是不能调换和退货的。"

客户："知道了。"

但没过一个小时，这位顾客又找上门来了，怒气冲冲地找到盈盈："这件衬衣上少了个纽扣，你让我怎么穿，就是地摊货最起码也是物件齐全呀，你现在给我换一件，要不我就退货。"这位顾客一副绝不妥协的架势。

销售员："对不起，小姐。您先别着急，这也是我的疏忽，您看我们品牌的衣服是很少打折的，更别说这么优惠的价格，而衣服上或多或少会有些小问题，这也是特价的原因之一，但这些小缺点是完全不影响穿着的。"

客户："你说这衣服怎么穿出门啊，别人会笑话的。"

销售员："您放心，衣服的档次和质地是绝对很好的，您只要钉上一颗纽扣是完全和正价的衣服一样的。花3折的价钱买到这样一件衣服真的可以说是物超所值啊。"

客户："但是你也没有告诉我啊，如果是那样我就不买了。"

销售员："这件衣服真的很舒服，我自己也挑了一件。我也看得出来您很喜欢。如果您仅仅因为一颗纽扣就损失一件喜欢的商品，那就太不划算了。您说是吗？您看这样行吗？我让店里的师傅再给您钉上一颗完全一样的纽扣，保证看不出任何痕迹。"

客户："也是。好吧，那就这样吧。"

分析：

这则案例中，销售员盈盈已经事先提醒顾客产品不能调换和退货，但顾客还是为一颗小小的纽扣来挑刺儿。面对这样的顾客，销售员盈盈并没有正面还击："我不是已经告诉过你，这衣服是特价商品，是不能调换和退货的。"她先稳定顾客的情绪，然后再耐心地劝说顾客，并答应为其解决问题，这样顾客也就欣然答应了。

对于这类爱挑刺的顾客,有时候销售员的确很无奈,因为很多时候并不是销售员的错,这类客户一般什么事情都会在销售员身上找问题,并且芝麻大的事情都要和销售员理论一番。这些无不让销售员头疼甚至产生抱怨情绪,但是作为销售员要明白,你的根本目的是卖出产品,谁对谁错并无真正的意义,只要你卖出产品,就是真正的赢家。而如果为了逞一时之气,与客户争出个胜负,却让怒气之下的客户掉头就走,损失了生意,不如愿的还是销售员自己。毕竟,销售员要明白在销售领域中有这样一句话"客户是上帝,客户永远是对的"。我们的销售业绩直接跟客户的情绪挂钩,只有处理好和客户的关系,把我们的销售业绩提升上去,才是销售员的根本职责所在。

那么,作为销售员,我们该怎样应付这类爱挑刺儿的顾客呢?

1. 保持良好的态度,不可与客户争吵

无论客户提出多少反对意见,销售员都要保持良好的态度,更不可与客户争吵,因为不管你是否在理,一旦与客户发生正面冲突,那么你失去的不仅仅是一单生意,更是个人乃至整个公司的信誉,得不偿失。

2. 找准客户挑剔的原因

客户挑刺儿无外乎两个原因,第一个是客户本身的性格所致,他们的本性是爱挑剔的,在面对任何事情的时候总是喜欢挑剔,在这类客户的眼中没有什么东西是优秀的。第二个原因则是客户希望通过这种挑刺儿达到某种目的,比如讲价。关于这两点,就需要销售员具有良好的分析能力,能够从客户的反对意见中找出关键问题加以重点解决。关键问题也就是那些对客户来说最重要的客户本身最关心的与其关系最密切的问题。

作为销售员,当你真正弄清了客户担心的问题,并采取有效的方法加以解决,就真正打破了阻碍销售成功的障碍。如此一来,促成交易也就更加容易了。

3. 先肯定后否定

对于客户的挑刺儿,我们要礼貌应对,但这并不意味着销售员要一味地顺从客户。此时,销售员不妨用婉转或者先肯定后否定的方式,例如当顾客对你的服务或是产品产生误解时,你可以说:"您说的没错,不过……",这样一来,既表达了自己的意思,又维护了相对良好的销售氛围。最重要的是没有和客户产生语言上的冲突。

总之,对于那些爱挑刺儿的顾客,营造良好的沟通氛围是非常重要的。

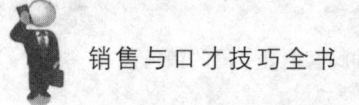

在此基础上,销售员还需要想方设法解决顾客提出的问题,只有消除了顾客的疑虑,销售工作才能顺利进行。

不言不语的客户,如何打开他的口

很多销售经验告诉我们,与难缠异议不断的客户相比,跟那些不言不语的客户打交道更难。这类客户无论对商品是否满意,总是习惯保留自己的意见。而客户不开口,我们就无法了解到他内心的真实想法,销售工作也就无法展开。

但精明的销售员,无论客户怎么不善言谈,怎么保留自己的意见,他们总是能找到突破口打开客户的口,从而挖掘出有利于销售的信息。当然,想要让不言不语的顾客开口并且说出自己的需求,那么销售员不仅需要掌握专业知识,还需要具备良好的沟通技巧。只有从寡言的顾客那里得到足够的有效信息,才能最终获得销售的成功。

销售情景:

某天,某礼品店来了一位小男孩,站在橱窗旁对着一个音乐盒看了半天,也不说话。销售员问其需要什么,也不应声。这时,另外一名销售员走过来,对小男孩说:"小朋友,你是喜欢这个音乐盒吧?"

客户:"嗯。"

销售员:"喜欢就买回去吧。"

这位小男孩并没有回答,而是又走到另一副工艺品面前。

销售员:"这个也很漂亮。你是想选个礼物送人吗?"

客户:"嗯。"

销售员:"想送给谁呢?"

客户:"想送给妈妈,明天是母亲节。"

销售员:"是啊,我差点忘了,你妈妈真是幸福,有这么孝顺的孩子,还记得给妈妈买礼物。你刚开始看到的那个音乐盒就很适合啊。"说完,销售员走到橱窗边,打开了音乐盒,里面缓缓地放出了一首美妙的钢琴曲。

接着,销售员说:"如果你送给妈妈,她一定非常喜欢。而且我还可以免费给你做一个漂亮的包装,你看好吗?"

客户:"真的适合吗?"

销售员:"我觉得挺适合的,当音乐声飘出的时候,妈妈一定会很感动,不过我们这里还有其他的礼品,你也可以看看。没关系,你选择任何一个都可以免费给你做漂亮的包装。"

客户:"我还是喜欢那个音乐盒。"

销售员:"我也看它最合适了,那么我们就把它打包装好吗?"

客户:"嗯。"

分析:

案例中,这位小男孩在刚开始时表现得很沉默,销售员问其需要什么,也沉默不答。而最终,另外一名销售员却打开了他的话匣子,并成功推销出去了这款音乐盒。这名销售员之所以能做到,是由于他具备良好的观察能力和思考能力,首先发现小男孩对音乐盒感兴趣,然后循循善诱,让小男孩愿意与其主动交谈,最终推销成功。

现实销售中,我们经常会遇到这样的客户,无论销售员说什么,他似乎总是把自己和销售员隔离开来,对销售员的热情视而不见,无论何时总是保持沉默,让销售员找不到交谈的突破口,更别说销售机会了。

因此,如何打开这些不言不语的客户的口就成了很多销售员必须研究的问题。那么,想要从寡言的顾客那里获得足够的信息,作为销售员都应该如何做呢?

1. 始终保持热情诚恳的态度

销售员的热情就像一团火,无论内心如何冷淡的顾客在销售员的热情面前都会被感染。从事销售行业,热情就是销售员获取成功的法宝。

因此,在与这类不言不语的客户交谈时,销售员要始终保持语言、神情和目光的真诚,并始终保持微笑。当你从始至终地与其热情真诚地交谈后,就一定能在客户的心里留下好的印象,不论谈话是否取得实质性的改变,对以后的销售工作都会有所帮助。

2. 善于观察,了解顾客的关注点

那些不言不语的客户的内心世界多半不能从言语上得知,因此,我们不仅嘴上要会说,还要会看、会听、会想,要有足够的耐心、信心、决心拿下这样的客户,要善于通过客户的举止言谈甚至是一个眼神来捕捉客户的心理并加以分析,掌握客户的购买心理,也就掌握了成功销售的砝码。

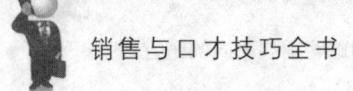

3. 努力引导客户开口

再优秀聪明的销售员在与客户沟通的时候，只凭举止、眼神、表情等方面获取其购买商品的相关信息往往还是不够直观，甚至会得出错误的分析结果，出现判断错误的尴尬。所以，作为销售员不仅要善于观察，还要善于调动客户的积极性，帮客户打开"话匣子"，让客户主动开口说话。当然，鼓励客户开口还是需要销售员具备良好的沟通能力，热情真诚地与客户沟通，并极力营造一个轻松的谈话氛围，让客户觉得是在和自己的老朋友交谈。

总之，当在销售中遇到那些一言不发表情冷漠的客户时，我们不仅需要观察客户，通过非语言形式了解客户的内心，更要特别注重与客户的沟通，借助提问或者拉近心理关系的方式想办法将客户引导到沟通活动中去，做到充分了解客户，一旦客户被激发起了谈话的热情，愿意参与到谈话中来，那么销售员展开销售工作就比较容易了。

对产品颇有研究的专业型客户，如何接招

从事销售工作，每天都要与不同的客户打交道，其中就不乏那些对产品颇有研究的专业型客户。在购买商品的过程中，这样的客户因为对产品熟识，常常对销售员的话会做更为理智的思考和回应，回以销售员的提问也往往更为犀利，底气不足的销售员常被这类顾客问得哑口无言，手足无措。有时候，不仅会失去生意，还使得自己和公司的形象受损，其实，让这类客户成为最终的购买者也并非不可能，这就需要我们迎合这类客户的心理，满足其爱指导的需求，从而自如应付与其沟通中遇到的每一个细节，为成功销售赢得机会。

销售情景：

陈丽是一家皮具公司的销售员。一天，店里来了一位男顾客，这位顾客在店内看了几眼后，眼光停在了一条皮带上。这时，陈丽走过去。

销售员："您好，先生，来选购皮带吗？"

客户："我自己看看。"

销售员："先生，我们是国际品牌专柜，以您的气质来说这里的皮带都比

较适合。"

客户："你们是国际品牌？"

销售员："对，我们的皮具是意大利品牌，在款式和材质上都走欧美风。"

客户："什么国际品牌？你以为我不知道，我也有一个朋友做这行，业内人都知道，这只不过是挂了一个意大利的牌子而已，其实都是国内的产品。"

陈丽一听，知道遇到内行了，她立刻改变策略，恭维道："您真行！这么内幕的事都能知道，跟您相比，我们真是井底之蛙了。不过不管怎样，我们的产品质量还是得到认可的。您说，是吗？"

客户："这倒也是实话。"

销售员："那先生您觉得我们的产品还存在哪些不足呢？"

客户："其实你们的产品也不错，只是我觉得作为男士专用皮具，在原料供应上，你们更应该做到精心挑选，尽量选择那些质地优良的，才能做出高品质的皮具，才能做出档次，走出国门，成为名牌。"

销售员："您说得太有道理了，我们老板也一直叮嘱生产部门要注意这些。对了，您今天有看上的皮带吗？"

客户："这条还行吧。"

销售员："先生，您的眼光真的不错，您看上的这条皮带，它有个好处就是无论您配什么衣服，都会搭配得很好，因为它的颜色很柔和，而且，今天您也很幸运，我们这里所有的皮具都打六折。您可以试一下，体验一下实际效果。"

客户："恩，行吧，我试试看，好看就买了。"

最后，这位客户痛快地购买了这条皮带。客户离开前，销售员陈丽还不忘恭维道："以后，您可要常来为我们的工作做指导啊！"

分析：

可能很多销售人员认为遇到此类专业型客户，销售工作就进入了死胡同，实则不然，只要我们找准了销售策略，也能应付。案例中的销售员陈丽之所以能成功向这位客户卖出自己的产品，就是利用了客户的这种优越感，对客户进行了一番投其所好的恭维。的确，那些专业型客户因为熟悉产品，他们一般都不会听销售员的意见，因此，与其费尽口舌劝客户购买，还不如以请教的姿态主动倾听顾客的见解，满足其心理。只要掌握好专业型顾客的心理，买卖同样能做成。

那么，具体来说，我们该如何应付这类顾客呢？

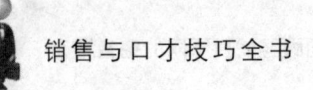

1. 处变不惊，保持良好的态度

这类专业型客户通常都会表现出一副盛气凌人的姿态，且喜欢用自己的专业知识来批评产品的不足或者销售员工作的不足。但作为销售员，不能因为对方是专业顾客这一特殊身份就畏首畏尾，不敢上前接待。其实，我们如果能处变不惊，保持真诚的态度，热情的服务，展示自己的自信，那么，反倒能赢得对方的好评。

2. 多说恭维话

与这类客户交谈，我们不妨对他们的专业知识和渊博的学识表现出敬佩的样子，这不仅让他们狂妄的心理得到满足，也会为了表现自己而乐意向销售员传授更多知识。

3. 多使用讨教的语气

这类顾客通常有很强的表现欲，一般来说，还没等销售人员正式介绍产品，就急于表现自己，他们对销售员的话会表现得很不耐烦，有时候他们会喋喋不休地向销售员传授着专业知识，对于销售员推荐的不足之处会无情地指出，使销售员下不了台。因此，我们可以降低姿态，以讨教的语气进行交流，利用他们的好胜心理来促成销售。

总之，作为销售员要记住，成功销售出产品才是终极目的，不管顾客如何自我感觉优越，只要我们能迎合其心理，就一定能达成目的！

疑心重喜欢追问到底的客户，说什么制服他

现代社会，虽然我们一直强调诚信原则，但还是存在一些违背这一原则的经济现象。而正是这一原因导致了很多客户对销售员这一工作存在偏见，他们认为销售员是为了推销而推销，销售员的话决不能信。而购买产品的时候，他们更是小心翼翼，处处提防，并喜欢刨根问底。客户这样的态度无疑为我们的销售工作带来难度，只有彻底消除客户的疑虑，客户才会信任我们。

销售情景：

一天，某手机大卖场××品牌专柜来了一位先生，看样子他是要买手机。看了半天后，他把眼光停留在了一款黑色的翻盖手机上。销售员为其介绍了这款手机的各项性能，这位先生终于表态了。

第18章 ◆ 看人劝购，不同顾客需要不同的销售语言

顾客："你们这款手机真的有你说的那么好吗？我看不见得吧。"

销售员："关于产品的功能方面，我刚才已经为您展示过了。总的来说，我们这款手机的性价比是同类产品中最高的，不仅技术先进，价格也相对优惠很多。"

顾客："可是，我还是觉得这款手机感觉太轻了，似乎一摔就会坏。"

销售员："先生您多虑了，我们的手机本身就是为了轻便考虑，采用德国×××型塑料制成，坚固耐用又轻巧。当然，我们最好还是要保护好手机，尽量减少摔打的可能，您说对吗？"

顾客"你说的也是，你拿出来给我试用一下吧。"

销售员："好的。"

当销售员为客户拿出手机后，这位客户的问题又产生了："你给我的这款手机上面这个是什么啊，怎么看着这么旧，不会是人家的退货吧。"

此时，销售员真的有点不耐烦了，但他还是压住了火气，对客户说："这个您放心，这是一款颜色较暗的手机，并不是旧产品。最近几年，这种暗色调的手机一直很受欢迎呢。"

顾客："哦，原来是这样啊。那你给我包起来吧。"顾客说完，销售员终于松了一口气。

分析：

在面对这类刨根问底似乎总是对销售人员持怀疑态度的客户，可能很多销售人员都会热情消退甚至不耐烦，而这种态度无疑会加重客户的疑心。实际上，如果我们能保持镇定和耐心，就如同案例中的这位销售员一样，即使已经觉得不耐烦，也要调整心态，继续耐心回答顾客的问题，那么，客户心中的疑虑逐渐消除后，自然也会放心购买。

另外，还有一种情况，有些客户喜欢刨根问底是性格所致，他们无论做什么，都会做到深思熟虑，力求滴水不漏。但不管出于什么原因，我们都要使用技巧消除顾客的疑虑，从而实现交易。

具体来说，我们应该做到如下几点。

1. 言辞诚恳

这类客户疑心重是因为不相信销售人员，但如果我们能态度坦诚，不矫揉造作，注意说话的语气，给人以坦诚老实的感觉，那么，是能打动客户的。而相反，如果眉飞色舞，泡沫横飞，就会给顾客造成一种华而不实的现象，进而会把这种感觉过渡到产品上去。

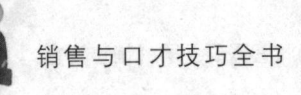

2. 不要试图对这类客户实行"利诱"

人们都有爱占小便宜的心理，但与这类多疑型客户打交道一定不要以为小恩小惠就可以"收买"他们因为这样，很容易适得其反，引起他们更深的怀疑甚至误解。所以，我们要尽量理解他们的情感，尤其是他们多方面的疑虑和意见。

3. 自爆其短，换取信任

客户也明白任何产品都不是十全十美的，如果我们一味地吹嘘产品的性能和质量，势必引起客户的怀疑。而如果能适当表示出对顾客意见的同意，甚至可以主动承认产品的一些小问题，当然前提是这些问题是无伤大雅的，不会影响到产品的使用，这样可以换得客户的信任。如可以这样说："不瞒您说，我们的产品在时尚元素的追求上还是做得不到位，但我们会努力的。"

4. 出示令人信服的证据

事实胜于雄辩，有时候，如果顾客对你的话半信半疑，不如直接向顾客出示一些实在的证据证明你说的话是真实的，这样就可以令他信服。比如，我们可以说："先生，我知道您担心产品的质量问题，这我可以理解，您看，这是我们的产品证明书和客户意见反馈表……"

总之，面对这类爱刨根问底，对销售员和产品不信任的客户，我们的工作重心就是要保持耐心，逐一消除客户的疑虑，从而让客户放心购买。

对待销售型的客户，说话不要销售痕迹太重

销售过程中，我们经常会遇到一些顾客，他们总是喋喋不休地说个不停，甚至颠倒了销售员与客户在销售过程中的位置，销售人员只有"听"话而没有"说"话的份，即使是那些富有经验的销售人员也会觉得他们很难缠，因为我们的思维需要跟着他走。有时候，思维过程要360度大转弯，高兴起来滔滔不绝，花费的时间会比预定的长很多。不高兴的时候更是要唠叨个不停，倘若在他兴头上打断他的话题，就会被客户认为服务不好。总之，这样的客户令销售员头疼。

这种客户就是我们平时所说的"销售型客户"。面对这样的顾客，可能

很多销售人员会显得不耐烦,不愿花费时间与这类客户周旋,于是,他们一般会直入主题——销售,但这样应对则显得功利化,也会赶走客户。那么,我们该如何应对这类客户呢?

销售情景:

某品牌鞋专卖店内,来了一位客户。

客户:"这款高跟鞋多少钱?"

销售员笑着说:"498元。这是我们推出的今年的新款,这两天刚刚到货。"

客户:"498元?也太贵了。不就是一双春秋单鞋吗?怎么会这么贵,你不要以为我们消费者都是睁眼瞎,这双鞋最多也就百把块。人家和你们同档次的鞋都在打折呢。"

销售员:"就知道您是识货人,一眼就看上了这款鞋。的确,我们这款鞋看上去有点贵,也没打折。是的,如果是我也会觉得有点贵。不过话说回来,如果您经常穿它,您绝对会觉得物超所值。这款高跟鞋集合了今年的最新时尚元素,款式新颖,面料也相当好。498元您绝对不会买贵。"

客户:"这鞋的面料是什么做的?怎么摸起来不像是真皮啊?"

销售员:"您放心,这绝对是纯皮的,我们是专卖店,不可能用假的来欺骗顾客,因为面料经过特殊处理,所以看起来和那种皮革有点不一样,但正是因为这样,这种皮今年特别流行。您可以试试。"

客户:"好吧,你拿下来我试试看看,不过不一定买。"

客户试穿完后。

销售员:"您看,这款鞋子太显您的气质了。现代女性买鞋已经不单单是为了穿着舒服,也是为了彰显个性和气质,这双鞋子再适合不过您了,也很配您今天这身衣服。"

客户:"嗯,是挺好的,我在××品牌那里看中了一款,价格比你们便宜不少钱,也是今年的新款,但是感觉很普通。那就拿这款吧。对了,你们这儿售后有保证吗?如果鞋子有问题可以换吗?"

销售员:"是的。这个您完全可以放心,您一周之内都是随时可以调换的。"

分析:

我们发现,案例中的这位客户就是典型的销售型客户,表面上看,她似乎懂得很多,比如,她认为产品价格不合理,质地有问题等,但很明显,她只

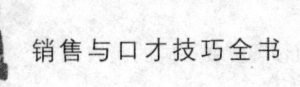

不过是个外行。而聪明的销售员虽然看出这一点，还是不露痕迹地继续与其周旋，逐一解决客户的疑虑，最终让其答应购买。

一般来说，遇到销售型客户常有一些销售员会感到力不从心，无论是维护谈话气氛还是买卖双方的关系，都需要销售员做出更多的努力。有些时候，销售员还会发现虽然在这样的顾客身上耽误了很多时间，但是销售最终毫无成果，甚至其滔滔不绝的语言还可能无形中破坏了其他生意。然而尽管如此，如果我们能做到耐心劝说，不急功近利，这类客户也并不是不容易对付。

在具体销售过程中，要想让销售型客户成为最终的买家，销售员都应该怎么样应对呢？

1. 保持耐性，多听少说

这类客户一般很爱表现自己，他们自以为对产品很了解，有时会不着边际地表明自己的看法，面对这类客户，如果我们与其争在销售中的主导地位，那么，就会让客户觉得你是在反驳他，一旦他们失去了说的兴致，对产品的热情也就冷却了。

而相反，如果我们懂得倾听的话，不仅能表现出对他们的尊重，还能从他们大篇幅的语言中找出一些有利于销售的主题。

因此，在与销售型客户的对话中，销售员需要及时提取对方的谈话信息，并找出其中对销售有价值的部分，做到善于倾听，善于思考。

2. 学会制造销售机会

无论怎样，我们最终的目的都是成功推销出产品。一切的交谈最终都要回归到这个主题上。但无论购买什么，这类客户总是会提出更多的问题。这里，我们一定要善于抓住那些有利于自己的机会，就更容易掌握主动权，也更容易获得销售的成功。

比如，当顾客谈及产品的某一功能时，我们就可以借助这一谈话机会将产品的其他方面的卖点介绍给客户，让客户感觉到无论是在价值还是价格上都很合理。无论怎样，销售员只要抓住顾客语言中那些对促进销售有关的话题并适度地进行展开，对顾客加以引导。那么，想要获得销售成功也就变得更加容易了。

实践证明，一切销售活动的成功越是能不着痕迹，越是能获得客户的认可，尤其是面对这类销售型客户，让他们在不经意间对我们的产品产生认同感是成功推销的最可靠保证。

◆第19章◆

融化抱怨，客户的问题就是你的问题

销售过程中，我们销售的产品不可能完美无瑕，我们的销售工作也并不是对所有的客户来说都尽善尽美。有时候，销售员销售工作的某个环节出现了问题就难免会引发客户对销售员销售的产品或者服务发生抱怨。这是正常的事情。被誉为"经营之神"的日本企业家松下幸之助曾说过："对待有抱怨的顾客一定要以礼相待，耐心听取对方的意见，并尽量使他们满意而归。因为，他们将会为你的产品做免费的宣传员和推销员。"作为销售员，我们应该理解客户，并注意自己的态度，认真倾听客户的抱怨，以真诚的语言打动客户，让客户尽量把自己的怨气撒出来，而只有这样才能为客户提供优质的服务，同客户建立长久的合作关系。

言语间春风化作雨,让客户的怨气撒出来

作为销售员都知道,任何一件产品,即使做工再精细,也不可能完美无瑕。另外,有可能由于使用不当或者售后等方面的问题导致客户的抱怨甚至投诉。面对这些问题,可能有些销售人员会认为,我只负责销售,把产品卖出去就万事大吉了。于是,他们把责任推卸到公司或者售后部门身上。也有一些销售人员认为客户的抱怨实际上就是找茬或无理取闹。这两种态度都是不可取的。

被誉为"经营之神"的日本企业家松下幸之助曾说过:"对待有抱怨的顾客一定要以礼相待,耐心听取对方的意见,并尽量使他们满意而归。因为,他们将会为你的产品做免费的宣传员和推销员。"作为销售员,我们应该理解客户,并注意自己的态度,认真倾听客户的抱怨,以真诚的语言打动客户,让客户尽量把自己的怨气撒出来,而只有这样才能为客户提供优质的服务,同客户建立长久的合作关系。

销售情景:

一天,某生产设备推销员小王刚进公司,就接到了客户张总的抱怨电话,电话那头的张总一腔怒气。

"当初我真是瞎了眼,买了你们的机器,一大早,机器就不转,这是怎么回事?真搞不懂你们是怎么弄的,修了一次还没修彻底?"

小王听完以后,深呼吸了一口气,用清晰明朗的语气对客户说:"张总,您好,实在抱歉!这台机器的问题真的让您费心了。您放心,我会马上处理这事,我们将以最快的速度给您送过去一台备用机先用着,不耽误您正常的产品生产,您现在的机器我们马上拉回来维修,并再详细检查一遍。"

听到这里,张总的怒气也没有那么重了:"好吧,请尽快!"

分析:

这则案例中,我们发现客户张总从刚开始的怒气冲冲到怒意消除,最主要的原因在于销售员小王能以正确的态度、爽朗的声音和有力的解决方式加以回应。在处理客户抱怨的问题上,销售员的口语表达至关重要。销售员的说话方式可以影响甚至是控制客户,并且也是处理客户抱怨的利剑,

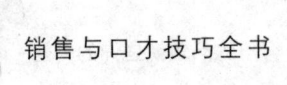

从而使客户会更加相信销售员。试想,如果销售员这样应付客户:"怎么会有问题啊?我不太了解你说的情况,你去问客户服务处的人吧。"遇到这样的说话语调,客户只会觉得自己只不过是提出抱怨,是被当做一个难缠的人,而且听起来像是销售员直截了当地把事情撇得一干二净。

那么,销售人员该如何在言语间春风化雨,成功让客户把怨气撒出来,进而解决客户的抱怨呢?

1. 态度真诚,倾听为首

一般来说,客户产生抱怨说明已经对我们的产品或服务态度产生质疑,此时,我们要想重新赢得客户的信任和认可就需要以真诚的服务态度打动客户的心。比如,我们应该用关怀的眼神看着客户,耐心倾听,并以真诚认真的态度回应客户,如:"您的意思是因为……而觉得很不满是吗?""总起来讲,主要有如下几点令您不满意……是吗?"而如果我们不能做到这点,在处理客户抱怨的时候心不在焉,敷衍塞责,那么只能火上浇油,不仅得不到客户的信任,而且还会招致客户反感,甚至影响到客户对产品的认同。

2. 平常心对待,言语平稳,不可紧张

处理客户抱怨时,销售员必须以平常心看待抱怨电话以及客户本身,不要存在紧张或害怕的心理,更不要觉得是客户在找麻烦,而是用一种对待一般客户的方式和态度来对待客户的抱怨就行了。这样的话,你就会情绪稳定而使语调平稳,从而流畅地与客户对话。

3. 声调清晰,表达清楚

声音到底会有多大的影响力?据说,曾经有一位法国演员仅仅在餐厅朗读了菜单,就令周围的人感动不已。声音可以说是处理客户抱怨中一个重要的环节。销售员的回答对于抱怨的客户来说有非常大的影响力,因此要有意识地做出适当的调整。

处理客户投诉时,如果我们能用清晰的声调和爽朗的说话方式来应对客户的话,那么,即使客户情绪再差,也会心情逐渐转好。所以,练好说话的声音和语调对于销售员应对客户沟通和投诉也是必需的。试想,作为客户,如果遇上一个负责处理抱怨的人语气生硬,且每句话的结尾都模糊不清的话,那就连一点交谈的诚意都没有了,这样会令客户越来越想挂断电话,问题也只会变得越来越麻烦。

4. 感谢客户提出的问题

客户抱怨时,我们不但不可反驳,还要谢谢客户提出的问题,因为客户

愿意花时间和精力来抱怨,让自己有改进的机会,这当然应该感谢他们。对客户表示感谢,能让客户感受到你的诚意,情绪也就缓和下来了。

5. 表达歉意

一旦发现是自己造成的错误,要赶快真诚致歉,即使错误与自己无关,也要对客户的麻烦表示同情和歉意,例如,"很抱歉让您这么不高兴……"

6. 承诺立即处理

在客户发泄完自己的不满后,我们在道歉完,一定要积极表示处理事情诚意,如"我一定会尽快帮您处理这个状况……"。当然,这并不是一句空话,需要销售员及时为客户处理,能够马上解决就马上解决,不能当场解决的,要记下关于客户提出抱怨的日期、情况等,并给客户处理的承诺。

另外,在处理客户抱怨的过程中,我们还要保持微笑,俗话说:伸手不打笑脸人,微笑是矛盾最好的缓和剂。即使客户的抱怨再怎样不堪入耳,销售员也要时刻保持微笑和心平气和的状态,以平和的态度逐渐熄灭客户心中的怒火,最终消除客户抱怨。

客户抱怨的各种类型,应对有说道

人们在购买产品的时候,购买的产品不同,购买的时间、地点、使用状况不同,就可能对产品产生不同的意见,其中不乏抱怨。客户的不满意可能表现在很多地方,从产品到服务,再到承诺的异议,客户都可能产生不满。任何客户的抱怨都是可以化解的,关键是看你是否有较高的技巧。这就要求我们先掌握客户产生抱怨的原因,针对不同的原因,采取不同的应对措施。

销售情景:

陈爽是一名手机销售员,每天他都会遇到各种各样的顾客,当然,也少不了那些投诉抱怨的客户。

这天上午,一位小姐怒气冲冲地找到她,对她说:"你这手机有问题吧?我昨天买回去后,就把内存卡插进去了,可是完全没显示……"听完客户的抱怨后,她并没有生气,而是让客户拿出手机,她重新为客户装了一次内存卡,这时,居然有显示了。此时,陈爽对客户说:"您昨天肯定是安插内存卡的时候没安插好,接触不良导致的。"客户这才恍然大悟,有点不好意思,说:

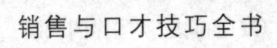

"真对不起,是我弄错了。"这时,销售员说:"这不能怪您,我昨天应该先把关于手机的各项使用说明都讲清楚的。"听完这些后,客户很满意,又为自己男朋友买了一款手机。

上午的事情刚解决完,下午又来了一个"找茬"的老客户,当时陈爽正准备午休,客户冲进来,对陈爽说:"我要退货!"陈爽很纳闷,对客户说:"产品有什么问题吗?"

"我是想问一下,我上次在这儿买的手机,为什么还没到一个月价格就降这么多?你们得赔偿我差价,或者直接退货!"

"小姐,您先别急,我非常理解您现在的心情,您一定觉得价格降了这么多,您买得不划算,其实,还是有很大区别的。像您购买的这种手机,功能强大,外形靓丽,颜色多样,在您购买时可是独一无二的啊,可以说您是一位时尚达人了,而现在市场上的确出现一些和我们产品差不多的手机,价格也便宜很多,但您是这款产品的引领者,您应该觉得高兴才对啊,您说是吗?"

"嗯,你说得也对。"

分析:

案例中,我们发现,手机销售员陈爽很擅长处理客户的抱怨,在面对完全两种不同的抱怨时,她始终能处变不惊,针对不同的情况,采取不同的应对措施,最终都让满腔怨愤的客户满意而归。

可见,销售人员在处理客户抱怨的时候一定要有一定的灵活性,一来是不要让客户的情绪影响了你,让你也变得生气起来;二来要以平静的心情听完客户的抱怨,从中弄清事故产生的原因,然后采取针对性的解决措施。

那么,具体来说,我们该怎么做呢?

1. 找出客户产生抱怨的原因

要做到成功化解客户的抱怨,首先就要了解清楚客户抱怨的原因。客户抱怨的问题有以下几种。

①产品自身的原因,比如,商品用途狭窄,不敷应用;商品功效减退或消失等。

②售后服务上的问题,比如,客户会产生这样的抱怨:"你们的售后服务太差了吧,怎么和售前相差这么大?"

③客户自身的原因

如客户没能按照产品说明书的要求正确使用商品,或者机器的使用程序颠倒,从而使客户抱怨。或者客户受到外界一些因素的影响,对产品产生

不同的印象,故而产生抱怨等。

当然,客户产生抱怨的原因并非只有以上三种,这都需要在具体处理抱怨前就挖掘出这些原因,以方便我们对症下药,加以解决。

2. 对症下药,消除客户的抱怨

①客户对产品不满意

针对这一点,我们一定要重新树立产品在客户心中的形象,重新诉求产品的卖点,让客户觉得买得值。比如,我们可以和案例中的手机推销员陈爽一样强调客户当初购买产品的抉择是明智的。

②客户由于使用不当造成问题

对此,我们一定不要将责任加于客户身上,而应该归咎于自己,承认自己没有把情况说明清楚,然后再向客户重新演示产品的正确使用方法。

当然,关于客户的这一抱怨完全可以避免,那就是当客户购买产品后,我们应详细告诉客户要仔细阅读产品说明书,以及使用产品时按照产品说明书上的要求正确使用。

③关于服务上的抱怨

关于这一抱怨,销售员或多或少地有些责任,有些销售员在听到客户关于服务提出抱怨时,经常会用:"客人很差劲""最近消费意识抬头,客人的要求越来越多,真是拿他们没办法""消费者保护法是把消费者宠坏的法律,对我们而言根本很难做到"这些理由来责怪客户。这种处理方式是万万不可的。对此,我们一定要保持良好的态度,表达对客户的尊重。直销界流行这样一句话:"客户永远是对的",要让客户对我们的印象改观,良好的服务态度就是最有力的证明。

因此,销售员在处理客户抱怨的时候,一定要先冷静地分析查明真相,并且思考如何处理,确实找出客户是因为哪种不满而产生抱怨的原因,然后针对具体原因加以解决,使客户满意而归!

客户当众抱怨,如何说才能融化不良影响

在销售过程中,我们常常会遇到形形色色的客户,也会遇到各种各样的投诉和抱怨问题。一般情况下,只要我们耐心倾听,并迅速处理客户提出的

问题，客户的抱怨即可化解。但有时候，我们会遇到一些特殊的情况，即客户不顾影响，当众抱怨。此时，就是考验销售员的应变能力和待人处事的能力的时候了。处理得当，不仅能化解矛盾而且还能赢得顾客的信赖，增加回头客的数量，形成基本顾客群。反之，很明显，不良影响将会扩大，甚至会使得整个公司的形象受损。那么，销售员怎样才能化解这一问题，让顾客息事宁人呢？

销售情景：

一天，某品牌饮料公司销售大厅来了一位客户，他情绪很激动，嘴里喊着"凶手"，销售人员一看情况不对，就叫来了负责人王经理。

原来是这样的，这位客户买了该品牌的饮料给孩子喝，却不小心喝到了一个碎玻璃片。来这家公司前，他已经打好腹稿，搜肠刮肚地想出了许多尖刻的词语。他想，如果这家公司不愿担当责任，他就要将这件事告到消费者协会，甚至上电视台。

见到作为负责人的王经理后，他便"炮轰"："你们是凶手，怎么能赚这种黑心钱，却把我们千百万消费者的生死置之度外，真是奸商……"

王经理面对这样指责仍然非常平常，但他考虑到如果不将客户转移到内室的话，将会引来很多观众，那不就是给公司做负面宣传吗？于是，他这样说："先生，您好，您站在这里会累，我们去贵宾室谈吧，不管什么事，我一定会为您解决。"他还做出了"请"的姿势，这位先生看到经理这么诚心，就随他进了贵宾室。

接下来，王经理诚恳地说："先生，您先喝口水，究竟发生了什么事？请您快点告诉我，好吗？"

"你自己看看，你们都是做了什么样的好事！里面居然喝出了玻璃碎片，如果出了事，你们这就是谋杀！"这位先生从自己的包里拿出了一个瓶子。

王经理拿起瓶子看了看，激动地说："怎么会搞成这样？这还得了，人要是吃了这个，那是会要了性命的！"说到这里，经理一把拉住刘先生的手急切地问："请您赶快告诉我，您的孩子现在怎么样？要是受伤了，咱们现在马上要车送他去医院治疗！"说着，抄起电话准备拨打120。

这时候，这位先生的怒火已经缓和了很多，对经理说："没有人受伤。"

听到这话，王经理表现出一颗心着地的神态，说："哎呀！真是谢天谢地。"

接着,他又万分感激地说:"您为我们指出了工作中的一个巨大的事故,我要代表公司的干部职工向您表示感谢,并将此事立刻向全公司通报,采取措施,今后务必杜绝此类事情发生。对于您的这瓶牛奶,我们要照价赔偿。"

此时,这位先生的怒气已经完全消除了,十分平静地离开了这家饮料公司。

分析:

我们发现,这位王经理之所以能成功处理一起事态严重的客户投诉,就在于他能保持冷静,认识到客户在销售大厅抱怨只会使负面影响扩大,于是他将客户引到贵宾室,然后他再站在客户的角度上以理解的态度和关心的心情认真倾听客户的抱怨,客户认识到自己的感受被理解和尊重后,即使怒气再大,也会有所缓和。

客户当众抱怨,可能很多销售员都会感到无法驾驭,不知如何是好,但其实这类客户的投诉也并不是什么大问题,甚至他们看重的也不是解决问题的方法,而是公司或销售员对待他们投诉的态度。如果能对投诉的客户抱以尊重的态度,认真倾听他们的抱怨,在很多时候问题已经解决了。

那么,具体说来,我们该如何处理这类抱怨呢?

1. 巧言让客户"转移阵地"

很明显,客户当众抱怨会让更多的人了解到这一抱怨与投诉,因此,我们一定要让客户"转移阵地",那么,我们该怎么做呢?案例中的王经理的话一般都能起到作用:"先生,您好,您站在这里也累,我们去贵宾室谈吧,不管什么事,我一定会为您解决。"这句话有几个意思。第一,体现出了为客户考虑。第二,将客户引导至贵宾室,体现了对客户意见的重视。第三,给客户一个保证,一定会帮助其解决问题。这样说,客户是没有拒绝的理由的。

2. 耐心安抚客户的情绪

其实,任何一个客户来投诉时,无论开始的脾气有多大,我们都必须耐心安抚,鼓励客户把心里的不满都发泄出来,那么客户的情绪就会越来越小。当客户恢复了理智和清醒后,销售员才能正确地着手处理面前的问题。而且,因情绪激动而失礼的客户冷静下来以后必然有些后悔,这比销售员迎头批评他们要有效得多。

3. 表明为客户解决问题的决心

当我们听完客户的投诉后,必须给客户一个明确的答复及一个解决方案,能够马上解决就马上解决,不能当场解决的,把处理的意见、日期、办法

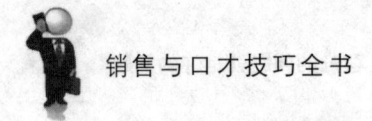

明确告诉客户,清除顾客疑虑或者误会。当然,对于这类当众抱怨的客户,我们最好能当场解决其问题。

总之,面对这类当众抱怨的客户,我们一定要保持冷静,尽量将客户转移该场所,然后耐心倾听客户的抱怨,并给予最及时的解决方法,从而缓和其情绪,将不良影响降到最低!

处理客户抱怨时不应犯的言语禁忌

销售过程中,我们销售的产品不可能完美无瑕,我们的销售工作也并不是对所有的客户来说都尽善尽美。有时候,销售员销售工作的某个环节出现了问题,就难免会引发客户对销售员销售的产品或者服务发生抱怨。这是正常的事情,因为客户从销售员那里购买了产品,在产品正常使用期内出现商品故障或者产品售后服务没有跟上,因而向销售员诉说不满,这是理所当然的。面对客户的抱怨,销售员必须加以重视,不可犯某些言语禁忌,因为一旦触怒原本已经心存抱怨的客户,那么,我们的销售工作就将更添阻碍。

销售情景:

打印机销售员小杨大清早的就接到客户的抱怨电话:"小杨,你这卖的什么打印机,才用一个月,总是出问题,印出来的试卷油墨太重,还不清楚,你们来给我修理一下吧?"

销售员:"噢,这样啊,你看一下那个合同,上面有我们公司售后部门的电话,你直接打那个电话就行了。我只负责公司产品的销售,修理机器的事不在我的职责范围内。售后问题有专门的部门负责。"

客户:"你怎么这样说呢?我可是在你手上买的机器。"

销售员:"这点我知道,但这的确不是我的工作,你还是找售后部门吧。"

客户:"售后部门的电话要是打通了,我还找你干吗?"

销售员:"那你就等等再打呗。"

客户:"你怎么这么不负责任?"

销售员:"我没有啊,每个人的工作职责不同啊。"

客户:"哼,看来我从你那里买打印机真是个错误的决定,原本还准备下

半年的订单交给你们公司,现在看是没必要了。"

销售员:"……"

分析:

表面看起来,销售员小杨的话很在理,产品卖出去了,剩下的问题就该交给售后部门。但实际上,他的话却犯了处理客户抱怨时的一大禁忌,不可推卸责任。因为对于销售员来讲,提供满足客户希望的服务不仅是获得客户认可的最佳途径,也是开发客户最有效的方式。当客户产生抱怨,需要解决某些问题时,我们不仅不能推卸责任,还得积极想办法替客户尽快解决。推卸责任永远不是解决问题的方法。

当然,除了推卸责任外,一些销售员还会触犯其他一些处理客户抱怨时的言语禁忌,具体来说,包括以下几种。

1. 千万不要批评埋怨客户

客户永远是上帝,也是销售人员的衣食父母。所以,客户产生抱怨,因产品、服务等问题发生纠纷矛盾时,销售员千万不要同客户争执,而应该冷静地接受客户意见,虚心地接受批评,了解到客户意见的重点,坚决避免与客户发生争执或直接指出客户的错误。

不论客户对你的产品提出什么样的批评和如何不满意,销售员都永远不要和客户争执,最佳的方法就是接受他的指责,了解客户希望如何解决问题,掌握客户心理,以便为消除客户的不满寻找方法。

2. 禁用攻击性语言

俗话说:"好话说人三冬暖,恶语伤人六月寒"。作为销售员,无论客户的抱怨是否在理,无论客户说什么针对性的语言,都不要以攻击性的语言应对,轻则引起客户的不满,重则会让你乃至公司形象受损,抱怨问题也不能得以解决。

3. 禁用推卸责任的话

遇到客户投诉时推卸责任是客户服务中的大忌,但在实际生活中会经常遇到销售员这样说:"抱歉,我很希望能够帮您的忙,但是我们公司规定这些是属于客服部门的。"公司的规定竟然是用来禁止帮助客户的!这是除了"不"字以外,最令客户感到刺耳的话。而相反,如果我们告诉客户:"先生,这个问题是因为错误操作造成的,说明书上有详细的操作方法。这是我的问题,很抱歉在您购买东西的时候没有详细讲解给您看,我现在讲给您听好吗?"这样一来,客户反而会感到不好意思,甚至表现出感激。

总之，所以无论客户态度如何，销售员都应先设法克制自己的情绪，友好礼貌地对待客户，在态度上先给客户"降火"，然后逐渐了解问题的来龙去脉，消除问题和矛盾。

◆第 20 章◆

言语诡计，销售说出的话要暗藏点玄机

现实销售中，一些销售员总是会有这样的苦恼，无论他们怎样苦口婆心，如何将产品的卖点传达给客户，但客户似乎总是不为所动，甚至还没等销售员开口，他们就习惯性地拒绝。这是为什么呢？原因很简单，我们说的话再多，如果不能一语中的，也是无效的。而相反，如果我们能在言语中暗藏点玄机，学点言语操纵术，掌握了客户的心理，客户的思路自然会跟着你走！

埋下"语雷",让拖欠货款的人主动支付

可以说,从事销售工作,我们每个人都有自己的目标,这不仅包括长远的销售计划,还包括每个月、每个季度等的销售目标,但有些人会产生这样的疑问:我很努力工作,客户也认可我们的产品甚至已经签署合同,但为什么销售业绩还是上不去呢?问题出在哪里呢?其实,这中间很大一部分原因出现在了回款的问题上。很多时候,销售人员会把主要精力放在如何推销产品上,却忽视了如果客户拖欠货款,那么我们所做的很多努力将会白费。因此,如果我们在成交之前就能巧妙地规定回款日期,埋下"语雷",那么就能让客户主动支付拖欠的货款,为我们节省很多精力。

销售情景:
小林是某汽车4s店的销售员,这天上午,他刚来到单位,就被经理叫到办公室,经理很严肃地对他说:"小林啊,我记得半年前有两位客户来购车,当时他们是决定分期付款购买,是吗?"
"是的,经理!"
"那这周应该是他们付款的最后期限了吧,怎么还没见他们来呢?"经理担心地问道。
"张总,您就放心吧,我保证,他们这两天就会把剩下的一笔尾款送来的。"小林信心十足地回答。
"你能确定?"经理将信将疑。
"是的,您就放心吧。"
事情正和小林想象的那样,当天下午,这两位一起购车的情侣就还清了购车的所有余款。
张经理很是诧异,问小林为什么这么有把握。
小林回答:"其实,当初我答应他们分期付款的时候就已经说得很清楚了,规定了还款的日期,并且我还做了一份合同,不然万一追不回来这笔款子怎么办?"一边说着,小林拿出了那份合同。
经理很佩服地说:"真不错,没想到你小子还这么细心,知道埋个'语雷'啊。你的做法很好,我也应该和其他销售代表们说说,关于汇款的日期一定要在成交前就规定好,并以文件的形式签署,这样才能避免很多追款问题的发生。"

分析:

我们着实佩服案例中的汽车推销员小林,他的聪明之处在于防患于未然,知道汇款问题的重要性。于是,在成交前他就埋下了"语雷",规定好还款的日期,从而让客户主动在规定日期前将余款还上。

谈到付款问题,任何一个销售员都希望客户能做到"一手交钱一手交货"、"货到付款",整个买卖的过程能干净利落的完成。但令我们不解的是客户似乎总是热衷于分期付款,因为在未付清货款之前客户总是能找到一种"安全感"。但有时候,我们却发现,存在客户故意拖欠货款的现象,合同规定的还款日期已过,他们还是不主动将货款还上。有些销售员觉得碍于面子向客户催款,实在难以开口。既然如此,为什么我们不和案例中的小林一样,在成交前与客户交谈的时候就在语言中暗藏点玄机,埋下"语雷",让客户对回款做承诺呢?

的确,客户始终不肯付清货款是销售员最头疼的事情,因为这不仅会让公司蒙受损失,也很可能会使公司的资金周转受到极为严重的影响。事实上,如果不能按期收回货款,也会对销售员自身产生不利影响。

那么,如何埋下这个"语雷",就成为销售员应该下工夫的地方,具体来说,销售员需要做到以下几点。

1. 对于小额交易,销售人员要尽量让客户承诺货到付款

对于那些小额的交易,销售员最好不要告诉客户可以分期付款。如果客户问及此事,我们也要尽量打消客户认为可以分期付款的想法,比如,可以这样说:"先生,真不好意思,我们这是小本生意,公司每个月也都会清账,货物的发出与货款必须是一致的。"这样说,如果客户真心购买产品是不会过多考虑付款方式而当即购买的。

2. 在开展大额成交的全过程中,在谈判中就要先规定好付款日期

销售人员可以在与客户的交谈过程中判定客户有无货到付款的购买能力。如果你发现客户确实想购买,但却因为没有能力做到一次性付清货款,就可以答应其分期付款的付款方式,但一定要在销售合同中明确具体的供货和付款时间,这是对自己和客户的一种有效约束,可以帮助销售员争取在更短的时间内拿到货款。比如,我们可以这样说:"先生,真不好意思,我们公司规定分期付款还必须完成一些手续,这是我们的协议,麻烦您……"

在生活中,绝大多数人都是言出必行的,因此对于承诺他们也会谨慎作出。而一旦作出承诺,他们就会形成一种心理压力和负担。销售经验告诉我们,客户没有做出回款承诺就意味着我们的回款计划是落空的,回款计划就变得毫无根据可言了。

可见,真正的销售并不只是说服客户购买产品或服务那么简单,只有真正拿到客户口袋里的货款才是成功的销售。在说服客户做出成交决定之后,销售人员还需要继续与客户进行有关付款期限等问题的商议。具体的付款方式以及相应的付款期限,销售员一定要在成交前就动点心机,埋下"语雷",尽量在销售进程结束前就与客户达成协议,这样能让客户及时结清货款。这样,既保证了我们的利益,也有利于发展买卖双方长期合作的关系。

不要和盘托出,销售语中留点语言余地

我们都知道,人们都有一个共同的心理,那就是好奇心——对于自己已经了解一半的事实真相都想刨根问底。销售中,我们便可以利用人们的这一心理,在与客户沟通的过程中不可什么都和盘托出,话到嘴边留半句,这样客户的胃口被吊起来后,自然会追问下去。这是一种巧妙的推销方法,也是一种打动客户的技巧和艺术。

销售情景:

某公司因为找准了市场时机——生产某种土豆刀片,销量和市场口碑都非常好,但一段时间后,问题又出现了——客户买了,就不需要再买。所以,他们的销量直线下降。为此,总经理把各个部门的人召集在一起,商量对策。

销售部门的某些人提出降低产品的质量。他们的理由是降低质量产品的使用期限就会缩短,客户还会继续购买。但是降低了质量意味着就会毁了公司的信誉,没有了信誉,公司更是很难生存。所以这个提议很快被否决。

生产部门的人提出降低产品的价格,但是产品本来就定价不高,降低了产品价格意味着企业没有了利润,这个提议也很快被否决了。

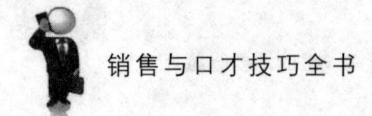

其他部门的一些人也提出了一些意见,但都被总经理否决了。很长一段时间,会议厅的人都陷入沉默。

这时候,打扫卫生的张姨给总经理端来了茶。总经理说:"张姨,你说说你的想法啊。"

张姨非常紧张,说:"我哪懂啊,这是你们领导才决定的事。"

总经理笑了笑说:"没关系,你就大胆地说吧。"

张姨想了想说:"我经常在削土豆的时候老是把刀子和土豆皮混在一起。我觉得不妨把产品的外包装做得跟土豆皮一样的颜色,这样客户在削土豆的时候就很容易将我们的产品和土豆皮一起倒掉。"

总经理听了率先鼓起掌来,后来公司采取了张姨的建议,果然销售量直线上升。

分析:

从这个故事中,我们发现,清洁人员张姨的话之所以显得如此作用巨大,就在于留足了悬念,当所有人的见解被否定的时候,她还是谦虚地回答:"我哪懂啊,这是你们领导才决定的事。"而在得到领导的允许后,她的回答更是与众不同。

的确,每个人都有很强的好奇心,见到以前没有见过的东西都想多看两眼,当然客户也不例外。所以,销售人员要适当抓住客户的好奇心理,在与客户沟通的过程中不可和盘托出。具体来说,我们该怎样运用这一语言策略呢?

1. 从客户感兴趣的话题入手,抛出一条主线

一般而言,人们对陌生的推销员总是心存戒备,往往以没有时间为由将其打发走。其实,这是因为销售员没有选择正确的谈话方式。人们都有感兴趣的话题,客户也是。销售人员如果能在销售中先暂时搁置一些销售问题,而从客户的兴趣开始谈话,势必能激发客户继续谈话的欲望。

2. 善于提问,让客户乐于回答

我们提问的一大原则是要站在客户的角度说话,让客户感觉到你是本着为其解决问题的原则提问的,比如,你可以这样发问:"为人父母都希望孩子能有一个良好的教育环境,您觉得您女儿现在就读的学校怎么样?"

"夫人,您刚搬入新建成的高档住宅区,生活档次立即提升了很多,难道不想买些高档的装饰品为您的新居再增添几分现代情趣吗?"

在提问完后,要给客户一段时间以便让客户做出充分的思考,让我们的

提问渗入到客户的思想里。当然,在提这些问题的时候还要尽量让问题显得有紧迫性,这样顾客才能认识到问题的存在。

3. 语言余地要与产品有关联

这种关联可能是直接的,也可以是内在意义上的。但如果销售员的语言余地和产品无关,等客户了解了具体情况时就会明白,销售员的努力只能算白费。

总之,在销售过程中,与客户交谈留出语言余地,能提高客户而注意力,引起客户的好奇心,激发起客户继续探求答案的欲望。当销售员再从客户的好奇心转向产品的性能时,就达到了宣传和推销的目的。当然,要达到这一目的,除了要具备广泛的知识外,还要揣摩客户的好奇心理,进行仔细的编排,这其实是一门巧妙的艺术,需要花费力气,下一番苦功的。

时刻拿住顾客爱便宜的小心理

可能我们经常会遇到这样的场景,假如一件外套卖80元,一条裤子卖80元,客户觉得价格贵了,但如果告诉客户买一件外套和一条裤子就可以以150块钱买走,这时客户就会想,如果单件买就会多花10块钱,如果组合买就能节省10块钱。这白白节省的10块钱对于爱占便宜的客户来说具有很大的诱惑力。而对于商家来说并没有吃亏。为什么客户愿意以几乎多一倍的价钱买走两件商品?这是客户爱便宜的心理在起作用,捆绑销售的策略给了他们一种心理错觉。

所以,在销售中,如果我们能掌握客户的这一心理与客户交谈,想方设法给顾客占了便宜的感觉,从而吸引顾客完成交易。那么成交的可能性将大大增加。

销售情景:

某商场××品牌相机正在举行品牌庆生日。很明显,该品牌的相机也会做一些促销活动。该商场顿时围满了很多顾客。

相机促销员小王今天格外忙,这倒不是因为购买的顾客很多,而是问询的顾客特别多。这些顾客问完这个,又问那个,但奇怪的是,尽管小王都精心地解答了他们的问题,但却没有几个顾客真的购买。这是为什么呢?原

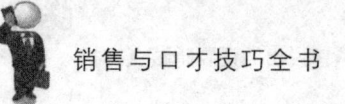

来,所有顾客都听说这品牌要促销,但却没有听到小王提促销的事。而实际上,这个时候厂家调配的电池还没有到现场。

问清楚情况后,过了会儿,小王将厂家送过来的电池摆上了柜台,并告诉顾客:"凡是购买相机的顾客,一律可以得到厂家赠送的四节原装电池。听到这一消息后,顾客们纷纷前来购买,小王更忙了。"

分析:

这则案例中,顾客前后的态度为什么会出现如此反差?其实,问题就在这四节电池上。这一点就体现了人们的爱便宜的心理——客户总是希望能以最少的钱买的最好的东西。在他们得知产品的价格已经定下后,仍希望能获得一些小赠品,哪怕是一件不值钱的小东西,他们也会认为比没有好。而如果销售人员不能满足他们,他们一般会不依不饶,甚至会放弃购买。此时,在他们眼里,商品的质量和功能都不是主要的,价格和赠品才是关键所在。

可见,尤其对于爱贪小便宜的客户来说,产品到底怎么样以及能给他实际带来多大的好处不是最主要的,而将要花去多少钱才是最主要的。如果能便宜一些,为自己省下几块钱,那真是感觉占了大便宜。面对这样的客户让销售员非常难受。那么在具体的销售中,到底如何才能满足他们这种心理,达成最后的合作呢?这主要分以下几种情况。

1. 顾客认为优惠不到位

针对这一点,我们应该让客户明白,便宜没好货。比如,可以对客户说:"这个价位已经是最低价位了,我刚也帮您问了经理,实在是不能再降了。"客户一听,也就明白你也有难处,也就不再为难你,而心甘情愿地购买了。另外,还可以这样说:"真正价值高的产品一般在价格上都会稍高一点,用最低廉的价格购买到最优质的产品一般是不大可能的。"

2. 顾客说:为什么别家的比你们的产品便宜

针对这一点,要让客户明白不是所有的产品都是货真价实的,现在假货泛滥,要小心被欺骗。另外,最好还要帮助客户分析出竞争对手的产品之所以便宜的原因,我们可以这样说:"我××(亲戚或朋友)上周在他们那里买了××,没用几天就坏了,又没有人进行维修,找过去态度不好……",客户听完也就能明白为什么别的地方的产品便宜了。或者你可以告知客户:"××先生,对方的确比我们这里便宜一点,但是我们这里的服务好,可以帮忙进行××,可以提供××,您在别的地方购买没有这么多服务项目,您还得

自己花钱请人来做××,这样又耽误您的时间,又没有节省钱,还是我们这里比较实惠。"

3.顾客质疑产品是不是物有所值

每个客户都希望自己能购买到物美价廉甚至物超所值的产品,所以,他们会对产品的价格产生质疑,会怀疑自己是不是买贵了。对于这种情况,销售员可以这样帮助客户分析:"您是位眼光独到的人,您现在难道怀疑自己了?您的决定是英明的,您不信任我没有关系,您也不相信自己吗?"

总之,客户最关心的永远是利益问题,针对客户的不同心理进行引导,才能让客户产生及时购买的欲望。

巧用环境与时机,促成销售大单

我们经常看到一些销售员为卖不出去产品而犯愁,他们甚至处心积虑地寻找客源,但有时候却事与愿违。而那些聪明的销售员却处处能找到销售契机,他们总是善于利用周围的环境与时机很轻松地发现有利的销售机会,成功推销出自己的产品,让销售变得轻松简单。

销售情景:

乔·吉拉德是世界上汽车销售最多的一位超级汽车销售员。他因为平均每天能成功推销出去五辆汽车而被收入吉尼斯世界纪录。"有人问我,怎么能卖出这么多汽车?有人会说是秘密。我最讨厌的就是有人装模作样说什么秘密,这世上没有秘密。我用我的方式成功。"吉拉德在一次演讲中说。而吉拉德坦言,客户推荐法是他使用的一个方法。

乔说:"有时候我会让客户帮助我寻找客户,在生意成交之后,我把一叠名片交给客户,并告诉他:'如果介绍别人来买车,成交之后,每辆车你会得到25美元的酬劳。'多数时候客户都乐意帮助我。这种做法关键是守信用————一定要付给客户你所承诺的报酬。我的原则就是宁可错付50个人,也不要漏掉一个该付的人。截至1976年,这个做法为我带来了150笔生意,约占总交易额的三分之一。我付出了1 400美元的费用,收获了75 000美元的佣金。"

25美元在当时虽不是一笔庞大的金额,但也足够吸引一些人,举手之劳

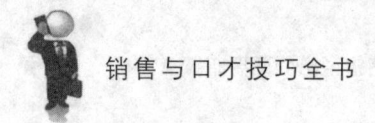

即能赚到25美元。谁不愿意呢？

分析：

从吉拉德的成功案例中，我们可以发现，他之所以会有如此惊人的销售业绩很大程度上是因为他善于抓住已经成交的客户的力量。小小的25美元会让老客户为我们提供新的客源，这就是商机。很多销售人员拼命开发新客户，拼命打广告，却忽略了最大的销售力量——老客户的推荐。

那么，作为销售人员，我们该怎样才能找到有利于推销的环境与时机呢？

1. 利用亲朋好友关系寻找客源

要知道，并不是每个销售员都会这样幸运，上任或者公司会给你一个名单，让你有一个好的开头。这尤其让那些销售新手苦恼，但我们可能忽略了一点，为什么不从始终支持我们的亲朋好友开始呢？香港企业界流传一句销售格言："亲戚朋友是生意的扶手棍。"利用私人关系是销售员开发新客户的基本方法。要知道，亲朋好友一般都是支持我们的工作的，都希望我们能有一番成就，因此，如果求助他们，他们一般都乐意帮忙。

2. 结识专业人士，寻求他们的帮助

这一点对于那些刚刚踏入销售行业的新手来说尤其生效。因为对于所从事的工作的生疏会让你很茫然，这时，你就需要一个能给你提供经验的人，从他们那获得建议对你的价值非常大。

这就是专业人士，他比你有经验，对你所做的感兴趣，并愿意指导你的行动。关于这类专业人士，你需要从行业协会，权威人士，有影响力的人或者本地一些以营销见长的企业中去寻找。

在很多企业的销售部门，他们都会安排一些销售新手和有经验的前辈一起工作，让前辈亲自培训新手一段时期。这种企业制度在全世界运作良好。通过这种制度，企业的销售老手的知识和经验获得承认，同时有助于培训新手。

3. 利用好口碑让老客户为我们介绍新客户

销售员若希望老客户为我们推荐更多的有效客户，就要更加严格地要求自己，做好自身的售后服务，这样老客户才会选择并忠诚于你，最终实现双方互利双赢的良好局面。经常有销售员郁闷地问："人们对销售员的态度为什么这么差呢？"有人回答："因为销售员对顾客也不好。"因此，我们在卖出去产品之后，要做到关心客户，随时关注客户的产品使用状况。工作之

余,也可以与客户多接触。如果你和客户能成为朋友,客户就会自然而然地将自己的朋友介绍给你。

4.各种活动现场搜集积累客户信息

我们发现,那些成功的销售员在寻找准客户的过程中都不会盲目寻找,而是会有的放矢,比如,各种活动现场都是他们关注的焦点。因为一般来说,各种活动现场会云集各种行业的人士,在这类场合搜集客户信息远比毫无目的地上门推销要省力得多!

总之,先交朋友,再做生意无疑是挖掘客户成功推销产品的十分有效的途径。无论采取什么方法找到销售时机和环境,我们都要做到善于发现,善于交往,并逐渐积累这些有利于销售的人脉。

以退为进的语言计谋,令客户自然买账

销售过程中,有些销售员使出了浑身解数费尽口舌劝说客户购买,却始终无法让客户购买。实际上,这样步步紧逼只会让客户感受到压力,而一个人承受压力的程度是有限的,过多的压力会让客户心生反感,而放弃和你的沟通。而相反,我们若能从客户的心理角度出发,当双方僵持不下的时候不妨采取迂回的战术——以退为进,先让客户暂时获利或暂时对他们淡漠,解除他们的反感和警惕之心,那么,成功推销出产品会变得顺利得多!

销售情景:

老张在朋友的介绍下经营起自己的生意来。事实证明,老张是做生意的料,不到一年的功夫,他就发达了。此时的他也觉得应该换一下自己的"行头"——他想把自己那部五年前的老爷车转手,买部新车。通过中介,老张找到一些买主。

第一天,老张约了某车行的老板来家里看车,但还没等老张开口,对方就将这辆陪了老张五年的爱车评价得一文不值:"说实话,先生,就您这车……"老张因此闹得一肚子火,还没有等他开价,就下了逐客令:"你走吧,这车我不卖给你了。"

第二天,老张又约了一位车商。这位车商来看时,第一句话就是:"先生,您的车真的开了五年?"

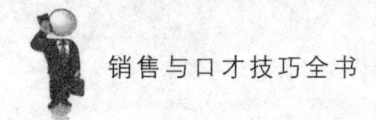

"是啊！怎么了？"

"真不敢相信,我看了这么多年的车,还没有看到谁能将五年的车保养得这么新,请问您是怎么做到的?"听到这车商这么说,老张脸上挂上了微笑。

"我很少开,也不会把车开到郊外,郊外灰尘太大,我自己又不抽烟,平时也经常洗,我的儿子们要开我都不让,所以很干净。"

车商:"难怪,这车5年了跟新的一样。其实,车子就跟我们的朋友一样,一定要细心对待啊。"

这话说到老张心里去了,两个人就在那里聊起来,最后车以13万元成交,离老张原想的15万元的目标还差了2万元。

分析:

从这则销售案例中,我们可以看出不一样的销售语言带来了不一样的销售结果。第一位车商虽然明白"要破坏对方产品的价值,才能方便砍价"这一道理,但他将客户的车贬得一文不值,也就等于否定了客户,甚至伤害了客户的自尊心,自然会被下逐客令。而第二位车商则先退而求其次,先不谈成交的条件,而是先夸赞客户,让客户心花怒放,最终轻易取得了他的信任,得到了让价和最后的成功。

曾经有位营销专家曾经说过:"谈判并非是一条直线,而是一个圆,销售员处于这个圆上的某一点,我们的目标是到达圆内的另一点。当我们无法朝着一个方向直线前进的时候,我们完全可以转个身,退后几步,从另一个方向跨越障碍到达目的地。"这就是以退为进欲擒故纵销售法。

那么,在具体的销售过程中,销售员该如何运用这种以退为进的语言计谋呢?

1. 知己知彼,先洞悉客户的底牌

俗话说,知己知彼,才能百战不殆,销售过程中亦是如此,销售员只有先洞悉客户的底牌后,才能在与客户交涉的时候驾轻就熟与客户交谈,更好地把握退让的度,当然,这并非易事,需要销售员通过各种途径来获知。比如,你可以通过客户资料查看客户上一笔交易的费用支出,或者直接在交谈中巧妙问出客户的购买预算等。

2. 把握"退"的尺度

我们销售的最终目的是获得利润,取得业绩。也就是说,如果我们让步的尺度过大,就会将自己陷入无盈利甚至亏本的境地,因此,我们即使"退",

也不能无条件。比如，如果我们和客户在价格上陷入谈判僵局，就要把握好这个让的度，每次降价的幅度都不能太大，这样才能使自己始终处于主动位置，从而保证利润获得。

3. 适当刺激客户

这也是一种激将法，使用这种方法有一定的危险性，很容易伤害客户的自尊心，让客户选择放弃购买，这就要求我们对客户是否对产品有强烈的购买欲望作出正确的评估。比如，当你看见有顾客看上橱窗的商品而因为价钱游离不定的时候，你不妨说："您要是觉得价格贵而不能承受的话，我们这里还有价格稍微低一点的。"当客户听到这样的话的时候，一时兴起，一般都会排除顾虑，买下商品。

4. 掌握一些以退为进的策略

①打折、促销和赠品

通常来说，人们都有爱占便宜的心理，正价、无赠品的销售会让他们觉得吃亏，而相反，打折、赠品或促销会让他们觉得以同样的价钱购买到了更多的产品价值。

②试用产品

试用产品通常是免费的，所以大家一般都会踊跃参加，而在试用的过程中，当客户真的感受到了产品的好处，他们也会因害怕失去而掏钱购买。

③限量销售

我们都知道销售策略的重要性，于是我们通常会让客户试用产品，或者利用客户占便宜心理给其一些小便宜，大多数情况下都能使客户接受我们的产品，但有一个方法则更高明，甚至让客户主动上门购买，这就是限量销售。那么，什么是限量销售呢？

限量销售指主要通过控制产品的销售总量或者某段时间内的销售量来诱惑消费者，从而提高产品知名度和受欢迎程度的一种方法。因为人们都有这样的心理，越是得不到的东西越觉得珍贵，越是不容易买到或者即将被买走的东西，他们才会想尽办法购买。

因此，作为销售人员要打开高质量产品的销路有时也需要动一番脑筋。但在使用欲擒故纵策略的时候，销售人员一定要注意语气，不要显得不可一世，这样会激怒客户而导致生意失败，而要不动声色，这样即使是计谋也不会被客户察觉。这样，才会更有把握达成交易。

参考文献

李会影. 销售中的心理学诡计[M]. 北京：中国纺织出版社，2010.